天下．文化
BELIEVE IN READING

財 經 企 管 BCB809

蒙格之道

關於投資、閱讀、工作
與幸福的普通常識

查理・蒙格
Charles T. Munger ── 著

RanRan ──────── 譯

每過完一天，
要努力比早上醒來時，
更聰明一點點。

—

查理・蒙格

2023年5月8日　查理・蒙格於洛杉磯家中｜攝影：洪海

目錄

前言

　　每日期刊公司（Daily Journal Corporation）的歷史相當悠久，最初發行的《每日法庭期刊》（The Daily Court Journal）始於1888年。100多年來，無論是在蒙格接手前還是接手後，都一直以加州為大本營，專注於法律領域。

　　蒙格對新聞和報業的興趣可以一直追溯到在奧馬哈的童年時光，那時他的父親是《奧馬哈世界先鋒報》（The Omaha World Herald）的外聘總顧問，該報許多編輯人員也都是他父母的朋友。

　　蒙格的長期搭檔巴菲特（Warren Buffett）也和他一樣，對紙媒充滿興趣，他們共同完成對《華盛頓郵報》（The Washington Post）和《水牛城晚報》（The Buffalo Evening News）的經典投資。但蒙格對這兩家報紙的掌控權並不大，他渴望有個更能展現自己影響力的媒體平台。

　　因此，1977年，就在巴菲特與蒙格透過藍籌印花公司買下《水牛城晚報》的同一年，蒙格從前律師合夥人查克・瑞克斯豪瑟（Chuck Rickershauser）那裡聽說《每日期刊》要公開出售，立即表示很感興趣，並透過他和瑞克・蓋林（Rick Guerin）共同執掌的新美國基金，以250萬美元的最高出價拿下。

　　其實在收購前，蒙格曾就此事諮詢過為波克夏經營《水

牛城晚報》的史丹佛・利普西（Stanford Lipsey），利普西認為這份報紙的風格和內容都很過時，給出負面評價。儘管如此，蒙格還是決定出手，或許是因為他的律師背景，或是因為該報總部就在他生活的城市，也或許是他需要新事物讓他能發揮更大的影響力。原因我們不得而知。

蒙格和蓋林接手以後，開始收購其他報紙，試圖打造與法律相關的出版物及周邊業務的產業鏈，例如從加州律師公會買來《加州律師》（California Lawyer）雜誌。他們還將業務擴展到加州以外的亞利桑那、科羅拉多、內華達和華盛頓等州。

1986年5月新美國基金清算，每日期刊集團成為櫃檯買賣市場的公開上市公司，蒙格擔任董事長。1987年，每日期刊（DJCO）在納斯達克上市。

然而隨著網路興起，傳統的法律報紙業務逐漸衰落，每日期刊公司的主業跟著經歷長達數年的虧損。但在2008年金融危機前後，每日期刊因為發布喪失抵押品贖回權公告的業務大賺一筆，蒙格隨之在2009年股市谷底買進富國銀行、美國銀行等銀行業股票，為每日期刊集團帶來龐大收入，並用這筆投資所得轉而支持新的子公司期刊科技（Journal Technologies）發展法院資訊系統軟體業務。每日期刊這棵百年「老樹」竟又因此發出了新芽。

1
精準投資
2014年股東會談話

如果你夠精明，3檔股票就夠了

編者按

　　2014 年 1 月 1 日，蒙格慶祝 90 歲生日。從這一年開始，每日期刊的主要業務開始長達七年的虧損，報紙主業萎縮，新開發的法院資訊系統軟體業務也步履蹣跚。面對這種狀況，在這一年的股東會上，蒙格談到對科技進步的態度，並直言不諱地承認每日期刊公司其實已被高科技淘汰。但是面對艱難的軟體業務轉型，蒙格還是堅持他在會上所讚揚的好習慣：正面對決那些必須解決的難題。

　　這一年托瑪・皮凱提（Thomas Piketty）的《二十一世紀資本論》（*Capital in the Twenty-First Century*）紅遍全球，歐巴馬正推動醫療改革計畫，特易購遇到一些麻煩，幾家大型商業銀行因不良貸款吃下巨額罰單。蒙格主動、被動提及這些時事話題，但講得不多，相反地，他不斷敦促大家去讀今年波克夏的年報，因為裡面討論了兩個重要問題：波克夏為什麼成功？它會不會繼續成功？更重要的是，這些值得向波克夏學習之處，正是蒙格不斷強調的普通常識。

蒙格：大家好，我是每日期刊公司的董事長查理‧蒙格，歡迎各位光臨股東會，歡迎各位粉絲。

我想先簡短談一下財報問題。

我們今年的財報拖了很久才公布，令人震驚。連一家假帳滿天飛的騙子公司，都不至於像我們這樣遲遲發不出財報，這創下了世界紀錄。

我們在編製財報的過程中確實遇到問題，但問題出在哪？我們的會計師會說原因在於我們內部控管鬆散。我承認我們有些小瑕疵，但那些小瑕疵只是無關痛癢的雞毛蒜皮而已。會計師說我們的業務非常複雜、難以看懂。我承認我們的業務很複雜，但那是外在現實。我們的會計師就像在肚子附近摸來摸去卻想治療流鼻血問題的醫生，還按小時計費。

他們沒有惡意，他們只是帶著大型會計師事務所的官僚習氣，讓我們遭受巨大的損失。這是現代社會的一部分，但彼得‧考夫曼（Peter Kaufman）說過，**再糟糕的壞事也有它的用處，至少可以把它當成負面教材**，這句話正好適用於我們這次編製財報的經歷。

每日期刊公司從事服務業，我們是一家大型機構，在法院資訊系統的軟體業務裡，我們也可能讓一部分客戶感到失望。前任會計師帶給我們的傷害，我們將引以為戒，不能因為自己的無心之過而讓客戶蒙受損失。

我們因為財報公布的時間一再延期而登上新聞版面，

競爭對手必然幸災樂禍。但我不認為我們在金融界會受到影響，儘管這件事確實破壞我們聲譽。

前任會計師是否讓我們損失500萬美元，我無法告訴你，但這是一筆不小的損失，而且在我看來完全可以避免。我不認為前任會計師事務所比四大會計師事務所其他成員差，而是大型機構的官僚習氣，再加上證券交易委員會頒布更嚴格的會計規定，讓我們這次延後公布財報。另外，我們的業務具有創投性質，這會讓局限於過往會計經驗的會計師感到困惑，他們看不懂我們的生意。

總之，這件事是人為因素造成的，我完全能理解。

我很清楚我們該怎麼做。最早告訴我們「有人打你右臉，左臉也轉過去讓他打」的不是耶穌，而是亞里斯多德。亞里斯多德認為因為一點小傷就把時間花在復仇上是不值得的，不如忍氣吞聲算了。我們支付所有額外的會計費用，讓前任會計師完成他們認為有必要的會計工作。現在，我們已經和前任會計師分道揚鑣。我們的新任會計師是本地的會計師事務所。在前任會計師眼中我們是一家小公司，但在新任會計師眼裡，我們是大客戶。我們的業務確實比較複雜，會計師會挑毛病，有時候確實是我們的問題，畢竟我們只是家小公司，吸引不到特別優秀的人才。

以後見之明來看，蓋瑞‧薩爾茲曼（Gerry Salzman）和我都有錯，而且我犯的錯比蓋瑞更嚴重一些。無論是工作還

是生活，我們只願意與我們信任和欣賞的人在一起，這讓我們能感受到一種人與人之間的愛。但是對於我們不欣賞的人，我們無法掩飾對他們的厭惡。隨著我們年紀愈來愈大，這個毛病愈來愈嚴重，我不知道該如何修正，只能盡可能地繼續撐下去。

希望新的會計師能表現得更出色。很難想像他們會更糟糕，因為他們擁有世界上最簡單的工作之一，那就是滿足客戶的需求。我們以亞里斯多德所說的方式對待前會計公司，但他們卻為我們帶來龐大損失。前任會計師不是故意的，但他們一再延遲公布財報，讓競爭對手製造攻擊我們的口實，讓對手四處宣揚每日期刊公司的內部控制形同虛設等負面消息。

關於財報，該說的我都說了，就此打住吧。

我們說過很多次，每日期刊公司的主要業務在萎縮。雖然我們經營的是針對法律業的專業性報紙，但是在報紙業衰退的浪潮中，我們也同樣在下滑。前幾年，在喪失抵押品贖回權[*]的熱潮當中，我們透過發布公告賺了很多錢，就像在黑死病橫行的年份從事殯葬業一樣，賺得荷包滿滿。這就是我們經歷的情況。

---

[*] 　注：2008年金融危機後，房貸借款人無力或無意願支付貸款，全美10年內有780萬戶住宅被貸款公司沒收，即「喪失抵押品贖回權」。

我們把賺來的錢妥善地保管起來。目前，在發布喪失抵
押品贖回權的公告業務中，我們仍然擁有90％的市占，只是
現在已經沒什麼人發布這類公告了。銀行等金融機構緊縮貸
款標準，房價止跌回升，房地產危機已經逐漸平息。總之，
我們的主要業務正在逐漸萎縮當中。

成功轉型並不容易

縱觀商業史，很多公司輝煌過，但是當它們被新的科技
浪潮淘汰後，它們的家底很快就會耗光，最終走向滅亡。最
典型的莫過於柯達（Kodak）。誰能想到曾經如日中天的柯
達最後竟然走到破產的邊緣？跟不上科技潮流的公司，絕大
多數只能被淘汰出局。

商業史上只有極少數公司是特例，其中一家是湯森路
透公司（Thomson Reuters）。早期的湯森路透是一家報業集
團，旗下還有幾家電視台。湯森路透一邊經營報紙和電視
台，一邊另謀出路。它一步步把報紙和電視台賣了出去，最
後成功轉型，現在主要經營網路資訊業務。像湯森路透這樣
的公司少之又少。

另一個特例就是波克夏海瑟威（Berkshire Hathaway）。
波克夏起源於三家即將走向末路的子公司：第一家子公司在

新英格蘭地區經營紡織生意，生產紡織品需要耗費大量電力，而新英格蘭地區的電價遠遠高於喬治亞州的田納西河谷地區，所以說，波克夏的這家紡織公司注定要破產；第二家子公司在巴爾的摩經營一家百貨商店，面對當地另外三家百貨商店的競爭，它只有死路一條，沒過多久果然破產了；第三家子公司銷售贈品券，它的生意毫無前途可言，最後也確實一直死氣沉沉好多年。

　　從只有三家奄奄一息的子公司，發展成今天的波克夏海瑟威，這可以說是商業史上最成功的逆襲。很多公司只要一項主要業務衰退就一蹶不振了，我們當年持有三家注定破產的子公司，竟然活了過來。**我們的過人之處在於，我們有能力從少少的資產中擠出資金，投資到別的地方。**最近波克夏的市值超越奇異（General Electric）。要知道，奇異可是全球最強大的公司之一，它是 1892 年由大發明家湯瑪斯·愛迪生（Thomas Edison）親自創建的。

　　波克夏的成功是一個奇蹟，但絕大多數被淘汰的公司只能像柯達一樣消亡。全錄（Xerox）是一個有趣的案例。全錄一度走到破產的邊緣，但又起死回生，可是現在的全錄與當年完全不可同日而語。全錄擁有大量的發明，別人用它的發明賺了大錢，全錄自己卻日薄西山。

　　比爾·蓋茲（Bill Gates）專門研究過這個問題，他的結論是，當主業衰退時，絕大多數公司會走向破產，像通用

汽車（General Motors）這樣強大的公司照樣躲不過這條規律。你們想像不到，在我年輕時，通用汽車曾是何等的叱吒風雲。全盛時期的通用汽車是美國市值最大、聲望最高的公司，誰能想到它最後竟讓股東虧到一無所有。

每日期刊的主要業務正在持續衰退，公司也許還能存續很久，但根本創造不了多少利潤。每日期刊的未來在於它的軟體業務，這是我們的希望所在。我們認為所有法院都應該讓業務自動化，適用於法院的自動化系統應該要能自行調整設定，而且儲存在雲端之中。

我們正在做一件很少人成功的事

我們認為，在幫助法院完成業務自動化的過程中，我們應該誠實守信，應該設身處地為法院設想。去年，我們收購新曙光科技公司（New Dawn Technologies），這家公司讓我們的會計人員非常擔憂。今天開會前，我特地找新曙光談了談。我問他們：「在現有客戶中，有多少客戶威脅要離開？」新曙光有400多個客戶，他們告訴我只有一個客戶要走。我們培育的軟體業務有創投的性質。看到這項業務逐漸發展壯大，我感到很欣慰。我喜歡我們的同事、我們的價值觀，我

覺得我們的工作非常有意義。我們面對的是一個規模龐大的市場。

除了IBM，一般大型軟體公司不願意和政府打交道。像微軟那樣的軟體公司，它們的生意很好做。這對我們來說非常痛苦，但實際上我們有點喜歡這種痛苦，因為人們需要更好的產品。誰知道呢？說不定我們可以成功。但客觀現實告訴我們，我們正在做一件很少人做成功的事：讓一家因競爭而遭受重創的企業重現輝煌。這就是我們正在努力的事。

我認為我們成功的可能性很大。我不認為這個生意商機龐大，但不管賺多少錢，我們都會老老實實做事。還好我們不愁資金。大多數報業公司只懂報紙生意，在投資銀行和顧問的慫恿下借出大筆資金收購其他報紙。當年報業興旺時它們賺了很多錢，但最後卻一毛不剩，把股東的錢虧個精光。我們不一樣。我們的資產負債表上有大筆資金，可以供我們發展軟體業務。

我們的軟體業務很難，必須與官僚機構打交道，還得應付政府部門的顧問們，但我們的同事勇於迎難而上，他們誠實正直、積極進取。這不容易，他們總是必須回答非常困難的問題：你們是做什麼的？為什麼要做這些？新系統是否會成功？為什麼？

雖然我不懂我們的軟體產品，但我對這項業務非常有好感。我們從事的這項業務幾乎不可能有新進者，而目前的主

要競爭對手又實力強勁，但如果我是客戶的話，我會買每日期刊公司的產品。按照這個標準評判，我認為，我們的產品更有競爭力。

股東會問答

股東問（以下簡稱問）：請問每日期刊公司的軟體如何定價？是否具有競爭優勢？

蒙格答（以下簡稱答）： 法院資訊系統軟體的競爭很激烈，結果難以預料。我相信我們的產品品質更好，服務更勝一籌，但不是所有客戶都有獨到的眼光會選擇我們的產品。

挑戰永無止盡，這不是能輕鬆賺大錢的生意。

沒錯，我們以前運用剩餘現金（surplus cash）去投資，賺過幾次大錢，但要是以為我們能一次又一次賺大錢，或是以為由我這個90歲的董事長領導的每日期刊公司是迷你版的波克夏，那絕對是異想天開。我們以前做過一些精明的投資，這樣的投資大概每40年出現一次，現在我已經90歲了，這樣你應該不會太過樂觀。

這種大機會很少出現，這就好像一座城市遭遇瘟疫，而我們是唯一一家殯儀館一樣。遇到這種機會，我們賺錢就像一加一等於二一樣簡單。但如果每日期刊公司真的經營不下

去，我們也不會像通用汽車那樣讓股東投資歸零。

每日期刊有可能成功發展軟體業務，但這件事非常具有挑戰性。

在波克夏海瑟威的歷史上，我只想到有一項業務是我們創造出來的，那就是再保險業務。再保險業務規模很大，獲利驚人。波克夏海瑟威雖然投資績效傲人，但我們只創辦了一家新公司，其他子公司都是我們收購的。**換個角度來看，成就不用多，有一些成就就很難得了。**

問：請問每日期刊是否計劃發展房地產業務？

答：我們手裡的閒置土地已經開發完畢。我們那幾塊地的成本非常低，我們蓋的房子品質絕對是一流的。我們不會再開發新的房地產業務。

問：請問每日期刊公司是否做好接班安排？

答：我剛來加州時遇過一個花花公子，他每天醉生夢死，追逐女明星。1950年，他有1,000萬美元的資產。這些錢是他在1920年代透過操作股票得來的。他隻身來到加州，過著追求女明星、酗酒無度的生活。有一天，銀行的客戶經理對他說：「您整天酗酒、尋歡作樂，我們很擔心。」這人聽了回答說：「你放心吧，我喝酒，但我的債券不喝酒。」

每日期刊公司擁有大量資產，即使我們不在了，公司的

資產還在。我們不愚蠢，也不會把股東的錢虧光。現在你們把每日期刊的股價捧得很高，這麼高的股價，我本人是不可能買的，但是我也沒賣。我沒賣，因為那不是我的個性。我告訴自己說，好吧，我們有這麼多鐵粉，股價能不高嗎？說不定你們喊的價格是對的呢！

問：每日期刊旗下有三家獨立的科技公司，您計畫將它們整合在一起嗎？

答：我們會儘快整合這三家公司，其實我們已經開始整合，但什麼時候完成還沒有具體的時間表。我們不太擔心 ISD 科技公司（ISD Technologies）的經營狀況。在我們收購這家公司時，它手上已經握有大量合約，我們能完全回收成本。新曙光科技公司則是一場真正的賭博，我們花了 1,500 多萬美元收購這家公司，但是它的淨資產幾乎是零。

之前我對新曙光科技有些疑慮，現在我對這家公司也非常放心。我很喜歡這家公司的員工以及價值觀，我很滿意這筆收購。我覺得我們比會計師更了解這家公司。

問：如果競爭對手開出合適的價格，你們是否會考慮出售每日期刊公司？

答：我們願意把這家公司賣給我們欣賞和尊重的人，可惜我們欣賞和尊重的人不多。我們正努力經營每日期刊公司，希

望讓聰明的人都想買它。我經營每日期刊公司以及旗下正在發展的高科技業務，目標是希望有一天，我們能進入 Google 的視野。

問：為什麼您敢在股市暴跌時買進富國銀行？
答：當時富國銀行實在太便宜，每日期刊公司手裡又剛好有資金。事實上，我們在股市觸底後一天內就買進富國銀行，真是令人難以想像。你可以說我的運氣不錯，但要看出股票是否便宜其實並不難。

■ 人類已取得許多成就，但問題還很多

問：請問在事業和生活這兩方面，您在新的一年裡最期待的事是什麼？
答：總的來說我生活得很幸福，我能與志同道合的人共事，我處理的問題我都有能力解決。努力想解決問題卻能力不足，那一定很難受，好在我總是選擇非常簡單的問題，所以我很少有為難題發愁的時候。

　　上天眷顧，我還活著，而且活得很幸福，我非常感恩。人很容易因為錯誤的東西而感到意志消沉，忘了什麼是正確的事。

其實有很多事情我真的不喜歡，我不喜歡合法的賭博大行其道，包括華爾街的衍生性金融商品交易，實際上這是披著合法外衣的賭博，對國家是不利的。

我認為有一種合法的毒品就夠了，有兩種、三種或四種毒品，社會不會變得更好。在我這輩子見過的人當中，有95％的人能有節制地喝酒，他們小酌怡情、適可而止，然而另外5％的人酗酒無度，把自己的一生都毀了。回想我這輩子見過的人，20個人裡至少就有一個變成酒鬼，有的英年早逝，有的好不容易才戒掉酒癮。酒精為社會帶來太大的危害。

另外，我也不喜歡政府愈來愈容易為詐欺行為埋單。如果是我統治這個世界，我不會為任何假造的東西付錢。人們為了從政府那裡騙錢學會說謊，許多人偽造病情，說自己背痛，說自己有精神疾病。我們怎麼能容忍這種漏洞存在？這不是政府變相鼓勵人們詐騙嗎？這種漏洞的存在相當於政府教唆民眾說謊，然後政府發錢給這些騙子。

但另一方面，如果你回顧過去100年的狀況，人類取得巨大的進步，一般人的生活水準也明顯提高。

最近，我在哈佛大學參加一場活動，哈佛大學即將從幹細胞中分化出胰島細胞。如果他們的這項研究成功，那可真是糖尿病患者的福音。想想看糖尿病在社會上這麼普及，這項研究真是一個令人興奮的發展。再看看我們駕駛的汽車，

我們的工程技術非常了不起，現在的汽車安全性能有很大的提升。往好的一面看，我們可以看到許多偉大的成就。

我有一個孫子在加州大學聖塔芭芭拉分校（UCSB）學習資訊工程。這些年來我經常和主修資訊、工程專業的學生們共進晚餐，和這些年輕人在一起，讓我感覺到美國的未來充滿希望。

總的來說，我沒有華倫（巴菲特）那麼樂觀。我幾乎沒見過比華倫更樂觀的人，他真的對長遠的未來充滿信心。我沒他那麼熱情，但華倫說得沒錯，人類確實取得了許多了不起的成就。

不該用皮凱提建議解決不平等問題

以中國為例，這麼大一個國家從貧窮走向富裕，歷史上也沒有先例。中國做了許多正確的事，而我們卻失敗了，我們不應該輕視中國。在過去幾十年裡，中國保持高經濟成長率，從落後的農業國轉變成先進的工業國，而且中國人發展起來靠的是自己的儲蓄，不是四處舉債。

中國人很窮，卻把45％收入存起來。中國人是用自己的錢發展起來的，現在他們已經開始借錢給我們了。美國與中國之間的關係還算融洽，這非常重要，這對所有的貿易來說

都有幫助。

《二十一世紀資本論》的作者托瑪·皮凱提（Thomas Piketty）有點傻，我不喜歡皮凱提這樣的人。不是說他列出的數字有什麼不對，而是他的解讀有問題。中國是一個大國，它的製造業崛起，其他各國的製造業必然會受到一定程度的衝擊，有一部分人自然會丟掉工作。但他們有權力獲得成功，其他國家應成熟地調整，而不是抱怨這世界有時比我們想得更艱難。

在未來20年、40年的時間裡，經濟體系當中的所有行業都會興衰更替。這不是什麼不好的結果，這只是一個巨大的變化，有利於全球平等發展。生活在一個富裕的已開發國家，一個星期只工作36個小時，卻看不慣別人的日子愈過愈好，在我看來這種心態低俗而幼稚。

問：您如何評價「稅負倒置」（tax inversion）這種避稅行為？怎樣才能減少這種行為？
答：在漢堡王（Burger King）與加拿大公司蒂姆·霍頓斯（Tim Hortons）合併案中，蒂姆·霍頓斯的規模比較大，所以新公司的總部設在加拿大。很多人譴責漢堡王為了避稅而把總部從美國搬到加拿大，由於波克夏金援這筆交易，所以我們也被捲入這場爭議當中。

那些譴責漢堡王的人根本就瘋了。有些人就是這樣，他

們從媒體上看到消息，卻沒有能力理解，只知道惡意攻擊。

在一個自由貿易的世界裡，企業可以流動，如果一個國家的稅率遠高於其他國家，你會付出很大的代價，因為公司會選擇離開這個國家。如果是我，我會徵收很低的公司稅，然後以加徵消費稅之類的方式解決不平等的問題。我不在乎是否有人賺很多錢，但一分錢不花、政府收不到他們的稅，因為這樣的人是少數。大多數人賺錢就花，即使他們自己不花，他們的妻子和子女也會幫他們花。

世界上生活水準最高的一些地方，例如，新加坡、香港，都是低稅率的。有些人出於嫉妒心理而憤憤不平，他們不懂世界的現實。**嫉妒心理有百害而無一益，我早已把嫉妒從我的頭腦中驅逐出去。**但願我們美國人能少一些嫉妒，特別是某些政界人士。

我不認為美國社會最嚴重的問題是不平等，但我認為讓許多人頂著基金經理、衍生性金融商品交易員的頭銜合法賭博賺錢是一種錯誤，應該杜絕這種社會現象。如果是我，我會把這群人減少九成。我一個禮拜就能制定好相關法律，這一定會為紐約的房地產市場潑一盆冷水。

順便說一句，如果不是整個世界這麼愚蠢、這麼官僚，我們不會這麼有錢，在座的各位也不會這麼有錢。你們能成為富人，全是拜其他人的愚蠢所賜。

我們深知人們的愚蠢貽害無窮，但我們想賺大錢，又不

想要人們那麼愚蠢，這不是自相矛盾嗎？真相是**只要我們自己保持理智就好，周圍世界的愚蠢反而會成為你的助力**，只要其他人別蠢到搞出世界大戰來就好。

問：請問如何才能克服嫉妒心理？

答：別人比你強你毫不在乎，這樣就可以了。嫉妒心重的人最蠢，自己得不到任何好處，只能飽受折磨。

嫉妒心理對個人有害，對國家也有害。難怪猶太人在《舊約》中說：「不可貪戀他人的房屋、妻子、僕婢、牛驢以及一切。」猶太人告誡人們不要嫉妒，因為即使在一個遊牧民族中，同樣也存在嫉妒心理。

嫉妒的危害極大。舉個例子，有一家大公司，所有人年薪都很高。有一年某一個員工拿到的薪水比其他員工多一萬美元，其他員工就群情激憤。他們個個年薪都是幾百萬美元，但他們卻斤斤計較那一萬美元，有必要嗎？但這種事真的發生了。

■ 大量印鈔的潛在危機

問：您如何看待擴張性貨幣政策？

答：等你到我這個年紀，就能感受到通貨膨脹有多明顯。記

得我小時候，一個五美分的硬幣就能買一個冰淇淋和一個漢堡。幾十年來雖然通貨在膨脹，但美國經濟一直在發展。過去總是有人預言美國不行了，現在看來他們的預言落空了，通膨並沒有阻礙美國的發展。

儘管如此，我並不像保羅‧克魯曼（Paul Krugman）那麼樂觀，但他寫的東西我都有讀，因為他有真知灼見，文筆也漂亮。

第一次世界大戰後，在巨額戰爭賠款的重壓之下，德國的貨幣貶值，這才導致希特勒上台以及後來的大屠殺。如果德國的貨幣沒貶值，第二次世界大戰未必會爆發。

美國是一個先進的文明國家，美元是世界的儲備貨幣，我們不能拿美元當兒戲。**我們應該堅持保守的原則，而非隨心所欲地發行貨幣**。我和保羅‧克魯曼不一樣，我對大肆撒幣有很大的顧慮，但目前來看，許多批評他的人並沒有比他更正確。

問：您如何看待歐巴馬醫療改革計畫？
答：你問了一個很難回答的問題。對於歐巴馬醫療改革計畫，我不好多做評論。因為我是一個有錢人，我說出來的話可能會引起一些人的不滿。

如果是我，我會在美國實施「單一保險人制度」（Single

Payer System）[*]的全民健保，但民眾可以選擇不參加全民健保，自行購買私人醫療保險。

美國的醫療支出太龐大，嚴重拖累我們的競爭力。另外，在現行健保制度下，老年人的每項治療費用都可以報銷，容易造成過度治療的弊病，不但浪費資金，也增加老年人的死亡率。純粹為了錢而介入的醫療行為讓美國蒙羞。

我一開口又得罪人了，但現在的健保制度確實存在很大的缺陷。

問：長久以來，美國人的生活水準一直在提高，您覺得我們的生活水準能繼續提高嗎？
答：我覺得會愈來愈難。日本的經濟曾經發展得很快，但隨著亞洲其他國家崛起，日本逐漸衰落下去。中國、越南、墨西哥等國家人口眾多，它們的大量勞動力透過從事製造業過上更好的生活。在全球貿易自由化的浪潮中，美國的製造業由於薪資過高、缺乏競爭力而受到衝擊，一部分美國人的生活水準勢必會受到影響。

在一個社會中，不同群體的起起伏伏很正常，有人往高處爬，也有人往低處走。政客們經常教唆那些日子過得不好

---

*　注：由單一支付者支付全民醫療費用。台灣健保即為單一保險人制度，醫療院所提供民眾醫療服務，再向健保局申請給付。

的人，利用他們的不滿情緒為自己牟利。

但日子過得不好，心理不平衡怎麼辦？我認為最好的方法就是接受這件事並設法解決它。**任何一個國家都無法完全消除各階層之間的流動。**

那麼我們該怎麼辦？我們生活在同一個世界，而中國正在崛起，這對美國的紡織工人來說不是好事。但其實中國的紡織工人也受到影響，他們的紡織生意逐漸被越南搶走了。

這種變遷流動再正常不過，**正因為有資本主義的創造性破壞，才有生產力的提高。**在這個過程當中，有一部分人受到衝擊，他們滿肚子牢騷。變遷流動提升整體的生產力，但也總會帶來一部分人向上、一部分人向下的差異，這是不可避免的。

即使政府可以掌控一切，政府仍然會設計一套社會群體之間能上下流動的制度。有些人因為一時落後而不停抱怨，我不太擔心這些人。

■ 人總是為了利益而犯錯

問：波克夏投資幾家大型銀行。由於商業銀行的不良貸款行為，政府向幾家大型商業銀行開出巨額罰單，請問這件事您怎麼看？

答：在開發住房抵押貸款業務時，許多大型商業銀行存有可怕、不正當的行為，就像故意修建一座隨時可能坍塌、害死人的橋梁，釀成次貸危機，卻不覺得自己有錯。正如猶太哲學家邁蒙尼德（Maimonides）所說：「愚妄人所行的自看為對。」大型商業銀行的工作人員認為自己是依照資本主義原則行事，應該得到更多薪資才對。這真是令人遺憾。

如果大公司的行為惡劣到一定的程度，例如像參與安隆醜聞（Enron）的安達信會計師事務所一樣，哪怕有些員工是無辜的，政府也必須殺一儆百。從次貸危機的處理結果來看，政府沒懲處個人，而是向大公司開出巨額罰單，這種處理方式是否合理，那就見仁見智了。

發放住房抵押貸款成為一種齷齪的賺錢方式。為了賺取高額利息，銀行降低貸款門檻，向一些信用條件很差的人大量發放貸款，試圖透過鼓勵人們的愚蠢行為來賺錢。這不是我認為銀行應有的賺錢方式，你應該藉由出售對顧客有利的東西來獲利。你永遠不可能看到波克夏開賭場，雖然開賭場很賺錢，也是合法的生意，但我們絕對不會碰賭場。美國企業應該對自己有更高的要求，不但要遵守法律規定，而且要遵守道德準則。現實中的美國企業，只要看到競爭對手賺錢，無論如何都不肯被排除在外，甚至不惜觸碰道德底線。這是一個巨大的錯誤。

如果我有這種想法，對我有害嗎？我需要賺那種昧著良

心的錢嗎？彼得‧考夫曼說得好：「如果騙子知道做老實人能賺多少錢，他們就不會當騙子了。」

以波克夏為例，在世界歷史上，金額超過十億美元的再保險交易一共有八筆，這八筆全是我們做的，因為人們信任我們，人們相信我們30年後一定能履行承諾。**名聲好能賺大錢，這道理多簡單，但許多人卻只知道用卑劣的方式賺錢。**

為了彌補財政缺口，地方官員允許開設賭場。在明尼蘇達州凱斯湖（Cass Lake）有一家印地安賭場。在我年輕時，凱斯湖沒有一家當鋪，現在已經開了五家。當地很多老年人靠退休金度日，家裡只有一張沙發、一台電視機，每個月他們卻還是走進賭場，把手裡那點錢輸得一毛不剩。

我們還經常在電視上看到這樣的廣告，宣稱學會短線交易可以致富。做這樣的生意有良心嗎？沒錯，不違法，但良心何在？你希望自己的家人做這樣的生意嗎？

■ 銀行應該做光明正大的生意

問：大型銀行持有的衍生性金融商品合約規模高達數兆美元，請問您對此有何評價？是否有違約風險？

答：衍生性金融商品如果做得好，能輕鬆賺大錢，所以各大銀行趨之若鶩。錢太好賺了，人很難把持住自己。銀行過去

就經常惹麻煩，我看它們又要在衍生性金融商品上受挫。

大家一起賭博，有什麼好處？你們可能會說人性本來如此，但我年輕時美國沒有這麼嚴重的賭博風氣，我很懷念我那時的美國。大量的衍生性金融商品交易員就像職業撲克牌玩家，他們能為社會做出什麼貢獻？

如果我管理一家大型銀行，我會採用不同的方法衡量風險，我管理的銀行會更安全、更穩健。我絕對不會碰衍生性金融商品業務，我不屑於做這種交易。**銀行應該成為企業值得信任的合作夥伴，應該向信用良好的公司提供信貸，應該做光明正大的生意。**

在過去，銀行幫人們分期付款購買汽車、洗衣機、卡車。分期付款業務是美國銀行首創的，這樣的業務推動商業發展。但我喜歡現在這種銀行鼓勵人們刷爆信用卡享受豪華旅遊的作法嗎？德國人沒像我們這樣超前消費，人家的經濟也發展得很好。鼓勵超前消費是養虎貽患，不斷地提升信用卡額度，是慫恿客戶消費成癮。我年輕時，銀行不鼓勵超前消費，當然，他們也沒有賺那麼多錢。

波克夏曾經擁有一家銀行，那是伊利諾國民銀行（Illinois National Bank），我們持有十多年，呆帳損失是零，我們的資本報酬率也比大多數銀行高。我們從沒為公司擔心過一秒鐘，只要是信用良好的客戶，我們就願意以適當的利率放款給他們。**你不必因為從事的是銀行業就變得瘋狂，但**

很多銀行無法保持清醒的頭腦。

問：請問您如何評價房利美和房地美？

答：雖然我支持共和黨，但在這個問題上我有自己的觀點。

早期房地美和房利美為美國做出很大的貢獻，但後來由於某些政客頭腦發昏，這兩家公司開始發放很多品質極差的貸款。

房利美和房地美是政府為了解決住房問題而專門成立的公司，這兩家公司也確實幫助很多美國人擁有自己的房子。但在次貸危機之前，「兩房」之所以放寬信貸標準，是因為它們隨波逐流了。當時有一些金融機構發放次級抵押貸款，賺了大錢，某些政客看了眼紅，讓「兩房」也發行次貸。這些政客的嫉妒心理在作祟，嫉妒心讓他們昏了頭。為什麼「兩房」做不到英國詩人吉卜林（Rudyard Kipling）說的，在身邊的人都失去理智時保持清醒？為什麼「兩房」不能堅持原則，只放款給信用良好的人？那些政客打出「平等主義」的口號，宣稱要向窮人發放貸款，結果卻幾乎毀掉整個金融體系。

在金融領域，我們同樣需要遵守嚴謹的工程學標準，不能有半點妥協。我們與一場大災難擦肩而過，幸虧民主黨、共和黨、國會、總統通力合作，在危急之際做出正確的決策。我感謝帶我們走出這場危機的人，我鄙視為我們帶來這

場危機的人。

問：政府剝奪「兩房」的獲利能力，請問您怎麼看？

答：「兩房」雖然是民營公司，但帶有一些政府背景，而且當時「兩房」已經無力償債了。政府的處置很公平，犯了錯就必須得到懲罰。別人要求你做壞事，你可以不做，就算因此失業也不該做。「兩房」不必隨波逐流，是「兩房」的管理者選擇隨波逐流。為了自己的利益，「兩房」的管理者毀掉公司。

真希望有更多人能勇敢地說：「雖然你是老闆，但我不能聽你的，你可以炒我魷魚，但我不能依你的要求這麼做。」多一些這樣的人，我們的國家會更好。

伊萊休・魯特（Elihu Root）是官員的典範，他有一句名言：「只有隨時可以放棄官位的人，才適合從事公職。」伊萊休・魯特是一位有名望的律師，即使不從事公職，他還可以當律師，而很多政壇人士丟了官位就什麼都沒了。多一些像伊萊休・魯特那樣的官員，我們的國家會更好。

問：請您談一談比亞迪。

答：發展電動車、電動公車、電動計程車是大勢所趨，特別是在中國，而比亞迪這家公司已經占據先機。

由於空氣汙染，北京的平均壽命縮短了10年，兒童的

健康也受到很大影響，中國必須立即停止燃燒汽油。目前中國生產的汽車還是以傳統燃油車為主，但這不會持續太久。中國已經意識到民眾的健康受到威脅，必須果斷採取行動解決問題。目前，比亞迪是唯一一家生產電動車的中國公司。

比亞迪選擇更安全的磷酸鋰鐵電池，能有效避免電池起火。磷酸鋰鐵電池很重，有的公司不想走這條路，他們只想減輕重量，忽視了更重要的安全問題。以波音為例，為了節省兩個行李箱的重量，選擇不穩定的鋰電池。我不是工程師，但連我這個外行都知道波音這麼做不妥，看來工程師也有腦子迷糊的時候。也許是銷售部門說，客戶要求再放幾公斤行李，但可能就是這幾公斤最後要了你的命。

在發展電動車的大趨勢中，比亞迪已經取得有利的位置，我想它會聰明地在未來抓住機會。

■ 永遠領先是不切實際的幻想

問：最近特易購遇到一些麻煩，請問您怎麼看？
答：特易購曾經是一家領先全球的零售商，當年它發展得很好，似乎能一直保持強勁的勢頭。波克夏曾買過一些特易購的股票，應該是盧‧辛普森（Lou Simpson）先買的，後來華倫也買一些。特易購的生意模式曾經無往不利，但後來突

然不靈了。也許是因為驕傲自滿,特易購高估自己的能力,它做了很多商業冒險,結果接二連三地遭遇失敗,例如它在美國開了很多家鮮捷超市(Fresh and Easy),最後根本沒做起來。

正當特易購忙著全球擴張時,沒想到後院失火了。在特易購的本土市場,奧樂齊(ALDI)等強敵挑戰特易購,特易購陷入內外交困的局面。有幾家大公司能永遠保持領先?箭牌口香糖或許可以吧。

大多數公司的命運與特易購類似。奧樂齊是非常難纏的對手,它的特色是成本超低、品項精簡、自有品牌眾多,公司效率高得驚人。好市多、山姆會員商店(Sam's Club),哪個不是難纏的對手?**商業競爭總是很激烈,總是有新的競爭對手挑戰你。**40 幾年來著名品牌一直擁有強大的競爭優勢,但現在它們同樣面臨著競爭的衝擊。

競爭愈來愈激烈是正常的,以為一家公司能始終保持領先地位,這是不切實際的幻想。

■ 年輕人每天都該讀報

問:你會告訴現在的年輕人每天應該讀些什麼?

答:一定要讀品質好的主流報紙,畢竟報紙不是書,不可能

花很長時間去讀。我認為《華爾街日報》是必讀的報紙，它仍然秉持著新聞界的良心，是一份值得尊敬也非常有用的報紙。以前它的社論太偏右翼了，現在已經好多了。

問：最近您推薦朗‧契諾（Ron Chernow）寫的《洛克菲勒── 美國第一個億萬富豪》（Titan: The Life of John D. Rockefeller, Sr.），您說這是一本好書。

答：對，這是一本好書，誰還沒讀的話趕快讀吧。在書裡，我們可以看到洛克菲勒是一位品德高尚的合作夥伴，在與競爭對手的較量中他毫不留情，但是作為合作夥伴，洛克菲勒令人非常欽佩，他的許多善舉至今仍被人們傳頌。

　　舉個例子，在以前的中國，很多產婦在生第二胎時因骨骼問題難產。洛克菲勒派醫生到中國，發現中國因為過度耕種，耗盡土地中的某種營養素，讓中國人的骨骼健康受到影響。這種營養素成本很低，很容易添加到土壤裡。就這樣，洛克菲勒做了一件好事。

　　洛克菲勒做過很多這樣的好事，只花少少的錢，卻能解決大問題。有很多優秀的人才得到洛克菲勒基金會的資助。1930年代，洛克菲勒基金會培養了大批優秀的物理學家，他還只用5,000萬美元就徹底改變美國、乃至於全世界的醫學教育。

　　在書中，我們還能看到洛克菲勒是如何與合夥人打交

道的。在投資一項風險較高的業務時，洛克菲勒會對他的合夥人說：「我知道你們覺得有風險，但我覺得我們必須拿下這筆生意。這樣吧，所有錢都我出，虧了算我的，賺了，你可以用成本價買下我的股份，大家一起賺。」他的合夥人聽他這麼一說，紛紛表態：「約翰，有你這句話，我們跟你一起，也算我們一份。」

洛克菲勒對待合夥人的態度值得我們學習。

我們波克夏也有這樣一位優秀的經理人，他管理著猶他州的 R.C. 威利公司（R.C. Willey Home Furnishings），從事的是傢俱業。他打算去拉斯維加斯開一家分店，但由於他信仰摩門教，新店禮拜天不營業。一般人的第一反應都是禮拜天不營業不行，這位經理人對我們說：「我計畫開一家新店，但是我們摩門教徒禮拜天不工作，所有的錢我來出，所有風險我承擔。成功了，我依照成本價把新店轉讓給波克夏，失敗的話，所有虧損都算我的。」我們沒有洛克菲勒那麼高尚，但我們接受這位經理人的提議。這位經理人的行為如此罕見，如此高尚，應該得到鼓勵。

■ 馬斯克是大膽的天才

問：請問您如何評價馬斯克？

答：我認為伊隆‧馬斯克（Elon Musk）是個天才，「天才」
這兩個字可不是誰都配得上的。馬斯克是個天才，他也是史
上最大膽的人之一。**我總是害怕有一種人，智商190，但以
為自己的智商有250。馬斯克有點類似這種人，但他確實是
個天才。**

問：在您賺到足夠的錢，衣食無慮之後，您在投資上還願意
承擔多大風險？

答：蒙格家族的大部分資產配置在二個地方：波克夏海瑟
威、好市多以及一支亞洲基金。每日期刊公司不算，它只是
個芝麻綠豆大點的東西。你去問金融領域的專家，他們自認
為是資產配置大師，他們會告訴你蒙格什麼也不懂，蒙格是
在亂來，蒙格的投資方式不符合資產配置模型。但我是對
的，他們是錯的。

　　**如果你夠精明，能精選出三檔股票，每一檔都足以讓你
的家族財富永續傳承，那麼持有這三檔股票就足夠了**。如果
你擁有超出所需千倍的財富，那麼別人的股票漲了10％，你
跌了5％，還需要在乎嗎？那些基金經理人其實也不完全是
受嫉妒心驅使，只是如果他們的業績落後，客戶就會棄他們
而去。這是一個瘋狂的系統，所有人都坐在同一個旋轉木馬
上，對這種遊戲我一點興趣也沒有。

就在此時此刻，蒙格家族的三項投資都在創新高，我的資產配置做錯了嗎？

問：一個投資組合中，您認為擁有多少家公司才務實？

答：這個問題沒有統一的答案，需要看具體的情況。如果你管理一支指數基金，賺的是管理費，你持有多少家公司都可以，沒什麼限制。指數基金是好生意，指數基金賺錢是應該的，**大多數主動型基金跑不贏指數基金。**

前幾天我和一位非常聰明的基金經理人聊天。通常我不和基金經理人打交道，但這位基金經理人比較特殊，在很多問題上他與我看法一致，所以他應該是個特別聰明的人。他告訴我，在美國他採用指數投資的方法，但是在其他國家，他聘請基金經理人做主動管理。他認為現在的美國股市很難賺錢，還不如直接買指數，但在其他一些國家經常能發現一些無效率市場。他的做法很明智。

別因錯過機會而沮喪

問：去年您提到貝爾里奇石油公司，您說您犯了個錯，在有機會買進時沒有多買一些持股。您能否談一下這筆投資？

答：當年，貝爾里奇石油（Belridge Oil）是粉紅單市場*上的一家公司。這家公司很有價值，它的石油儲量很大，而且所有土地、油田都是自己的，不是租來的。它的清算價值遠遠高於股價，大概是股價的三倍。貝爾里奇油田可以開採很長時間，而且公司擁有土地和油田的產權，可以重複開採。

別人第二次要我買貝爾里奇股票時，我為什麼會拒絕呢？我當時想暫時擱下這件事，結果後來就沒買，真是太傻了。所以我想告訴大家，在投資的過程中，偶爾犯下愚蠢的錯誤，用不著太懊惱，這是正常的，沒什麼大不了。我犯的這個錯誤是錯過，而不是做錯，但是這個錯誤可真不小，至少讓我少賺了三、四億美元。

這個故事是想告訴你們，**別因為錯過好機會而感到沮喪，這是投資過程的一部分，是無法避免的。**

問：以您今時今日的智慧回首往事，什麼是您希望剛開始投資股票時就知道的事？

答：我和華倫一樣，年輕時我也是四處翻找能賺錢的股票，例如我可能找到一家小公司，價格很便宜，因為它在粉紅單市場交易，沒幾個人知道。後來等到錢賺多了，我不願意四處找了，我改變原來的想法，**我開始投資我敬重的人，投資**

---

*　注：Pink Sheet，OTC的初級報價形式。

我喜歡的生意，開始尋找具有競爭優勢、有發展潛力的公司。年紀大了以後，我開始投資優秀的管理層、優秀的公司。我覺得這種投資方式讓我感到自在，而且我的報酬率也沒低多少，這多好啊。

▰ 做投資要有耐心，等到好機會才買進

問：葛拉漢晚年時說過，思路正確的個人投資者可以戰勝法人機構。請問在今天的大環境中，這個結論還成立嗎？與大型投資機構相比，個人投資者擁有優勢還是劣勢？

答：市場規模這麼大，聰明人只要願意下功夫四處翻找，發揮自己的優勢，就能找到賺錢的機會。**聰明又勤奮的人總有辦法賺大錢，這一點永遠不會改變。**

有人能賺大錢，不代表普通人也能輕鬆賺大錢。現在的美國股市，大量買進大型股很難跑贏市場。現在的股市是個有效市場，雖然還是有人能跑贏市場，但難度很高。無數人前仆後繼地往市場裡衝，但事實證明絕大多數人以失敗告終。

如果讓我在200檔股票上各投資10億美元，我很難跑贏市場，我根本不敢接這份工作。彼得‧考夫曼經營一家非常賺錢的公司，前幾天他對我說：「如果有人開出銷售額三倍

的價格要買我的公司，我一定會賣，因為無論我如何努力經營，都不可能把公司做到值那麼多錢。」他說得很有道理，已經那麼有錢了，何必還難為自己。

現在美國掀起一股收購潮，有的公司自己的生意比較差，而競爭對手的生意好很多，但是花30倍本益比的價格把競爭對手收購下來，這不是解決問題的辦法。我明白這個道理，但是很多公司禁不住投資銀行的矇騙：你的生意不是不好嗎？花30倍本益比的價格把競爭對手買下來，你的生意就好了。

波克夏總能保持清醒的頭腦，在今年的年報中，華倫打算深入探討兩個問題，一是波克夏為什麼能成功？另一個是波克夏的成功能否繼續？波克夏走過幾十年的輝煌，發展到現在這麼大的規模，是時候好好總結一下了。我相信所有聰明人都會仔細閱讀今年的波克夏年報。

波克夏有很多值得學習的地方，但人們很少學波克夏，主要是因為人們很難擺脫體制壓力。波克夏的成功能繼續下去嗎？我對將來的波克夏充滿信心，它取得的成功一定會遠遠超出人們的想像。我們之所以創造輝煌的業績，主要是因為我們挑簡單的事做。很多人自以為聰明，專挑最難的事情做，最後往往沒有好結果。

做投資一定要非常有耐心，一定要等到好機會出現才買進。但整天等待，什麼也不做，這是違反人性的。我們能

做到耐心等待是因為我們有很多別的事可以做，但你能想像一般人一等就是五年，什麼事都不做？你會覺得很悶、很無聊，於是開始做出一些蠢事。

今年的波克夏年報大家一定要好好讀。從只有三家奄奄一息的子公司，發展成今天的波克夏海瑟威，而且發展到今天這麼大的規模，股票的流通數量幾乎沒變，這難道不是一個奇蹟嗎？

25年前我讀了一篇令我讚嘆不已的文章，為了表示感謝，我致贈作者兩萬美元，並留言說：「拜讀您的文章，獲益匪淺，這是我的一點心意，請笑納。」沒想到他原封不動把錢寄回來了。於是我打電話給他：「您為什麼要寄回來呢？您不需要的話，把錢送給您的助理或學生也可以啊。請您收下吧！」後來，他把錢收下，送給他的研究生了。他的想法是錢來得太容易，一定有問題。

人們不敢學波克夏可能也是因為相同的道理。人們會覺得像波克夏這麼輕鬆就能賺大錢，裡面一定有問題。波克夏的管理者工作不辛苦，嗜好倒不少，華倫每個禮拜打12小時的橋牌，玩著玩著就賺錢了。人們搞不清楚，所以總覺得哪裡不對勁。

問：請談一談您與巴菲特之間的合夥關係。
答：一起過了大半輩子的老夫老妻很少會離婚，我和華倫也

是如此。這麼多年來我們一直互相配合，以後也不可能分開。在我們的合作關係裡，我只是發揮輔助的作用。大科學家愛因斯坦需要和別人討論，投資大師華倫也需要有個參謀。我偶而會在別的方面提供一些幫助，但主要是做華倫的參謀。

一個人關在屋子裡，再怎麼絞盡腦汁地想也是不行的。如果愛因斯坦做不到，我認為你也不該嘗試。

問：您打算捐錢給密西根大學（University of Michigan）修建研究生宿舍大樓，聽說您在設計上遇到一些難題？

答：我覺得我在為密西根大學做一件非常有意義的事。根據我的設計，不同科系的研究生可以住在同一棟宿舍大樓裡。宿舍大樓位置好，去哪都很方便，不但配備完善的公共設施，還為訪問學者與教授提供住所。這棟宿舍大樓的規模很大，在設計上需要解決的問題是如何才能規劃出那麼多房間，容納那麼多的學生，最後我們決定捨棄大多數臥室的窗戶。

一開始許多人反對，但我知道我的設計方案可行，於是我做了一個建築模型，看過模型之後密西根大學同意了。臥室裡沒窗戶，只是聽起來難以忍受，但正是因為80％的臥室沒窗戶，才能容納這麼多學生，而且其餘有窗戶的臥室，每個月租金貴100多美元。

從這件事我得到一個新的教訓。建築業的從業人員太死板，不知道變通，特別是在為大學做設計時，因為大學本身就是個非常保守的地方。密西根大學很聰明，他們想通了，他們明白我的方案是合理的。不過令人失望的是有些人無法接受臥室裡沒窗戶，所以我留了一些有窗戶的臥室給他們。

清楚能力圈範圍能彌補智商的不足

問：一方面要追求簡單，另一方面要搞懂很多複雜的問題，您和華倫是如何解決這個矛盾的？

答：波克夏創造超凡的業績，但我們並沒有什麼異於常人的能力。為什麼？這是個很有趣的問題，我們打算在今年的年報中討論一下這件事。答案在於，我們找到更好的方法，而其中關鍵的一點是**我們非常清楚自己的能力圈範圍。這點非常重要，甚至可以彌補智商的不足**。我非常清楚自己幾斤幾兩，非常清楚什麼事是自己不該做的。

我還有個習慣，容易解決的事我馬上做，否則事情只會愈積愈多。有些人總是拖拖拉拉，被一大堆事壓著，然後什麼都做不成。我不知道有誰在這方面做得比我們的執行長蓋瑞·薩爾茲曼（Gerry Salzman）更好，他的成功與這個好習慣密不可分。蓋瑞從不拖泥帶水，雖然他的決策也有出錯

的時候，但整體來說正確率非常高，關鍵是一點都不浪費時間。這個技巧非常值得學習。

在遇到必須處理的難題時，我們會反覆地在問題上下功夫，想辦法解決它。很多別人做的事我們不做，所以我們有的是時間去應付難題。我們只是掌握一些做事的正確方法，這些方法非常好用，可惜很少有人學我們。

大多數人無法掙脫束縛，在每天的工作、與同事的相處時，他們總是得說一些口是心非的話，做一些自己不想做的事，這是大多數人的生活日常。華倫和我無須忍受這樣的束縛，雖然有一些話題仍是禁忌，但基本上我們非常自由。無論是大公司的員工還是學術圈的教授，都要遵守很多規矩，受到很多限制。

興趣是成功的關鍵

問：請問您建議我們養成什麼日常生活習慣？
答：我不感興趣的事，從來都做不好。一件事如果不感興趣的話，再怎麼聰明都很難做好。

興趣是成功的關鍵。如果你熱愛中國書法，那就去鑽研中國書法。如果你熱愛的是中國書法，我看不出來你該如何在天體物理學上取得成功。

問：您多次批評美國學術界金融知識匱乏，似乎不願意在教育體系中教授這些原則，您認為可能的解決方案是什麼？

答：指望社會中所有人或所有大型機構都能理智行事，這是天方夜譚。但我們的學術界不應該如此愚蠢，把資本資產定價模型（The Capital Asset Pricing Model）這種東西當成絕對真理來教。

基督徒把《聖經》當作真理，我可以理解，但資本資產定價模型怎麼能和物理學原理相提並論？金融系教授讓學生們牢記資本資產定價模型，讓他們像學代數一樣做大量練習題，這簡直是誤人子弟。經濟學裡有許多愚蠢的東西。

以日本為例，它用盡凱因斯主義所有手段，為了刺激經濟瘋狂地印鈔，但25年過去，日本依然沒有走出經濟停滯的泥淖。這種現象超越全世界所有經濟學家的想像。日本人不懂，他們依照西方經濟學理論行事，為什麼沒用？日本的困局，只依靠經濟學這個狹隘的學科是無法解釋清楚的。

把視野放大，我們可以發現日本經濟崛起靠的是出口。但亞洲其他國家也正從落後的農業國家發展成先進的工業國家。面對韓國以及中國這兩個強勁的對手，日本當然面臨困境。

經濟學家搞不清楚，他們只會拿書本上的經濟學理論解釋問題。如果你開了一家店，生意很好，沒想到馬路對面

開了一家同樣的店，你的生意能不受影響嗎？這個問題並不
難，你只需要保持開放的心態，研究所有的可能性。

■ 幸運的祕訣在於降低期望

問：請問降低期望有什麼好處？

答：你想因為達不到目標，常常陷入失望和沮喪，還是想總
能得到超出預期的結果，每天心情都很好呢？**幸運的祕訣不
是雄心壯志，而是降低期望**，特別是在尋找另一半的時候。

**問：如果你想創辦另一家波克夏，你會如何選擇波克夏的組
織形式，是合夥人制還是公司制？**

答：這是一個非常聰明的問題。由於一連串偶然因素，波克
夏採用公司制的組織形式。公司投資有價證券必須支付35％
的資本利得稅，沒有任何一家投資機構會選擇這種形式。雖
然我們適應這種組織形式，但其實這是一個巨大的缺點。有
些奇怪的事就是會發生，就像根據工程學原理，大黃蜂無法
飛行，可是大黃蜂卻飛得很好。

　　雖然我們做得還可以，但以公司制形式做投資不合理，
應該採用合夥人制才對。

問：我想請問您如何看待波克夏的內在價值與帳面價值之間的關係？

答：華倫講過波克夏的內在價值（intrinsic value）與帳面價值（book value）的關係，他的論述非常符合邏輯，我完全贊同他的觀點。如果波克夏的股價低到一定程度，我們當然會實施庫藏股，但是我們投資其他公司的報酬率一直很高，所以我們可能會繼續投資其他公司，我們也會繼續做補強型收購。

波克夏的資金仍然能找到值得投資的機會。在未來15年裡，光是我們旗下的公用事業公司，我們就會投入大量資金。投資公用事業公司，我們能穩定地獲得良好報酬率，我想兩年後波克夏將成為美國最大的公用事業公司。

我們年輕時能找到報酬率高達12％的投資機會，但現在我們只能投資報酬率在9％、10％左右的公用事業公司。報酬率低了點，但我們用來投資的浮存金*成本是零，所以還可以。現在的利率快接近零了，我們還有機會投資公用事業公司，已經非常知足。一方面可以為社會創造和輸送更多電力，另一方面能獲得穩定的收益，我們很滿意。

---

* 注：浮存金是保戶向保險公司繳納的保費，保險公司可將之用於投資。

跨過小泥坑撿金子

問：請問科技進步對商業競爭的影響有多大？

答：波克夏一直避免成為被科技變革淘汰的對象。目前，波克夏擁有一家鐵路公司、幾家公用事業公司，還有幾家大型保險公司。每日期刊屬於被科技淘汰的公司。以前我們很賺錢，在法院做出判決六個星期後，《每日期刊》透過報紙的形式發布判決彙編，所有律師都必須訂閱我們的報紙，我們每年都可以大幅提高訂閱價格。但科技進步，現在律師改為透過網路查看判決彙編。

《每日期刊》被淘汰是無法改變的事實。我們害怕技術革新，所以波克夏儘量遠離科技變革。

有時候我們投資的公司似乎涉及高科技，例如生產硬合金切削工具的伊斯卡公司（Iscar），但它是產業翹楚，幾乎占據絕對壟斷地位，所以我們並不擔心。

如何避免被科技淘汰？我們解決不了這個問題，我們只能遠離容易被科技淘汰的公司。各位股東，每日期刊公司被高科技淘汰，我非常抱歉。

波克夏經歷過很多失敗。新英格蘭地區的那家紡織廠，我們實在無力回天。還有我們的珠寶店，銷售額不可能再創新高，因為競爭對手太多。我們和所有人一樣都無法違背殘酷的競爭規律。許多人像飛蛾撲火一樣去送死，我們則謹小

慎微地躲開很多難題。

　　華倫說過：「我們沒本事跳過兩公尺高的欄杆，我們的做法是跨過小泥坑，然後撿起大塊的金子。」跨過去就能撿到金子的泥坑可不多，但我們找到一些。我們專門尋找這樣的小泥坑，而且我們做得還不錯。

問：我很難相信每日期刊是失敗的公司。

答：這要看你怎麼看了。當年我們以250萬美元收購《每日期刊》，三、四年後我們就把這250萬美元賺回來。現在每日期刊公司的所有資產都是利潤。

　　每日期刊公司算是一筆不錯的投資，但和波克夏沒法比。每日期刊公司的主要業務不行了，它能發展成今天這樣已經很不錯了。

幸運的祕訣不是雄心壯志，
而是降低期望。

—

查理・蒙格

2
專注
2015年股東會談話

沒這個能力我絕對不可能成功

編者按

2015年是巴菲特入主波克夏的第50年，2月發布的2014年度波克夏致股東的信中，附上《過去與未來，副董事長致辭》一文。在文中，蒙格總結波克夏過去50年來的成功經驗，展望它的未來，並指出波克夏的經驗對其他公司有何意義。這篇文章已增補入《窮查理的普通常識》第五章中。

2015年3月25日，每日期刊公司召開股東會，而就在幾天前的3月23日，蒙格推崇備至的新加坡開國元勳李光耀去世，這件事自然成為會議上必談的話題。蒙格提到李光耀對新加坡的貢獻，也談到他對中國的啟發。

另外，隨著每日期刊轉向軟體業務發展，蒙格也談到他對網路的看法。蒙格肯定網路是20世紀最偉大的發明，但他也坦言自己完全看不懂網路。不過這又有什麼關係呢？人應該對自己誠實，是否了解網路並不能成為評判個人優劣的標準，「別人專精別人的網路，我做自己的事」。

股東會問答

股東問（以下簡稱問）：請問期刊科技的發展前景如何？未來兩年有什麼具體目標嗎？

蒙格答（以下簡稱答）：這個問題非常好，期刊科技的發展關係到整個公司的未來。

　　隨著科技和社會進步，每日期刊公司的主要業務出現衰退。在過去，《每日期刊》是律師獲得法院判決書等資訊的唯一途徑，在法律資訊這一個領域，我們長期占據著壟斷地位，每年都可以提升訂閱價格，發行量還不斷上升。傳統報業曾經是門好生意，我們的報紙也非常賺錢。後來網路成為律師查看法律資訊的新途徑，我們的壟斷地位消失了。

　　我們的另一項收入來源是發布公告廣告。法律規定，某些特定的公告必須登報公示。可想而知這項法律規定頒布時網路還沒問世，因此早晚有一天公告廣告業務也將消失。每日期刊的主要業務已經走到盡頭。

　　傳統報業受到網路衝擊，許多公司關門大吉，現在還活著的也已經奄奄一息了。眼看著傳統業務下滑，我們決定轉向，向法院等政府機構銷售軟體。

　　當初做這個決定時我們心裡很沒有把握，畢竟我們是一家做報紙的公司，轉型做軟體，就像一個只有一條胳膊、一

條腿的人，要攀登優勝美地國家公園的半圓頂[*]。

我們還是迎難而上了。我們的運氣很好，在次貸危機中我們透過發布喪失抵押品贖回權公告大賺一筆。我們用這筆錢發展軟體業務，收購幾家公司，也開發一些軟體。這是一個成功機率很低的挑戰。在攀岩這項運動中，人們根據攀登的困難程度，為不同的路線設定難度係數，其中 5.11 這個係數代表普通人難以完成的路線。我們做軟體業務，猶如挑戰難度係數 5.11 的攀岩路線。令人驚奇的是，雖然只有一條胳膊、一條腿，我們竟然攀爬到半圓頂這座高峰的半山腰。

現在的每日期刊公司重現生機，未來我們會繼續大力發展軟體業務，投入大量資金，並採用保守的會計方法，該沖銷就沖銷。但我認為，我們的軟體業務有希望成功。

我說過很多次，我們的軟體業務具有創投性質，我對這類生意沒有好感，我也不是靠創投致富。我們現在做軟體，賺的是辛苦錢。其實投資應該要像在桶裡捉魚一樣簡單，這才是我喜歡的方式，而我說的桶裡捉魚，是指先把桶裡的水抽乾，然後對著魚砰的一槍，這才是我要的簡單。每日期刊發展軟體業務雖然沒有這麼簡單，但是我們似乎有成功的希望。

我們原本的法律報紙業務局限在一個州，只有透過收購

---

[*] 注：半圓頂是美國優勝美地國家公園地標，是一處具挑戰性的攀岩場地。

其他報紙才能拓展到其他州。法院資訊系統軟體業務則不受這個限制，它的市場更大。現在我們已經在美國許多州開展業務，如果我們的軟體業務真的成功，我們可以把這項業務拓展到整個美國。

為了發展軟體業務，我們投入大量資金和精力，但將來我們仍須繼續努力，我們的軟體業務會愈做愈好。

你們買入每日期刊，原本打算做價值投資，沒想到變成創投。我想我不需要向你們道歉，因為我和你們共同承擔結果，而每日期刊看起來有希望成功。這將是一個漫長的過程，但如果成功，迎接我們的會是一個比傳統報紙產業更廣大的市場。

目前，軟體業務成為新的主要業務，軟體業務的營收貢獻已超過傳統業務。

我們的軟體業務很燒錢，但我一點都不擔心，我學會貝佐斯（Jeff Bezos）的思維方式，我對董事們說：「**如果你不在市場競爭中把財富的優勢充分發揮出來，那麼有錢就沒有意義。**」

每日期刊公司能走到今天，全靠上天眷顧。我不是靠創業起家的，波克夏海瑟威從無到有打造的公司只有一家。在波克夏旗下的子公司中，只有再保險業務是我們自己開創的。雖然我們只開創這項新業務，但是波克夏的再保險業務價值連城。

如果每日期刊公司成功了，不但股東能賺錢，我們也能
為社會做出貢獻。政府機構現在使用的系統效率低落，需要
自動化，軟體非常複雜，服務也很複雜，但正因為難度很高
所以我們才有機會。微軟就不願意賺這個錢，它可以在別的
地方輕鬆賺錢，何必來這裡受罪。

但愈難我愈喜歡，等我們真的成功，別人就無法輕易搶
走這門生意。

■ 面對技術變革，失敗是一種常態

**問：您說過從達爾文身上，您學會強迫自己搜尋反面例證。
請問從愛因斯坦身上您學到什麼？**

答：如果不是愛因斯坦提出相對論，我不可能想出那麼高深
的理論，我沒有那麼聰明。

當然，我們會搜尋反面例證。我們的一位董事提議，我
們應該列出客戶所有痛點，然後逐一消除它們。他的提議非
常有道理。**服務業只有全力以赴為客戶消除所有痛點，才能
超越其他競爭對手。**

新曙光科技公司是猶他州洛根市的一家小公司，我們之
所以收購新曙光公司，就是因為我們欣賞這家公司的服務、
精神及用人之道。但我們收購新曙光公司時，我們之前的會

計師簡直要瘋了，他們不懂為什麼要花這麼多錢收購這樣一家小公司？會計師和我們糾纏好幾個月，一再拖延財報。但現在我對新曙光這筆收購非常滿意。

每日期刊能活到現在，沒有像其他報業公司一樣倒閉，這是個奇蹟。我們學著進化，這就是達爾文進化論完美的例子：當報業走向消亡時，所有報業公司都掙扎著求生，但大多數報業公司還是難逃覆滅的命運。有些報業公司用多年來累積的利潤進行轉型，收購電視台等其他業務；有些報業公司則是堅守老本行，希望透過各種改革扭轉頹勢，但大部分都失敗了。

比爾·蓋茲說過，當顛覆性的新技術出現時，總會有一些公司被無情地淘汰。柯達公司曾是銀鹽底片攝影的代名詞，曾在世界上占據領導地位，也是世界第二大品牌。它擁有大批化學博士，掌握著全世界最先進的攝影技術。即使在1930年代經濟大蕭條期間，柯達的業績仍欣欣向榮，絕對是最理想的投資標的。但這麼強大的公司也承受不住科技變革的衝擊。正如比爾·蓋茲所說，當技術出現顛覆性變革時，這樣的情況還會一再發生。

我年輕時，通用汽車是全世界最大的汽車公司，但幾年前卻宣告破產。一家曾經遙遙領先的汽車製造商怎麼會淪落至此？追根究柢，還是可以用達爾文的進化論來解釋。競爭太激烈，在商業的大舞台上，長江後浪推前浪是不變的真

理。

技術革新是最難應對的事情之一，這就是為什麼這麼多人在此失敗的原因。IBM從生產製表機、電子秤等產品起家，逐漸成長為早期電腦市場的霸主，但後來在電腦業一波又一波的變革當中，IBM也漸漸跟不上時代。**當公司遭遇顛覆性的技術變革時，失敗是一種常態**，要適應一個如此不同的世界是很困難的。

各位往台上看看，哪家公司的董事會成員像我們一樣這麼老？在每日期刊的董事會中，最年輕的60歲，董事長91歲。我們這麼大年紀了，還能帶領只有一條胳膊、一條腿的每日期刊攀登半圓頂嗎？

告訴各位，我們正在攀登途中，而且我本人對電腦軟體一竅不通。

■ 教育與醫療難以改革

問：以您現在的閱歷和知識，如果請您改革學校教育，您會如何著手？

答： 為了推動基礎教育改革，一些社會精英付出巨大的努力，但成效甚微。

多年來高等教育的改革同樣沒什麼進展，特別是在社會

科學領域，有許多明顯的弊病，我不知道問題出在哪裡。

也許是人們的嫉妒心太強了，也許是優秀的教師待遇太低了。

在社會科學領域，許多教授的思維方式有問題。我不懷疑他們的人品，但是他們的很多想法太脫離現實了。

教育改革很難。我認為理工科的教育品質持續不斷精進，對尖端科技的探索也從未止步，是人類文明的偉大成果之一，在社會科學領域，現在的教育品質可能也比過去提升，但仍然存在一些非常明顯的問題。

問：您是一家大醫院的董事長，請問您如何看待歐巴馬的「醫療改革計畫」？

答：這是世界上最複雜的問題之一。美國的健保制度有許多問題，但我們的醫學也領先全球，我們發明許多新藥、新的醫療設備，以及全新的手術方式。

在我這一生中，醫學界取得人類史上前所未有的巨大進步。現在我們可以為兒童接種疫苗，消滅曾廣泛流行的小兒麻痺症，還可以到牙科診所洗牙，這樣你就不用在55歲時戴上假牙。

人們可能已經對現代的醫療水準習以為常，但在我生活的那個年代，兒童死亡率很高，每座城市都有肺結核療養院，結核病的死亡率高達50％。我們能有今天這麼先進的醫

療水準，真是讓人讚嘆。

我們的醫療水準很先進，但我們的健保體系卻存在很大的問題。

健保改革很難推動。在現有的健保體系中，有一種方式是每個月報銷固定的醫療費用，特別是在療養院，這種方式很常見。

採取這種制度也是無奈之舉，如果不採用這種方式，老年人的醫療費用勢必高到令人無法承擔。但在這種制度下，為了賺更多錢，療養院就有強烈的動機將醫療時間拉長。

由於老年人的醫療費用愈來愈高，全世界各地也開始像美國一樣，固定每月的醫療支出費用。因為如果是採取政府全額支付醫療費用的方式，為了多收錢，醫院就會巧立名目，進行許多不必要的檢查與治療。

全額支付有弊端，部分支付也有弊端。我們所創造的國內生產總額有很大一部分被醫療費用吞噬。醫療業擁有強大的遊說團體，各方為了追求利益，讓美國的健保制度遭到嚴重的扭曲。每家製藥公司或多或少都有向醫生行賄的行為，生產醫療器材的公司也沒好到哪裡去。醫療業已經形成一條巨大的黑色利益鏈，美國民眾背負著日益沉重的醫療費用。美國的健保制度真是一個難以解決的困局。

我認為，我們可能推廣類似療養院那種支付方式。在我們的健保制度中，部分支付是個大趨勢。

採用部分支付的方式，更有利於控制醫療費用。在現行制度下，一個罹患癌症晚期的病人已經病危了，把他送到一家大醫院的急診室，主治醫師可能還要測量他的膽固醇什麼的，畢竟所有的費用都由政府買單。

只要制度有問題，人們就會鑽漏洞，而且會合理化自己的行為。我們還是要想辦法改革健保制度，我認為，固定支付金額的做法比較合理，否則無法控制醫療費用的上漲。

療養院採用固定支付金額的做法，醫生就不可能只是走過每張床，然後就要政府支付費用。這是違法的。但在一般醫院，醫生的確可能每天在病人床頭走個5分鐘，然後就要政府支付45美元。

人們鑽漏洞一定是因為制度有問題。 不是所有人都會鑽漏洞，但只要有一定比例的人違法，你就不會喜歡這個系統。

健保制度改革是個難題，不是三言兩語就能解決的，我只講了一個大方向。

荷蘭的健保體系值得學習，荷蘭既為民眾提供免費的基礎醫療保障，又為某些有特殊需求的人群提供專門的保險服務，美國可以嘗試朝這個方向發展。

■ 成功不靠智力，而是專注力

問：您有很多子女，還能全神貫注地閱讀，請問您是怎麼做到的？

答：當我想專心讀書的時候，我可以忽略外界的一切，我甚至感覺不到別人的存在。我經常只顧著和書裡的古人對話，別人就在我身邊，我卻視而不見，這讓別人很惱火。所以我不建議你嘗試我的方法，我這個本事是天生的。

我可以這麼告訴大家，在我看過的聰明人當中，沒有一個不大量閱讀的。現代人習慣在電腦上閱讀，也許你們看電腦能獲得很多有用的資訊，但是我認為看電腦還是不如讀紙本書。

還有人習慣同時做好幾件事。同時做好幾件事看起來效率提高，但我認為分散精力在許多事上就沒有時間深度思考，這相當於把自己的弱點暴露在別人面前，最後很容易吃虧。一心多用是個壞毛病，很多人不知不覺掉入這個陷阱。

精力高度集中，全神貫注做一件事，沒這個能力我絕對不可能成功。**我成功靠的不是智力，而是專注力。**

問：您這一生很成功，請問您有什麼好的習慣或祕訣？

答：我想吃什麼就吃什麼，從不擔心自己的身體。我不願意做的運動我從來不做。如果說我有一點成就的話，那是因為

我堅持把事情想得透徹。這就是我擅長的事，**把事情想清楚，找到正確答案，然後付諸行動。**

問：請問您是如何閱讀的？您如何吸收書中的資訊？您是否有自己一套整理筆記的方法？

答：沒有，我從來个記筆記，上學的時候我就不做筆記。我閱讀和思考完全是隨興所至。我只讀自己愛看的書，想讀的時候就讀，想思考的時候就思考，這就是我的讀書方法。

我覺得我這種讀書方法還不錯，但是我的方法未必適合別人。

貨幣貶值速度還會加快

問：美國聯準會的資產負債表規模，從2007年的9,000億美元上升到現在的6兆美元。聯準會不斷擴張資產負債表，我們還能回到9,000億美元的總資產規模嗎？

答：我年紀很大了，我記得我年輕時，喝一杯咖啡5美分，吃到飽25美分，買一輛全新的汽車600美元。隨著時間流逝，在一個民主國家中貨幣必然會貶值。受到人性的影響，將來貨幣不但會繼續貶值，而且速度還會加快。

義大利、阿根廷、巴西等國家飽受通膨折磨，我們經歷

一波又一波的通膨竟然安然無恙，應該要感到很慶幸。

在過去50年裡，包括股息在內，投資股票能實現每年平均10％左右的稅前收益。我不知道其中多少是實際收益，多少是通貨膨脹。假設7％是實際收益，3％是通貨膨脹，這個報酬率已經非常高了。

我們這代人是人類歷史上最幸福的一代，死亡率最低、投資報酬率最高、人們的生活水準顯著改善。史蒂芬・平克（Steven Pinker）說得對，過去幾十年是人類歷史上的黃金時代。

如果你對過去50年這麼好的生活還感到不滿，那就是你的不對了。我們的日子已經過得夠好，說不定要開始走下坡了。**總是為最壞的情況做好準備，這是明智之舉。**意料之外的好事容易處理，意料之外的壞事則經常讓人措手不及。

至於貨幣問題，長期來看，貨幣購買力必然愈來愈低。在未來50年裡，你遇到的麻煩會比我們過去遇到的還多。科技進步了，幾個極端分子就能把世貿中心夷為平地。未來的世界會更困難，我們都要做好準備。

問：您如何看待因技術革新所導致的勞動力替代問題，以及由此造成的社會影響？

答：我剛才談到競爭，你說的這個現象也是由於競爭而產生的。

以前人們長期受到政治經濟制度束縛，掉進馬爾薩斯陷阱（Malthusian Trap）*。然後隨著全球貿易自由化發展、通訊技術進步以及貨櫃運輸方式日益成熟，有一天他們突然掙脫束縛，釋放出巨大的潛力，這就傷害了以前那些處於特權地位的人。這不是因為美國聯準會政策失誤或政治家偏袒哪個群體，也不是富人欺壓窮人，而是世界變了。除非你不要貿易自由化、現代科技，擺脫其他國家奮起直追，否則這當然曾傷害那些教育程度較低、但努力工作的人。這個問題很難解決。

現在還有人認為可以透過政治改革解決這個問題，這就是他們在希臘做的事，希臘的解決方式很愚蠢。如果想過好日子就必須工作。治理國家一定要紅蘿蔔加棍子恩威並濟，拿走棍子，整個系統就無法運作了。

你不能靠投票讓自己富有，這是一個愚蠢的想法。而且當然，**所有成功的文明一定要具備完善的社會安全網。**

以日本為例，日本曾經是亞洲的出口強國，但後來中國、韓國崛起，德國表現更佳，突然間它們超越了日本，成為新的出口強國。日本一度占據著壟斷地位，但是當更聰明、更努力的競爭對手出現之後，它當然不如從前了。

---

* 注：指人口可能呈指數成長，而食品供應或其他資源則呈線性成長，最終大量人口會因糧食增加速度跟不上人口成長速度而死亡。

　　愚蠢的經濟學家只會在日本央行身上找答案，他們根本不懂癥結所在。日本衰落的原因很簡單：曾經的出口強國遭遇到更強的競爭對手。日本以嚴格的品管著稱於世，但其他國家也學會它的品管方式。

　　韓國從零開始創建汽車製造業，在十幾年的時間裡，韓國人不算加班每週工作84個小時。韓國的工人拚命工作，韓國的孩子努力學習。小學生下午放學後回到家，在虎媽的監督下跟著家教繼續上課整整4小時。輸給這樣的國家有什麼好奇怪的嗎？笨蛋才覺得奇怪。

問：請問每日期刊將如何發展科技業務，是繼續收購其他科技公司，還是靠自己的力量成長？您曾說每日期刊不是迷你版波克夏海瑟威，但如果有機會「桶裡捉魚」，你們是否會出手？

答：我們雖然年事已高，但我們還有桶裡捉魚的能力，但我認為這樣的機會不多。我們以每股8美元多一點的價格買到富國銀行，那就是一個桶裡捉魚的機會，這樣的機會可遇不可求，我認為那只是一次僥倖。

　　我們抓住富國銀行的機會，一方面是因為我們運氣好，另一方面也是因為我們正好透過發布喪失抵押品贖回權公告賺了一大筆錢，才有資金去買富國銀行的股票。這次的成功只是偶然，這種經歷我們可不想重來一次。

　　你踩著一塊塊浮冰過河，掉到水裡就會沒命，幸好你成功到達對岸，獲得豐厚的財富。回頭看看這條河，你還敢再試一次嗎？所以我認為這種情況不會再發生。

　　我們會好好繼續經營每日期刊公司，但我們這麼一大把年紀，可不想再做創投。我們年輕時也沒做過創投啊。不知道為什麼，我們怎麼和創投扯上關係？這都是瑞克‧蓋林的主意。

沒人能與李光耀的成就相比

問：您對新加坡總理李光耀去世有何評論？

答： 這個問題很好回答，我有很多話想說。李光耀去世了，我打算找人製作一尊李光耀的半身像，擺在家裡重要的位置。

　　李光耀是史上最傑出的政治家，偉大的開國元勳，沒有其他人能與李光耀驚人的成就相比。

　　在一片瘧疾橫行的沼澤地上，李光耀建設起一個現代化強國，並用這個經驗激勵了中國、越南等國家。北越正是以李光耀為榜樣，將越南打造成一個強國。

　　李光耀讀高中時，學校裡有一個比他大一歲的女生比他更聰明，後來他追求這位女生，與她結為夫妻。李光耀非常

理智，與外表相比，他更看重聰明的頭腦。李光耀的孩子也非常成功，他的兒子是現任新加坡總理。

李光耀做事講求實效。他掌權後，新加坡被充滿敵意的鄰國包圍著。李光耀沒錢、沒軍隊，處境很危險。他認為必須建立起一支軍隊，這個新興國家才能站穩腳跟。李光耀四處斡旋，尋求世界各國幫助，希望能建立起現代化的國防體系。

但是在世界各國眼中，新加坡只是一塊充滿瘧疾的沼澤地，沒人願意伸出援手。最後只有以色列同意幫助新加坡。這讓李光耀很為難，他想，穆斯林仇恨以色列，而我的鄰國都是仇恨我的穆斯林，我怎麼能讓以色列幫助我呢？他看出自己的問題。最後李光耀選擇接受以色列的幫助，但他對外宣稱這些人來自墨西哥。

李光耀還根除貪腐。在李光耀展開反貪行動後，第一批被肅貪的人當中有一個是他的好朋友。他的這位好朋友畏罪自殺，好朋友的妻子請求李光耀不要把自殺的消息公諸於世，否則家族的臉就丟光了。李光耀說：「恕我愛莫能助。」

李光耀行事作風強硬，他以鐵腕手段掃清新加坡的腐敗行為。受到李光耀的啟示，中國也展開高壓式的反腐行動，我相信中國也有希望像新加坡一樣取得成功。李光耀還有很多事蹟，他是一位值得尊敬的偉人。

問：您好，我來自澳州雪梨，我想請教一個關於李光耀的問題。請問當前以及未來的新加坡政府能否把李光耀留下來的文化傳承下去？

答：新加坡政府還是不錯的。李光耀為新加坡打下良好基礎，他根除貪腐，建立嚴格選拔、高薪養廉的公務員制度。無論是國會議員還是政府高層都能拿到豐厚的薪資，而且社會地位也很高，這讓他們沒有貪腐的動機。

新加坡應該能將李光耀留下的文化傳下去，發展得愈來愈好。不過在李光耀的時代中國還沒崛起，現在的新加坡必須面對來自中國的競爭，必須加倍努力才行。

問：李光耀的兒子李顯龍上任之後的變化呢，例如他允許新加坡開設賭場？

答：我非常痛恨賭場。與其他行業相比，經營賭場非常賺錢。賭場不需要存貨，跟開印鈔廠差不多，人們受不了這麼強烈的誘惑。為了發展經濟，李顯龍批准在新加坡開設賭場，但他只允許外國人賭博，不允許新加坡本國人涉賭。我認為開賭場是與魔鬼做交易。新加坡批准開賭場時李光耀已經不過問政事了，如果他還年輕，我想他不會同意那麼做。

美國的賭場和博彩公司遍地開花，這不是什麼好事。**遍地賭場是文明社會之恥**，批准開設賭場的政客是在飲鴆止渴，應該把他們都打入十八層地獄。現在仍然堅持不開賭場

的州已經沒剩幾個了。

在電視廣告裡，我們看到的都是賭徒贏錢後的笑臉，還有比這更虛假的廣告嗎？你應該看看在牌桌上試圖回本的賭徒臉上絕望的表情。

問：有人認為中國不應該學習新加坡的治國模式，新加坡是個小國，中國是個大國，新加坡的治國模式在中國行不通。請問您怎麼看？

答：中國學的不是新加坡的治國模式，而是它發展經濟的方式。 新加坡企業採私有制，在以前，中國政府幾乎擁有一切。

中國借鑒新加坡發展經濟的成功經驗，把威權主義與自由市場經濟結合在一起，創造出經濟奇蹟。李光耀給了中國很大的啟發，雖然兩國國情不同，中國不可能完全模仿新加坡模式，但是中國從新加坡那裡學到很多東西，例如中國厲行反貪腐，我覺得這也是和李光耀學的。

這幾十年中國GDP持續以8％、9％、10％的速度成長。中國不完美，但是中國確實改變貧窮落後的面貌，取得巨大成就。

真正有趣的是一個人能對這世界產生如此大的影響。李光耀一開始是一位左派工人運動領袖，這令人驚訝。人類社會需要更多這樣的偉人。

致富之道在於長時間存錢投資

問：我是從印度來的，很榮幸見到您。一個20幾歲的年輕人想要透過投資實現財務自由，請問您會給他什麼建議？

答：在我那個年代，透過投資獲得成功非常容易。只要你夠理性，有紀律，而且從精心挑選的股票獲得年平均10%的稅前收益，那就是很大的助力。**如果你努力量入為出，把錢存起來投資，時間久了自然會變富有。**

但現在投資股市很難獲取高於10%的報酬率。你們來晚了，現在你們投資大型股根本賺不了多少錢。既然根本賺不到錢，或許停止嘗試還比較好。

我是透過股市致富的，但是我不推薦所有人都走我這條路。我靠這個方式成功，但如果有人認為讀讀查理・蒙格的東西就能致富，那是不可能的。真有那麼簡單的話，我們得改在體育場開會了。

蓋瑞・薩爾茲曼（每日期刊執行長）答：查理說過，想致富的話，只要在銀行帳戶裡準備好1,000萬美元現金等待好機會來臨，就可以了。

答：補充一下，這句話原本是霍華德・阿曼森（Howard Ahmanson）給一群窮學生的建議。有錢人有時候講話就是有點浮誇。

問：最近幾年，金融領域專家們重新發現獲利能力強、優質的公司更值得投資。追根究柢，他們發現巴菲特早已提出這個概念，而巴菲特又説他領悟到這件事是受到您的啟發。早在1950、1960年代您就有這個獨到的見解，那時候您還是一位律師，還沒在投資領域有所建樹，請問您是怎麼得出這個概念的呢？

答：每個有理智的人都知道有些公司比其他公司好，問題是相對於資產與獲利，好公司價格也高，這就難倒很多人了。如果你需要做的只是找出好公司，那麼就連笨蛋也能賺大錢。**愈好的公司，價格愈貴，賠率愈低**，這個道理我早就知道了。

在我那個年代，金融學教授教給學生的是效率市場理論，教授告訴學生股市非常有效率，沒人能跑贏市場。但是在奧馬哈我見過有人特別懂馬，他們能在賭馬場擊敗莊家。所以我知道金融學教授是在胡說八道，幸虧我年輕時沒讀商學院，沒有被這些理論汙染。

我從來不信商學院那一套。我從小就不相信伊甸園裡有一條會說話的蛇。我善於識破胡說八道，這不是什麼了不起的本事。**我並不比別人聰明多少，我只是一直避免做出蠢事。**其他人努力變得更聰明，我只求不做蠢事。**我發現人生想要成功，只要做到兩件事，一是不做愚蠢的事，二是活得久**，做到這二點你一定是人生贏家。大多數人認為不做蠢事

有什麼難，其實這比大多數人想得還要難。

問：有護城河的公司競爭優勢更強。請您告訴我，哪種企業的護城河是最少被談論、人們最不了解的？

答：你想知道的是，我是否能告訴你一條別人看不懂但你能懂的護城河，你有點想得太美了。

你問我這個91歲的老頭有什麼祕訣，這讓我想起一個我最喜歡的故事。一位年輕人請教莫札特：「請您教教我怎麼寫交響樂吧！」

莫札特回答說：「你太年輕，還寫不了交響樂。」

年輕人說：「但是您10歲的時候就會寫交響樂，我今年都21歲了。」

莫札特說：「你說得沒錯，我10歲的時候是會寫交響樂，但我那時候沒像你這樣四處問別人該怎麼寫。」

問：在投資房地產、私募股權或上市公司時，該如何衡量它們的債務水準？

答：適當的債務水準因情況而定，我沒有通用的規則。一般來說，如果投資標的不確定性高，例如一家業務複雜的大型企業，那麼最好擁有充裕的現金，保證有足夠的流動性。

大企業財力雄厚，它們的營運是否得當，關係到整個社會的安全穩定，因此不應該為了追逐利益而債臺高築。**大企**

業要有社會責任感，應該要保持財務穩健。

為了取悅某些激進投資人，有些大公司把財務槓桿擴增到極限。這種片面追逐利益的行為，就像是修建大橋時為了節省鋼材而偷工減料一樣，完全拋棄安全邊際。這是一個愚蠢的想法。

問：您曾說由私人資本提供住房抵押貸款保險的作法有缺陷。請問如果讓私人資本進入住房抵押貸款保險市場，可能會出現哪些問題？您能談談為什麼房地美、房利美等現行的保險系統能有效運作嗎？

答：你記得民營保險公司在次貸危機中造成的危害嗎？它們無法無天，沒有道德底線。這些民營保險公司的經營者都有一個共同點：沒有羞恥心。他們不負責任地承接保險業務，發行劣質的債券，但他們不覺得自己做錯什麼，反而把所有錯誤都歸咎在別人身上。

次貸危機發生得很突然，我們只能慌忙應對。雖然我們驚險過關，但很多措施是權宜之計。現在最大的風險是由於來自各方的政治壓力，政府可能被迫把緊箍咒鬆開。

政府允許人民透過投票自由選擇，人民就會選擇不勞而獲，例如無限放款給那些信用不良的人，就是一個愚蠢的主意。我對現在的住房抵押貸款保險體系很滿意，只要政府別放鬆標準，就不會出現問題。

　　我的想法很可能是一廂情願，在政客奔走之下，政府很可能放寬標準，一旦放寬標準遲早會出問題。政府應該堅持保守的制度，在大蕭條之中誕生的聯邦住房管理局（Federal Housing Administration）就是一個很好的例子。

　　我們已經在次貸危機中領教過民營公司的無法無天和胡作非為，我們還敢放任它們從事住房抵押貸款保險業務嗎？

一不留神就會被超越

問：我想請教您對美國運通的看法，美國運通的護城河是否變窄了？

答：美國運通失去好市多這個大客戶，真是非常可惜，資本主義的競爭就是這麼激烈，別的銀行開出更優惠的條件，就把這筆生意搶走了。**在白熱化的市場競爭中，再強的公司只要一不留神就會被對手超越，這就是現代資本主義市場的殘酷。**

　　美國運通有過長期的成功和繁榮，已為股東創造出大量財富，現在股東們應該接受現實。美國運通仍然是一家好公司，但它的生意不可能像過去那麼好。美國運通的管理者一定會說競爭很激烈，他們一直很努力。每日期刊公司不也是一樣嗎？我們也很努力，但每日期刊公司的報紙業務還是大

勢已去。蓋瑞，難道我們沒努力嗎？

蓋瑞答：我們努力了，但競爭實在太激烈，我們只能節節敗退。這就是人生。

問：最近馬斯克在接受採訪時說，他和您一起吃了一頓飯，您列舉許多特斯拉可能失敗的理由。為什麼您認為特斯拉會失敗？比亞迪可以從中學到什麼？

答：汽車製造業的生意很難做，競爭太激烈了，每家公司做的車都很好，你規模大、你有錢，人家規模更大、更有錢，所以我覺得這門生意太難了。

馬斯克是個天才，但在波克夏我們有句老話：天才遇上難做的爛生意，最後總是爛生意獲勝。沒有政策扶持，電動車很難推廣。電動車在中國發展得更好是因為中國的空氣比較糟，美國沒遇過大範圍的霧霾，人們的健康也沒受到威脅，所以，在美國發展電動汽車很難。

馬斯克是個天才，但事情就是這樣。

問：身為波克夏老股東，我很高興看到波克夏與3G資本（3G Capital）再次攜手合作。我知道您或許不方便透露合作細節，但能否告訴我們在收購亨氏（Heinz）這筆投資中，你們與3G資本的合作如何？3G資本有何過人之處，能讓發展緩慢的大公司重新迸發活力？

答：3G資本憑藉著嚴格的紀律、頑強的意志和高超的智慧，採用比其他公司都還要極端的零基預算制度（Zero Based Budgeting）*，而且他們一次又一次做到這點，在砍掉大量多餘成本後，公司體質變得更強健。

在非營利組織，這種現象也很常見。次貸危機爆發後，我所知道的每間大學都裁掉6％、8％、10％人力。裁撤冗員之後的大學反而比以前更有效率。**愈成功的機構，愈容易充斥冗員，這是人的天性使然。**

夠強硬、夠精明，知道什麼不該削減而且做事公平的人，就能砍掉不必要的開支。3G資本可能是世界上做得最極端的大型企業。

我看好3G資本，我相信透過他們的努力，我們甚至有望提高卡夫亨氏的銷售額。而且3G資本幫我們看清一個現實：大機構裡總是充斥冗員。

每日期刊公司沒有冗員，每日期刊公司從來不養「吃閒飯」的人。蓋瑞，你說是不是？我不認為我們有很多不必要的成本支出。

蓋瑞答：我們一直很注重精簡成本。《每日期刊》曾一度擁有300名員工，現在整個公司只有150名員工。

隨著主要業務衰落，我們逐漸削減成本。以喪失抵押

---

*　注：指不考慮過去的預算與收支水準，以零為基點編制的預算。

品贖回權公告業務為例，從2006年到2011年，我們只增加一個半員工的人力以處理這些額外的工作，後來景氣轉向，我們又把這一個半員工裁掉。我們非常關注科技的變化，希望能掌握法院軟體業科技發展的脈搏，這樣我們才能生存下去。

答：通常如果你超級成功，錢多到沒地方花，每位總裁都有一位助理，很快，助理也會有自己的助理。這是人性使然，就像癌症一樣會迅速擴散。在這方面態度強硬的公司可以砍掉大量多餘的成本，但有些公司很精簡，沒什麼多餘的成本可砍。像每日期刊這樣的公司，即使是3G資本也找不到太多可以精簡的地方。

問：波克夏向中美能源公司投入大量資金，請問這家公司前景如何？

答：中美能源公司（MidAmerican Energy）的前景很好。我們遵守監理機關的要求，我們兢兢業業地服務客戶，我們嚴格保證安全生產。總之，波克夏應該能獲得良好的投資收益。中美能源公司的客戶也一定能得到令人滿意的服務。

我不是一個盲目樂觀的人，但是我對這家公司非常有信心。

問：今年，激進投資者（activist investors）很活躍，屢屢登

上新聞頭條，請問您如何看待激進投資者？

答：在舊有的上市公司制度中，董事會成員總是那些人，什麼事都是他們說了算。我也覺得舊制度忽視股東的利益，但是我並不認同激進投資者的作法。

激進投資者大量買進股票，然後以維護股東權益為名怒吼著要改變，最終把最多的錢裝進自己的荷包，這對社會來說不是件好事。

舊有的上市公司制度確實存在問題，但激進投資者的作法無益於文明的發展。卡爾·伊坎（Carl Icahn）確實是個很有能力的人，但是我們的社會不能交給他這樣的人管理。

問：請問您如何看待自動化投資理財顧問？

答：自動化投資理財顧問（Robo-Advisor）這種服務，從本質上來說與大型指數基金沒什麼區別。在過去很長一段時間裡，絕大多數主動管理的基金無法跑贏指數基金，特別是資金規模比較大的。我感謝上帝他們沒有讓我管理2,000億美元還要跑贏指數，我不會樂意接受這種挑戰。

在效率程度比較低的市場中，價值投資者只要夠聰明、夠努力，還有用武之地。但管理2,000億美元資金還想成為優秀的價值投資者，實在太難了。買進股票需要很長時間，賣出股票也需要時間，其他人還會跟單交易，這真的非常困難。

■ 指數化投資是長期趨勢

問：在過去30年指數基金發展得很快，您之前曾說如果所有人都買指數基金，指數化投資就無法運作得那麼好了。

答：我不怎麼擔心這個問題。從人性的角度來看，我認為永遠不可能出現所有人都買指數基金的情況。我不會花太多時間思考幾乎不可能會發生的事。

現在指數投資發展得很快，這自有它的道理。對於一般人來說，投資指數是非常理智的作法，但隨著指數化投資興起，主動管理的基金經理人受到衝擊，賺的錢沒以前那麼多。

對於主動管理的基金經理人而言，他們不願看到指數化投資興起。日本也不願看見韓國和中國崛起，韓國和中國還不是照樣取代日本，成為新的出口大國。無論如何，愈來愈多資金投資指數，這是長期趨勢。

在漫長的歷史長河中，各個文明社會都有自己的預言家，無論是占卜師、巫師還是信仰治療師，我們現在的投資業也不例外。在投資業裡，大概有4%或5%的基金經理是超級理智、嚴格自律的人，剩下的和巫師沒什麼兩樣。

恐怕事情就是這樣。他們保持著一副積極、理智的形象，但他們實際上是信仰治療師，畢竟他們也要臉啊。

問：現在指數基金的市占率愈來愈大，這會為股東與公司之間帶來什麼樣的影響？

答：指數基金興起必然會產生深遠的影響。對許多上市公司而言，指數基金是長期股東，作為大股東，指數基金有很大的權力。我相信指數基金管理者將逐漸擴大行使他們手中的權力，但他們能明智地使用這個權力嗎？我很懷疑。

別人的成功不見得可以複製

問：在退休基金以及捐贈基金領域，很多人仿效耶魯模式，也就是大衛·史雲生（David Swensen）開創的模式，把大量資產用於配置避險基金以及私募股權基金。但最近您在接受採訪時表示，如果您管理捐贈基金，您會把所有資金都用於投資股票。

答：幸好我用不著管理大型捐贈基金。各州的退休基金已經成為政治角力場，我對此非常反感。管理數十億美元是非常困難的事，大衛·史雲生管理耶魯的捐贈基金，做得很成功，自然有很多人仿效他，成功的方法總是會產生示範效應。

在當前的投資環境中，股票的稅前收益率很難超過10％，進行槓桿收購有很大優勢，所以很多大基金紛紛仿

效，開始採用槓桿收購的投資方式。因此你就有一種不同的投資方式，你可以利用槓桿，你還可以削減一些不必要的開支，就像3G資本那樣。透過這兩種財務手段，進行槓桿收購能實現更高的報酬率。大衛·史雲生領導的耶魯捐贈基金能成功，是因為他選中最優秀的槓桿收購基金，所以獲得豐厚的報酬。

至於避險基金，為了追求更高的報酬率，幾兆資金湧進避險基金，華倫對此提出質疑，我同意華倫的看法。最後一定有很多人虧損，但也有少部分賺錢。有一小部分人能選出最優秀的私募股權基金，他們獨具慧眼，所以做得非常成功。

耶魯、哈佛的捐贈基金取得更高的報酬率，因為他們的管理者很精明，他們選中成功的槓桿收購基金。**我不願意槓桿操作，我對背負著巨額債務的資產負債表很反感，我對人性總是存有戒心。**

耶魯等大型捐贈基金的管理者非常精明，他們獲得龐大的報酬率，這不容易。大衛·史雲生有出眾的能力，而且還頂著耶魯的光環，他選出一批最優秀的精英，投資他們。大衛·史雲生猶如是一位成功的導演，把精彩的演出搬上百老匯舞台，但這種成功是一般人無法企及的。**別人成功的路看起來容易，自己走起來就知道有多難。**

問：請問今天的電視業是否可能重蹈報紙業的覆轍？

答：報紙業的衰敗很好理解。隨著科技變革的到來，報紙業遭到淘汰。在過去，分類廣告是報紙的搖錢樹，後來沒人在報紙上刊登廣告，報紙當然就無可避免地走向衰敗。

在報業的黃金年代，報紙積極地參與議政，發揮輿論監督的作用，但後來報紙式微，這對國家是不利的。

電視的生命力比報紙強。讓我沒想到的是，隨著網路和有線電視時代到來，傳統的廣播網竟然還活著。我不確定我對目前情況的理解是否足以讓我預測未來25年的發展。

最近在中國發生一件事。波克夏海瑟威公布年報，在中國網路上引起熱烈討論。中國人非常關注我們，對我們這兩個有錢的老頭評價很高。但突然之間波克夏的熱度退去。為什麼？原來中國有一位女士用15萬美元和一年的時間製作一部紀錄片，並發布在網路上 *。這部紀錄片獲得2億次點閱，主題是關於中國的霧霾，做得非常好。

世界變了，網路成為新興力量。我不知道未來會如何發展，我只知道世界確實變了。

世界變化太快，很難知道誰將擁有權力，又會發生什麼事。我還是比較懂我那個時代。在我那個時代，報業集團、

---

*　注：指柴靜於2015年推出的紀錄片《穹頂之下》。

廣播電視網是傳媒領域的主宰。

網路能同時傳輸大量資訊，我搞不懂這是怎麼做到的。

在我那個年代，由於電磁波頻譜之間存在干擾，頻道數量是有限的。現在一個人上傳一部紀錄片，竟然能獲得2億多的點閱數，這是怎麼做到的？

問：20年前在魏斯可公司（Wesco）股東會上，有人問您：「20世紀最偉大的發明是什麼？」您回答説是空調。站在今天，回顧過去100年，請問您認為最偉大的發明是什麼？

答：那肯定非網路莫屬。過去100年，人類取得巨大的進步，飛機、火車、電視、空調、醫藥等發明不勝枚舉。我們還發明網路、手機、筆記型電腦、iPad。正是因為網路興起，個人才有機會透過一己之力，引起中國正視環保問題。

網路的影響廣泛而深遠，包括影響到投資業的破壞性改變。網路是一股強大的力量，你不覺得每個人都有這樣的感覺嗎？

問：Google和蘋果是兩家領先的科技公司，請問您認為這兩家公司的護城河具有持續性嗎？

答：我看不懂高科技公司的護城河。**我之所以沒投資高科技公司，主要是因為我不知道它們的護城河是否具有可持續性。**Google確實是一家非常了不起的公司，如果別人拿槍

指著我，讓我必須買進一家大型高科技公司，我可能會選擇
Google。

Google只聘用最聰明的人，匯聚大量精英。它是一家非
常專注的公司，擁有強大的競爭優勢，但與其他公司相比，
我是否知道Google護城河的價值？答案是否定的，你問錯人
了。

慢慢致富的美妙

**問：現在很多年輕人希望創業，您是老前輩，請給我們一些
建議。**
答：利用電腦科學的知識來管理大型網路，這是一個全新的
世界，我對這些東西一無所知，這些東西問世時我早就定型
了，不可能再去學這些新東西。我有我懂的東西，這輩子也
很成功，所以不懂網路，我不覺得自己比別人差。

我希望所有投身於網路業的人都能成功。他們有他們的
生存之道，我有我的生存之道。有一位特技奇人，他完成走
鋼絲跨越尼加拉大瀑布的壯舉，這是他謀生的方式，但我可
不想嘗試。

我不想超越Google的佩奇（Larry Page）和布林
（Sergey Brin），我也沒有任何建議給想致富的年輕人。我認

為快速致富的想法是危險的，我覺得還是慢慢致富比較好。

致富是一個很享受的過程，慢慢致富，才能細細體會到其中的美妙滋味。

我建議你們慢慢致富。

問：您曾說過，美國不該耗盡所有碳氫化合物（化石燃料，指石油、天然氣），但現在全世界的原油似乎供過於求，請問您如何看待全球石油市場的發展趨勢？

答：我的觀點絲毫沒有改變。

美國蘊藏的碳氫化合物能源是我們的寶貴資產之一。我們的碳氫化合物能源像愛荷華州的土壤一樣珍貴。我們不可能把愛荷華州的土壤賣給別的國家，我們也要同樣珍惜美國地下蘊藏的碳氫化合物能源。很多人主張要能源自給，大量開採和使用美國國內的能源。我覺得這是一個瘋狂的國家政策。和我想法一樣的人大概只占1％，但我是對的。

碳氫化合物能源是不可替代的。碳氫化合物是重要的化工原料，沒有碳氫化合物，我們將無法生產化肥，我們的飛機也無法起飛。碳氫化合物能源有限，我們未必能找到合適的替代品，我們不應該草率地耗盡碳氫化合物。

從歷史紀錄來看，碳氫化合物能源的價值將隨著時間推移而上升。幸虧我們沒有更早發現水力壓裂法（fracking），否則我們的石油和天然氣早就被開採光了。沒幾個人像我這

麼想，大多數人認為在資本主義的自由市場裡什麼都是合理的，用斧頭砍人都很合理。

我希望美國的地下始終蘊藏著豐富的碳氫化合物能源。如果我們像日本一樣100％依賴進口，我們就會暴露在危險之中。

如果我們自己沒有碳氫化合物能源，需要完全從別的國家進口，那就等於把自己的命脈交到別人手裡，還算什麼超級大國？我的想法跟別人不一樣，不是我錯了，這只代表其他人沒有好好思考。

▉ 未來不可能不出現大災難

問：您認為將來最有可能發生哪些我們意想不到的巨大變化或風險？哪些產業最有可能遭受嚴重的衝擊？
答：我想告訴你們年輕人，未來50年不太可能不出現大災難。 過去這幾十年我們運氣很好，將來災難可能出現，但把時間花在無法解決的事沒什麼建設性。**做投資時，你要心裡有數，知道將來可能出現大災難；其他時候當個愚蠢的樂觀主義者就行。**

富蘭克林（Benjamin Franklin）說得好：「結婚前，擦亮雙眼；結婚後，睜一隻眼閉一隻眼。」

　　過去即使沒受過教育同樣能出人頭地，但那個時代已經一去不復返。現在是貿易自由化、全球競爭的世界，美國與中國必須和平相處，中美之間的經貿往來有助於推動兩國關係的發展。

　　在貿易自由化的浪潮中總是有些群體衰退，有些群體興起。**當逆境來臨時，我們應該勇於迎難而上，這才是一種積極向上的人生態度。**

問：請問目前的股價是不是太高？如果您的所有資金都在退休帳戶中，您會增加現金占比嗎？

答：我的資金不是都在退休帳戶中，所以你問我的是一個假設性問題。

　　這就像你問我：「查理，如果你是一位牙醫，你怎麼幫人看牙？」假設的情況我沒有真實經歷，我可能無法給你很好的答案。**在投資中，我對於幾乎100%持有股票感到滿足，我覺得我持有的股票比一般人的股票好，我當然願意100%持有股票。**

　　如果我只能持有一般普通的股票，和別人相比我沒什麼優勢，那我會怎麼辦？我不知道該怎麼辦，我總是避免持有普通的股票。

　　幾十年來我持有的股票都是比較有優勢的。現在股市利潤已大不如前，但我已經這麼一大把年紀，只要能比別人稍

微強一點我就知足了。

■ 負利率現象不可思議

問：目前市場中出現一個奇怪的現象，一些政府債券的利率長期為負，請問您的看法？

答：這種現象我以前從來沒見過。我見過1.5％的利率，但沒見過負利率。這個現象讓所有經濟學家跌破眼鏡，也讓日本所有壽險公司目瞪口呆。日本的壽險公司承諾支付3％的利率，沒想到出現負利率把它們搞到破產。負利率的現象出乎所有人意料。

一開始看到利率走低，我覺得很驚訝，後來看到歐洲的利率跌成負值，我真的大吃一驚。

負利率的現象以前我覺得不可能發生，現在真的出現了，我還能說什麼呢？這是一個新的領域。

問：現在低利率已經持續一段很長的時間，人們對風險的認知似乎發生改變。請問低利率可能帶來哪些不良影響？

答：低利率的大環境出乎所有人意料，它必然會產生一些深遠的影響。至於會產生什麼影響，有些人已經在誇誇其談。過去這些人沒預測到會出現低利率，現在他們卻敢信誓旦旦地預測低利率對未來產生的影響。他們不過是些巫醫罷了。

你問我會產生什麼影響，我根本不知道會產生什麼影響。我認為這一切都非常奇怪。利率跌到零，世界各國瘋狂開啟印鈔機，債券價格卻跌成這樣，我當然感到困惑。面對眼前的情況，頭腦正常的人一定會感到困惑，沒有疑慮的人一定還搞不清楚狀況。

如果你覺得困惑，那就對了，這表示你頭腦正常。

問：今年，您和華倫帶領波克夏海瑟威走過50年，你們兩位各自寫了封特別的信，回顧過去並展望未來。請問在讀完華倫的信之後，您有什麼感想？

答：華倫在信中批評投資銀行，我讀起來覺得很痛快。華倫還揭穿企業集團的伎倆，企業集團利用會計手段誇大業績，透過不斷收購營造出業績攀升的假象。

企業集團賺錢的手段不乾淨，會計業助紂為虐，同樣是在作惡。敢像華倫這樣站出來說真話的人實在太少了，我很佩服華倫，他針砭時弊、切中要害。但華倫說的話會有人聽嗎？能改變現狀嗎？我覺得這個可能性微乎其微。

問：我想請教您一個關於美國亞裔族群的問題。很多亞裔考入美國頂尖大學，取得優異的成績，並且在畢業後找到理想工作，但很少有亞裔能走到頂尖的位置，特別是在投資領域。請問為什麼會有這種現象？

答：這不是美國社會的問題，而是一個數學問題。在任何社會，99％的人都在底層，只有極少數人能站上金字塔尖，永遠只有1％的人能站到塔尖。

問：如今在法律業，按照工時計費的收費方式有減少的趨勢。請問軟體業是否也有可能出現這個趨勢？
答：我覺得可能性不大。

有很多公司聘用大量年輕的員工，讓他們拚命加班，然後按工時向客戶收費。這不是一種獨立的現象，法律、會計、顧問等產業中都有這種現象。

這是人性使然。現在這種現象比以前收斂一些，特別是在法律業。很多客戶感到非常不滿，他們不再按工時付費，而是採用其他付費方式。確實，虛耗工時，收取高昂費用的做法，是該改一改了。

問：我是一名工程師，很多理工科系學生後來改投身金融業，請問如何才能避免這種現象？
答：我只能告訴你我不知道，**所有的人才都湧入金融領域，這不是什麼好事**，就像金融市場中有很多偽裝的賭場一樣不是好事，年輕人紛紛湧入金融業，這也不是好事。如果我有無上的權力，我會透過改變法律來杜絕這種現象。

問：最近丹麥被評為全球幸福指數最高的國家，請問您怎麼看？

答：丹麥人可能真的是最幸福的。

丹麥是一個北歐國家，沒有很多熱帶疾病，而且擁有完善的社會福利體系。它是單一民族國家，不會因為族群之間的緊張衝突而難以治理。丹麥的地理位置得天獨厚，鄰國也很富有，不用太拚命就能過著很優越的生活。

在一個規模比較小的群體中，人們之間的關係比較密切，大家樂於互相幫助。如果我們用微笑的時間來衡量幸福程度，丹麥確實可能是地球上最幸福的國家。

儘管如此，我並不想去丹麥生活，我還是比較喜歡我的國家。

問：您和華倫非常尊重創立泰勒達因集團的亨利‧辛格頓，請問他有什麼與眾不同之處？

答：我們尊重辛格頓（Henry Singleton）的原因很簡單，因為他是一位天才。

辛格頓參加考試，每次都提前交卷，而且還是滿分。他是數學天才，在數學競賽中得過大獎，他還是一位西洋棋高手，晚年時仍然能蒙眼下棋。

辛格頓聰明過人，他創立泰勒達因集團（Teledyne），他的公司比別人更成功，這讓他賺了很多錢。

在金融方面，辛格頓是一個非常理智的人。我見證辛格頓與華倫在同一時間投資和經營企業，透過觀察他們兩人，我發現一些非常有教育意義的道理。

辛格頓非常理智，他的經營之道在許多方面都與波克夏非常相似，但是在投資領域華倫取得的成就要大得多。辛格頓天生比華倫聰明，但華倫在投資方面付出更多努力。

辛格頓是一位真正的天才，論聰明，華倫不如辛格頓，但從投資成就來看，華倫遠遠勝過辛格頓。

3
價值投資永不過時

2016年股東會談話

就像數學原理，永遠有效

編者按

　　2016年2月11日，每日期刊公司在洛杉磯總部召開股東會。這一年是美國大選年，因此談話中多談到美國政壇狀況和一些政治人物及其主張，例如川普（Donald Trump）、伯尼‧桑德斯（Bernie Sanders）、伊莉莎白‧華倫（Elizabeth Warren）、丹‧埃文斯（Dan Evans）和葛林斯潘（Alan Greenspan）等。此外，從2015年發生的威朗製藥公司（Valeant）造假事件談起，蒙格抨擊美國金融業亂象。蒙格在講話中還把每日期刊新的軟體業務與對比亞迪的投資都定義為創投，對石油問題也坦言自己有疑惑。多元思維模式、人生建議和價值投資方法論也是蒙格股東會的必備話題。

蒙格：每日期刊公司過去主要經營報紙業務。與過去許多報紙一樣，我們的報紙也具有壟斷性，是非常好的生意，儘管需要經營者用心管理，但總的來說是閉著眼睛就能賺錢的生意。不過大家都知道，世界已經變了，我們的報紙業務一天不如一天，現在每年只能帶來100萬美元的稅前收入。如果你投資每日期刊是指望它的報紙業務能東山再起，那你的邏輯可能有點問題。

受到時代潮流的衝擊，我們和其他報業公司一樣，主要業務日漸萎縮。但次貸危機爆發後，我們透過發布喪失抵押品贖回權公告大賺一筆。在這項公告業務中，我們擁有80%的市占，大賺一筆。正是因為有了這筆錢，我們才抓住股市恐慌的機會，低價買進大量股票。

這筆意外之財讓我們另起爐灶，做起軟體業務。發展軟體業務的過程緩慢又困難，我們投入大量資金，但現在每日期刊的營收當中，軟體業務的貢獻已經超過報紙業務。軟體生意更有潛力，主要是因為我們的產品比競爭對手的產品更好。我們的軟體業務擁有龐大市場，法院等政府部門需要更好的軟體系統，我們的軟體業務一定能蒸蒸日上。

政府部門的生意很難做，但正是因為生意難做，大型軟體公司不願意碰，我們才在夾縫中找到一線生機。目前我們的市占不如競爭對手，但我覺得與競爭對手相比，我們的產品可能更勝一籌。

對現在的每日期刊來說，殘存的報紙業務可以忽略不計，公司未來發展主要得靠軟體生意，但這項業務具有創投的性質。如果你是衝著創投投資，每日期刊這麼高的股價可能有點道理，但如果你是葛拉漢式的價值投資者，那你可能要好好想想買進每日期刊的邏輯。你們投資每日期刊能成功嗎？也許，但即使成功了，你們靠的也是運氣。

股東會問答

股東問（以下簡稱問）：請您談一談期刊科技，它目前有哪些重大的機會，在未來一年裡需要克服哪些挑戰？

蒙格答（以下簡稱答）：期刊科技最大的機會是，我們最近與洛杉磯法院系統簽訂合作協定。洛杉磯法院系統是全球最龐大的法院系統之一，對我們來說這個合約非常重要，如果我們能在加州市場成功，進軍全國市場指日可待。我們買下一家不怎麼樣的小軟體公司，但事實證明這家公司在為客戶提供服務方面真的很出色。

我們之前沒接觸過軟體業，進入這個產業後，我們發現法院軟體業務擁有廣闊的市場前景。未來如果我們能在這個行業站穩腳步，一定能建立強大的競爭優勢，那時我們的顧客黏著度會很高。在做這個生意的過程中，我們吃了很多

苦，但我們相信，將來如果我們真的成功了，別人想搶走我們的生意，沒那麼容易。

最大的挑戰在於，我們希望成為這個龐大利基市場中最強大的公司。我們很清楚，要實現這個目標，我們仍必須付出許多努力。目前我們發展得很好，但距離實現這個目標，我們還有很長的路要走。

問：請問與製造業的公司相比，軟體公司有什麼優勢？

答：在軟體業中，有些公司成為全世界最賺錢的公司，有些公司則走向破產和消亡。**在資本主義市場經濟中，軟體業和其他產業一樣，都存在著優勝劣敗。**但就像我所說的，我們的軟體公司如果真的成功了，會有很強的客戶黏著度。

問：期刊科技的競爭對手發展速度很快，它們的股價似乎也更高，為什麼？您是否可能以較高的價格出售每日期刊公司？

答：現在還沒有人出高價收購我們。

這是軟體公司特別的地方，這是一種先苦後甘的生意。這不是一般行業，這是創投。每日期刊是一家上市公司，但它的軟體業務屬於創投。如果這項創投業務成功，就可能發展成一個相當龐大的生意。當然，想成功的公司很多，但最後成功的卻寥寥無幾。你們不能用看待一般軟體公司的眼光

來看待每日期刊，你們也不能以波克夏海瑟威做過的收購來
衡量每日期刊的收購。波克夏收購的是成熟公司，它們有著
優秀的歷史業績，每日期刊做的是創投，我們收購是為了加
強銷售能力、補足業務不足之處。總之不要用分析一般公司
收購的標準來分析這些事，我們做的是創投。

■ IBM 風雨飄搖，可口可樂依然強大

**問：您說做投資時您希望能停留在能力圈裡。幾年前巴菲特
投資 IBM，現在他對這筆投資仍十分樂觀，但有些人認為巴
菲特離開了自己的能力圈。請問您如何看待這筆投資？**
答：IBM 和每日期刊公司非常類似。IBM 的傳統業務曾經規
模龐大、顧客黏著度很高。但世界變了，在新興的科技浪潮
中 IBM 失去領先地位，甲骨文、微軟等公司後來居上，超
越 IBM。在個人電腦業務方面，IBM 雖然是個人電腦的開創
者，但現在也被其他公司趕上了。

　　**IBM 的處境跟我們很像，傳統業務仍然能帶來現金流，
但是它現在需要一個更有競爭力的新產品。**

　　根據我的了解，IBM 計畫推出的主打產品類似一個「自
動化檢查清單」，這在醫療產業可能非常實用。但這個產品
能讓 IBM 再現輝煌嗎？我們只能拭目以待。但是 IBM 的傳

統業務確實具有非常強的顧客黏著度，還能維持很長一段時間。

IBM這筆投資確實不容易。現在波克夏的規模太大了，我們只能投資大公司，而且長期持有。我們現在做投資的難度很高，不像過去桶裡捉魚那麼簡單。

IBM這筆投資可能很普通，也可能大獲成功，到底如何我不知道。

問：波克夏持有大量的可口可樂股份，但含糖飲料的銷售量下滑，波克夏是否有什麼好辦法可以幫可口可樂解決這個問題？

答：過去幾十年含糖可樂是可口可樂的主打商品，它的銷量每年都在成長。最近幾年含糖可樂銷量開始趨緩，但憑藉多年累積起來的龐大經銷網路，可口可樂公司在市場上大量推出新產品。含糖可樂銷量下滑，但其他產品的銷售持續向上。

可口可樂仍然是一家非常強大的公司，能帶來良好的投資收益，只不過不像過去在桶裡捉魚那麼簡單了。

問：您會給孫子什麼建議？

答：不管我怎麼教，我連兒子和女兒都改變不了多少，還孫子、孫女呢。有一首詩，作者在詩末寫道：「我是掌管自己

命運的船長！我為我的靈魂導航！」大律師克萊倫斯・丹諾
（Clarence Darrow）對此很不以為然。他說：「還命運的船
長呢！命運的船在哪？我連命運的船槳都摸不到！」在改變
子女方面，我對克萊倫斯的話深有同感。謝天謝地，教育孫
子、孫女不是我的事了。我已經盡完自己的義務了。

對多數人來說，婚姻是最好的選擇

**問：有些人認為婚姻這筆投資不值得，請問您如何看待婚姻
的價值？**

答：每個人都有自己的生活方式，但我認為對於大多數人來
說，婚姻是最好的選擇。統計數據顯示結了婚的人壽命更
長，當你從生理學表現來衡量幸福時，結了婚的人更幸福。
生活很難，大多數人還是結婚比較好。我們應該重視婚姻的
價值。

　　我很欣賞亞洲文化中的家庭觀念。儒家思想把家庭放在
非常重要的地位，我覺得這一點很有道理。如果我們失去家
庭觀念，我們的文明將失去根基。

問：您做過最有成就感的事是什麼？
答：對我來說，家庭比財富和地位更重要，但是我也痛恨貧

窮和卑微。為了擺脫貧窮和卑微，我付出很多努力，現在我已經取得很大的成就，這讓我感到滿足。

大多數人在努力取得成績後，都會為自己感到驕傲。那些登頂聖母峰的人，哪怕只在山頂停留15秒鐘，也會感到無比驕傲。

西塞羅（Cicero）*說過：「晚年時感到快樂的方法之一就是記得過去的許多成就。」有人批評西塞羅只想到自己，沒想到上帝，但我支持西塞羅的觀點。**一個人到了老年能有許多值得回味的成就，這樣的人生很有意義。**

問：在慈善事業方面，請問您的動力是什麼？目標又是什麼？
答：我從沒想過要處理世界和平這樣的問題。我讀過很多傳記，包括卡內基的傳記。卡內基富可敵國，他把自己的財富投入追求世界和平的事業中。以卡內基的聰明才智和財富，他都無法實現世界和平，更何況我呢？所以我不去碰那些偉大的目標。

我喜歡蓋宿舍、教學大樓，這些事很普通，但是我對這些事很有興趣，而且我覺得我能做好這些事。要我去追求世界和平我不夠格，但我擅長蓋宿舍大樓。我選擇做自己擅長

---

* 注：羅馬共和國晚期哲學家，被認為是古羅馬最偉大的演說家和最具影響力的散文作家之一。

的事，我建議你們也做自己擅長的事。

■ 閱讀的好處在於和歷史優秀人物交流

問：能說出幾個您敬佩的歷史人物嗎？
答：我敬佩的歷史人物很多。**閱讀的好處之一在於你可以與歷史上最優秀的人物交流，這就是我花很多時間做的事。**

現實生活中我敬佩的人也很多，例如醫術高超的外科醫師、演技精湛的演員。還有很多人聰明、慷慨，為社會做出很大貢獻，值得我們學習。曾擔任華盛頓州州長和參議員丹・埃文斯（Dan Evans），因為他也是好市多的董事，所以我對他比較熟悉。丹・埃文斯為人正直、頭腦理智，非常讓人敬佩。在美國政界，像丹・埃文斯這樣的人太少了。

像丹・埃文斯這樣的人，只要和他們接觸，就會被他們的人格魅力吸引。**總是有人值得我們尊重，我們自己也希望獲得別人尊重。**如果別人在立遺囑時把自己的孩子託付給你，那你一定是一位值得尊重的人。如果有很多人都這樣想，你就知道你做對了。

好機會不可求，關鍵在於能否掌握

問：您是否有最喜歡的投資故事？

答：我來說一個我沒說過的故事。1962年，我的朋友阿爾‧馬歇爾（Al Marshall）找我合夥，一起去競標，把一個油田的開採權買下來。當時的拍賣制度存在非常不合理的門檻，只有中間商有資格參與油田開採權競標。

我很清楚這些中間商，他們都是些不老實的混蛋，我知道這些混蛋沒一個會開出合理的報價。我對阿爾說：「我們只要報價高一點，一定能拿下開採權。」後來我們果然成功拿下開採權，我們兩個人各自出了1,000美元的頭期款，其餘款項是貸款支付的。

之後的50幾年，這筆投資每年都會為蒙格家族帶來10萬美元的收益。50幾年！才1,000美元的投資！這樣的投資太美妙了，可惜我只遇過一次。

好的投資機會就是這樣，可遇而不可求。**每個人一生中都有屬於自己的那兩、三個好機會，關鍵在於當機會來臨時，你是否有辦法掌握。**

問：目前的環境與1980年代初期您經營魏斯可時相比如何？有什麼明顯的相同或不同之處嗎？

答：魏斯可是我們經營很久的一家公司。**魏斯可是藍籌印花**

的子公司，魏斯可和藍籌印花這兩家公司有一個共同點：都取得出類拔萃的投資成績，而且它們的出色投資成績都主要來自於五、六筆交易。

　　靜下心想想，這真的非常有趣。做了上千筆交易，想成功很難，但在很長的時間裡只做幾筆交易，把這幾筆交易做好，就能取得巨大的成功。藍籌印花是經營贈品券的公司，魏斯可是一家儲貸機構，這兩家小公司的主要業務早就衰落了。我們之所以能帶領這兩家小公司走出困境，而且還大獲成功，主要是因為在經營這兩家公司的幾十年裡我們走對了重要的幾步，做了幾筆非常出色的投資。

　　偉大的投資傳奇人物曾說：「錢是等來的。」等待不是等下一次大跌，而是指如果你想取得良好的投資成果，必須要有足夠的耐心。有足夠的耐心等待，等到機會來臨時果斷出手，大量買進。

　　我們有足夠的耐心等待，等到喪失抵押品贖回權熱潮，賺到了一大筆錢，後來便宜的股票出現，只用了一天的時間，我們就把這筆錢全部投資了出去。我們剛好買在最低點，這是運氣，但當時我們手裡有錢，這不是運氣。別人沒錢，我們有錢，別人嚇得落荒而逃，我們願意買進股票，這不是運氣。

問：與您當年的投資環境相比，現在的投資環境發生很大的

變化。在高頻交易、動能交易（Momentum Trading）大行其
道的今天，基本的價值投資還適用嗎？

答：我認為基本的價值投資永不過時。投資要取勝，就必須
以低於價值的價格買進，一個成功的投資人一定要比市場更
聰明。**價值投資的基本道理永遠不會過時，就像數學原理一
樣，永遠有效。**

你剛才提到高頻交易。很多做高頻交易的人人品沒什麼
問題，但他們對美國經濟的貢獻就像是穀倉中的老鼠，他們
竊取許多資源，但是對國家沒有絲毫貢獻。

**問：評價公司時，我們該如何選擇折現率？巴菲特參照的是
無風險利率，有時會進行一些調整；而您是用機會成本來評
估下一個最佳投資機會。請問這兩種作法哪一種正確？**

答：這兩種衡量方法都對，這與公債收益率有關，公債收益
率是其他資產的訂價基準。機會成本也很重要。如果你剛好
有一位有錢的叔叔，他打算把一門好生意用一折的價格賣給
你，那你就不用考慮其他投資機會了。你的機會成本門檻太
高了，其他機會想都不用想。

橋牌玩家懂機會成本，撲克玩家也懂機會成本，但大多
數人對機會成本都不夠重視。

問：使用兩個折現率計算估值，會得出兩個數字，然後該怎

麼選呢？

答：我們從來不用數學公式計算估值，估值時我們會考慮很
多因素。評估公司價值跟打橋牌差不多，你必須同時考慮不
同的因素，然後權衡取捨。沒有一個公式能讓你代入數字算
一算就能致富，如果是這樣的話，每個代數拿 A 的數學阿宅
都是有錢人了。

　　沒這麼回事。分析一家公司，既要全面性地思考，也要
正確地思考，不是說套用個什麼公式算一算就行了。不管是
無風險利率還是機會成本，都是判斷一檔股票是否值得投資
的重要因素。

**問：你們使用相同的折現率分析不同公司嗎？例如 IBM 與可
口可樂？**

答：當然不一樣。每家公司都不一樣，**我們分析公司，衡量
它們的價值，然後我們願意出更高的價格來買好公司。**

　　其實，現在我們已經不買爛公司了。我們過去買了不少
爛公司，然後從爛生意裡榨出錢來。如果你已經很有錢，這
種賺錢方式會讓你很痛苦。

　　現在我們已經不主動和爛生意打交道了，除非是我們的
某個子公司陷入困境，我們必須想辦法處理。

◼️ 從看懂的機會中選出最值得投資的一個

問：波克夏曾考慮或嘗試過哪些商業模式，但後來放棄了？

答： 在波克夏發展過程中，我們始終保持著樂觀態度，我們總是從眼前我們能看懂的機會中挑選出最值得投資的機會。

在波克夏早期，我們能找到很多值得投資的中小型股票，我們透過保險公司的浮存金做投資，獲得豐厚的收益。如今我們的浮存金規模已經非常龐大，大到難以找到合適的投資目標。這是自然的結果，沒什麼好抱怨的。如今波克夏帳上有大量現金，但這些現金基本上賺不到什麼收益。在歐洲、日本，利率已經是負的了。

問：請問未來10年比亞迪的發展如何？

答： 比亞迪是一家擁有22萬名員工的大公司，我們投資比亞迪，其實這也是一筆創投。

比亞迪是一家具有傳奇色彩的公司，創辦人王傳福出身於農民家庭，排行老七。王傳福上過大學，工作幾年後從銀行貸款30萬美元，創辦比亞迪。

比亞迪一開始做的是手機電池，當時手機電池市場完全被日本公司壟斷，王傳福白手起家，成功搶占三分之一的市占率。競爭對手以侵犯智慧財產權為由提告比亞迪，但王傳福打贏了官司。

王傳福非常令人敬佩，他把不可能變成可能。現在比亞迪已經成為一家擁有22萬名員工的大型鋰電池生產商，上個月比亞迪在中國賣出一萬多輛電動車，銷量超過特斯拉，但是知道比亞迪的人並不多。

在電動車的潮流中，比亞迪已經占據非常有利的位置。中國下定決心治理空汙問題，必然會從政策面鼓勵發展電動車，而在所有的電動車生產商中，比亞迪的製造效率處於領先地位。

我們投資比亞迪具有創投的性質。波克夏通常不做創投，比亞迪是一個特例。

◼ 既要專業化，也要有能力整合

問：專業化思維和跨學科思維是兩種不同的心智模型，請問怎樣才能把這兩種心智模型結合在一起？

答：沒有整合能力，不可能正確地認識現實世界。世界是多元的，當一個問題涉及兩個以上的模型時，你必須具備一定的整合能力才能清楚分析問題。整合能力確實非常重要。

儘管如此，在現實世界中只依賴整合能力是不行的。對多數人來說，專業化才是成功之道。廣泛涉獵各學科的知識不太實際，還不如學習如何做一個專業的醫師，但是如果只

懂自己專業範圍裡的知識，你就可能會在其他地方犯下可怕的錯誤。

所以我們應該先學習專業化思維，然後再憑藉跨學科思維正確地認識世界。如果沒有跨學科思維，你就會在專業之外的其他領域遇上麻煩。

問：您說要努力避免大多數人常犯的錯誤，一個辦法是不要參加競拍。請問在您的日常生活中，還有哪些獨特的習慣或方法可以幫您避免犯錯？

答：華倫跟我做了兩件事，瑞克・蓋林也是，**第一是我們花很多時間思考。我們的行事曆排得不是很滿**，在旁觀者眼中我們不像商人，而像個學者。我們一直在篩選和等待機會，試圖抓住幾個大機會。我們耐得住寂寞，在漫長的等待中我們能安之若素。

華倫也是一樣。他掌管著一個商業帝國，但你去翻翻他的行事曆，你會發現今天的行程一片空白，只寫了「理髮」兩個字。

說到這，我想談談一心多用的問題。你們都非常擅長同時處理許多事。如果你是醫院護理長，那你真的需要這個本領，但如果你是一位投資人，那你就錯了。一心多用無法讓你擁有最好的思考品質，**同時處理許多事，整天被外界的瑣事搞得團團轉，這不是理想的思考環境。**

持之以恆地追求智慧，持之以恆地等待時機，我認為這永遠不會過時。

問：您年輕時當過律師，那時您把每天最寶貴的一小時賣給一位最重要的客戶。我猜想，您應該是用這一個小時的時間閱讀和思考，是這樣嗎？

答：你猜對了，我最重要的那位客戶是自己，我確實用那段時間閱讀和思考。大量閱讀和思考的好處在於，如果你能做好這兩件事，你就不需要做其他太多事了。

■ 評估管理階層是投資銀行股的關鍵

問：富國銀行是一家高槓桿的金融機構。在銀行業陷入危機時，每日期刊公司買進這家銀行。請問您是如何做出這個決策的？

答：波克夏買入富國銀行時，全世界正陷入銀行業恐慌，而房貸正是恐慌的源頭。當時富國銀行擁有的房地產信貸業務規模龐大，但我們知道富國銀行的信貸部門與一般銀行不同。在富國銀行的信貸部門，主要管理人員在紐約的時裝區（Garment District）歷練過，他們對人性有很深刻的認識。透過與服裝公司打交道，他們學會嚴格謹慎，學會密切監控

貸款品質。我們知道富國銀行的信貸部門比同行更有經驗。富國銀行大量涉及房地產貸款，外界認為富國銀行會虧很多錢，但根據我們的判斷，富國銀行不會虧太多錢。透過調查研究和分析判斷，我們掌握資訊優勢，我們相信富國銀行控制信貸品質的能力。

這就是波克夏買進富國銀行的過程。

至於每日期刊買進富國銀行的過程，每日期刊買進富國銀行時，正是次貸危機最猛烈的時候。這一次我們也很清楚，與其他銀行的管理者相比，富國銀行的管理者更理智。在波克夏買進富國銀行時，我們相信富國銀行控制信貸品質的能力，這一次富國銀行的優勢展現在其他方面，但主要原因仍然是因為它具有更出色的經營與管理能力。

管理層的經營與管理能力是投資銀行股的關鍵。銀行業是很容易自欺欺人的領域，虛報利潤輕而易舉。銀行股是高風險的投資，**如果對銀行業缺乏深入了解，最好還是不碰銀行股為妙。**

問：您剛才提到每日期刊公司買進富國銀行的原因。每日期刊也投資美國銀行，美國銀行的文化與富國銀行不太一樣，請問你們為什麼買入美國銀行？

答：美國銀行這筆投資符合我們過去的投資風格。美國銀行實在跌太多了，它當時的價格遠遠低於價值。但美國銀行還

是有不少可取之處，再怎麼說也不至於那麼便宜。

追求理智是人生最大樂趣

問：我想讓自己變得更理智，請問我該怎麼做？

答：從年輕時就開始朝這個目標前進，努力不懈，等你到我這個年紀就差不多了。我個人認為，追求理智是人生最大的樂趣。 保持理智，能幫助自己和別人遠離災禍，你會成為一個有用的人，而且樂在其中。

一個理智的人非常清楚你必須避開哪些事。例如你知道自己可能死在什麼地方，就離那個地方遠遠的。**理智的人也懂得避開許多對你沒好處的毛病，例如動不動就生氣、抱怨、總是嫉妒他人。** 很多人不知道這些毛病的危害，沉溺其中，結果害人害己。

還有一個毛病是自憐。如果你罹患癌症，剩下的日子不多了，也不要自怨自艾。振作起來，接受現實，抱怨沒有用，你抱怨癌症就會消失了？自怨自艾是個壞毛病，如果你有這個毛病的話，改掉它。

問：如果現在您可以給年輕時的您一些建議，會是什麼？

答：我的建議都是老生常談，例如好好做人、講誠信、有道

德，這些能讓你的生活更簡單，工作更順利。 如果一個人老是說謊，遲早會被人揭穿，背上騙子的惡名。

我認為老派的道德規範都很有道理。有些人留下一世惡名，別人去參加他的葬禮不是為了追悼他，而是為了確認他真的死了。你不會想成為這樣的人。堂堂正正地做人，當你離開時才會有人真的懷念你。

我認為吉卜林的《如果》(If) 是一首好詩，「如果身邊的人都失去理智，你卻能保持冷靜，」這話有什麼不對？還有這句：「孩子，你將成為一個頂天立地的人！」做一個頂天立地的人不好嗎？你想要一輩子當蠢蛋嗎？還是憤青？這個世界已經有太多蠢蛋跟憤青了。

我們現在面對的政治局勢是可恥的，美國是全世界最文明的國家之一，但是在美國的政治舞台上，許多政客醜態百出，無論是民主黨還是共和黨，都有不少這樣的政客。仇恨不是好東西，我們不能被愚蠢的政客牽著走。你不應該生氣，但應該透過投票來促進社會發展。

美國現在的政治舞台上憤怒太多、仇恨太多。我們如何知道下次選舉該投給民主黨或共和黨才能讓50年後的美國更好？我們能否多些同理心，少些仇恨？

我所說的建議都是一些老生常談的道理。

問：請問您如何進入一個完全陌生的新產業或新生意？您如

何深入了解一個特別的領域？

答：盡力而為。我只是盡力把自己的認知能力發揮到極致。在我這一生中，我苦苦地思索，有很多次，我好不容易才勉強想出正確的答案。也有時候我盡力了，但還是做錯了。

問：有人建議我一定要戰勝恐懼。請問您如何看待恐懼？您是否戰勝恐懼？

答：**有些環境誰進去都會恐懼，所以我總是讓自己遠離那樣的環境。**我的兒子菲利浦就坐在聽眾席，他年輕時說過一句話，他說：「玩滑翔翼第一次沒成功，就沒有第二次了。」

我可不想為了尋求刺激而嚇得魂飛魄散，即使非常安全，我也不願冒險。冒險不是我的個性。我已經很久沒有恐懼的感覺了。我年輕時嘗過恐懼的滋味，但那種感覺逐漸被時間沖淡了。

問：請問原油價格與經濟成長之間的關係是什麼？

答：如果原油價格低一些，經濟成長可能會更快。如果原油的價格非常高，而我們又迫切需要原油，經濟成長速度可能會降下來。這就是油價與經濟成長之間的關係。

但我們有時也會看到一些奇怪的現象，例如讓埃克森美孚與雪佛龍（Chevron）等公司為投資者帶來豐厚長期收益的原因在於，油價上漲的速度超過它們產量下跌的速度。產

量愈來愈低,利潤卻愈來愈高,這樣的公司很少見。這種現象讓大多數人包括大多數經濟學家感到出乎意料。這是個複雜的問題。

還有一個現象也很奇怪。中東地區國家擁有豐富的石油資源,但它們的經濟卻發展不起來。中東國家就像一群有錢人手握重金,卻不知道該如何製造別人想買的東西。也許我們應該慶幸我們沒有中東國家那麼豐富的石油資源,否則我們也不知道該如何發展經濟。

我在哈佛法學院讀書時,一位老教授說:「有什麼問題,來問我,我讓你更困惑。」很抱歉,我的答案也只能讓你更困惑。

我從不靠預測波動賺錢

問:過去OPEC(石油輸出國組織)發揮控制石油產量的作用。如今沙烏地阿拉伯自己不減產,更無法領導OPEC減產,您是否懷疑這會對所有與石油相關的經濟體產生長期的負面影響?

答:我沒想到油價會這麼低。大宗商品價格如同雲霄飛車,不是暴漲就是暴跌,例如鐵礦石的價格曾經很高,現在很低。

　　大宗商品的價格波動當然會影響總體經濟。澳洲是鐵礦石主要出口國，鐵礦石價格下跌，澳洲的經濟就受到嚴重衝擊。加拿大的油砂業開採成本較高，原油價格如此低迷，現在原油價格每桶30美元，遠低於油砂的開採成本，加拿大的油砂業簡直活不下去了。

　　自由市場放大人性，鐵礦石、原油等大宗商品暴漲暴跌不足為奇。我從來不知道該如何準確預測大宗商品的漲跌，也無法透過準確預測波動賺錢。我們的投資方式主要是買進好公司，買進好公司之後，跌了我們也不在意。

問：你認為連紐澤西州的賭場都經營不好的人（指川普），有資格擔任美國總統嗎？

答：其實他有一段時間是賺錢的。我的看法是，經營賭場的人在道德上沒有資格當美國總統，我認為這是一種骯髒的賺錢方式。

問：對於威朗製藥公司最近的動態，您怎麼看？還有哪些公司也存在類似的問題？

答：我對製藥業跟威朗（Valeant）沒有興趣，只是你們大老遠來到這，所以我和你們聊了很多趣聞、時事。威朗自己做了壞事，不能怪我說它。

　　因為我批評威朗，後來有一個威朗的大股東竟然把矛頭

指向華倫，說華倫持有可口可樂有罪。沒想到我的一番話連累了華倫。我看這也滿好的，我要是惹到你們，你們就把氣出在華倫身上吧。華倫的承受能力很強，他想得開。

的確，這些瘋狂的錯誤價值觀與行為，違背最基本的道德規範，既侵犯股東利益，也為國家帶來損失。

在如今的美國金融領域，造假行為氾濫成災。伊莉莎白·華倫（Elizabeth Warren）的很多觀點我不贊同，但我認為她對金融領域的評價非常準確。她說美國的金融領域亂象叢生，有許多違法犯罪和荒唐愚蠢的行為。伊莉莎白·華倫和伯尼·桑德斯（Bernie Sanders）這兩個人，我反對他們的很多政治主張，但他們對金融領域的看法絕對是完全正確的。金融領域的亂象不斷湧現，金融業過度發展對所有人都不利，但遺憾的是我們無力改變現狀。

在愛德華時代的英國，300多人擁有英國一半的土地，他們無所事事，只能跑到倫敦的俱樂部裡豪賭。人有錢了，日子過得空虛無聊，就容易大肆揮霍。如今全世界的人均財富成長30多倍，但現在仍有一群人和當年的英國貴族一樣，每天為了追求刺激而豪賭。

賭博文化已經滲透到社會的各個角落，而且人們將賭博變成體面的事，他們不賭馬，而是賭證券與相關衍生商品價格。我們有很多合法的賭博活動，交投活躍的股市是一個理想的賭場。

賭場是非常賺錢的生意，沒有存貨成本，也沒有應收帳款的風險，每天大門一開，財源滾滾而來。因為賭場賺錢，所以賭場愈開愈多，誰不想當莊家？如果看到別人因此致富，許多人就會被吸引進來。在美國這種情形太多了，太多財富流向賭場，這對一般大眾沒有好處。

我的財富是透過資本市場累積起來的，可以說我也是這種賭博文化的參與者。我非常擔心自己會為年輕人樹立一個負面的榜樣。

年輕人不應該一心只想輕鬆賺錢，絲毫不考慮自己能為社會做出什麼貢獻。如果你一心只想炒股賺錢，就算你透過自己的努力賺到錢，你的人生也沒有多大意義。**像華倫和我這樣的人，我們明白這個道理，所以我們把賺來的錢捐出去，所以我們從買賣股票轉變為經營公司。**

我認為只有透過法律嚴厲杜絕，我們才有希望遏止賭博文化的氾濫。

■ 葛林斯潘是好人，但他不懂現實

你們可能還不了解問題的嚴重性。隨著有價證券等資產的投機風氣愈演愈烈，人們的賭博心理促使市場的週期波動加劇，當市場繁榮散盡，等待我們的是崩盤的懲罰。1930 年

代的大蕭條與希特勒的上台有直接關係。很多人認為希特勒
上台是威瑪共和國的惡性通膨所導致的，其實透過發行新貨
幣，德國很快就從這場惡性通膨中恢復元氣。真正導致希特
勒上台的是大蕭條。大蕭條再加上惡性通膨，德國民眾實在
走投無路，只能聽從希特勒的擺布。金融領域的賭博可能帶
來致命的風險，當投機風潮出現時，我們必須把它扼殺在萌
芽之中。

　　葛林斯潘是個好人，但他是個白癡。艾茵‧蘭德（Ayn
Rand）信奉無政府主義，一個崇拜艾茵‧蘭德的人不適合做
美國聯準會主席，管理美國的所有銀行。一位管理金融體系
的官員信奉無政府主義，怎麼能做出正確的決策。

　　葛林斯潘是一位誠實正直的好人，但是他缺乏對現實的
深刻了解。很多人認為在自由市場中什麼都是合理的，用斧
頭砍人都合理。我支持共和黨，但很多共和黨人認為自由市
場萬能，這一點我不敢苟同。

**問：請問您如何看待Airbnb、優步（Uber）等獨角獸公司？
它們的估值非常高，您覺得它們能上市嗎？**

答：我非常清楚自己的能力圈，矽谷裡哪些新興公司能成
功，這不在我的能力範圍之內。因為我不懂，所以我不想評
論新興公司，但是我想談一談創投中的融資把戲。

　　創投業者從事的是金融業，他們透過資本配置培育大量

新創企業。創投業者為社會做出貢獻，但他們的身上也有汙
點。在創投中一輪接一輪地融資，價格一輪比一輪高。融資
條款中通常隱藏著一項規定，後進者沒獲利，早期投資者不
得退出，這和龐氏騙局有點類似。這種條款很隱蔽，更讓人
覺得創投的融資方式有些狡猾。

在聲譽良好的金融領域還是有骯髒的事發生，這就是蒙
格法則。

未來汽車市場可能萎縮

**問：我在波克夏的投資組合中看到通用汽車，請問與10年
前相比，汽車業有什麼明顯不同嗎？**

答：通用汽車出現在波克夏的投資組合，這是因為我們其中
一位年輕人喜歡它。華倫讓年輕人自己做主。華倫自己年輕
時不喜歡老年人在旁邊指點他，所以他現在讓年輕人放手去
做。

我完全不知道這位年輕人為什麼要買通用汽車。從資料
上來看，通用汽車的股價很便宜，而且它有可能受益於聯邦
政府的扶植政策，所以它可能是一筆很好的投資。但我覺得
汽車業的競爭還是像過去那麼激烈，沒有絲毫改變。各家公
司製造的汽車品質都非常好，而且用的都是同樣的供應商。

現在的車子使用壽命很長，不需要什麼維修服務，許多車廠
推出以租代購等各種優惠購車方案。

　　**這是一個高度商品化的行業，生意難做、競爭激烈，
將來汽車市場甚至可能萎縮。**過去一個人可能擁有三、四輛
車，以後可能沒人買那麼多車了。

　　如果要我投資汽車業，我會想找出一個汽車業比其他行
業更具競爭優勢的地方，但這不容易。

**問：自動駕駛汽車技術發展得很快，未來 10 到 20 年，自動
駕駛有望成為現實。作為波克夏的股東，我比較擔心波克夏
的汽車保險業務。自動駕駛技術有可能完全消除交通事故，
這是文明的巨大進步，但汽車保險業也許將沒有生意可做。
請問您怎麼看這個問題？**

答：你的這個擔心很有道理。如果所有汽車都無人駕駛，這
對蓋可（Geico）[*] 的生意不利，但我認為這件事不可能在短
時間內發展成熟，事實上我認為發展將相當緩慢。

　　過去人們有錢了，第一件事是先買幾輛好車，現在就算
沒有自動車，這種文化也已經逐漸消退了。第三世界國家的
人們還是熱衷買車，但是美國人對汽車的興致已經沒那麼高
了。自動駕駛是未來的事，但現在汽車文化降溫已經對汽車

---

* 　注：波克夏旗下的汽車保險公司。

業及汽車保險業造成了影響。

▰ 追求絕對平等只能陷入失敗

問：巴菲特曾說，他認為我們的社會應該解決收入不平等的問題，參議員桑德斯也將解決收入不平等問題做為自己的競選主軸。在我們這一代人中，有很多桑德斯的支持者。請問您如何看待收入不平等問題？

答：托瑪・皮凱提、伯尼・桑德斯，我認為他們倆都有點瘋了，鼓吹由政府推動平等的人只是帶我們走上蘇聯後塵。蘇聯擁有絕對平等，但它們也陷入死亡、痛苦和貧窮的深淵。共產中國得到了平等，但想想那些不必要的死亡。或是北韓？

　　從歷史和現實來看，追求絕對平等的國家猶如一攤死水，放棄絕對平等的國家反而走上欣欣向榮的道路。以中國為例，共產中國曾經奉行平等，結果四分之三的人民生活在赤貧之中，連溫飽問題都難以解決。那時的中國人實現絕對平等，但他們整天為了填飽肚子而掙扎。後來中國進行改革，創造每年成長10%的經濟奇蹟。與之前相比，現在中國貧富差距變大，沒有過去那麼平等，但中國人的整體生活水準卻提高了。

我認為桑德斯不了解這些事，他不想了解。在我們共和黨中，也有很多跟桑德斯一樣瘋狂的人，只不過症狀不同而已。

在談到民主社會中的平等問題時，亞里斯多德表示，如果有人憑真本事獲得更多財富，人們不會心理不平衡。 老虎伍茲賺了很多錢，但人們並不介意，因為他是全世界最偉大的高爾夫選手。同樣的道理，了不起的發明家、醫術高超的外科醫師，他們收入高，人們也覺得理所當然。但有些人靠不義之財凌駕於上，人們就會無法接受。

現在的美國，賺取不義之財的人是誰呢？不會是比爾・蓋茲。那些白手起家的人，他們能成功靠的是真本事，沒人對他們心存怨恨。

有很多人賺取不義之財，這讓人們產生強烈的嫉妒心理。嫉妒不是好事，但這我們無法改變。在金融領域有很多人賺取不義之財，他們不但沒為社會做出貢獻，反而為社會帶來危害。**如果我們少一點不義之財，我們的社會將會變得更好。**

以大多數合夥基金為例，合夥基金實現的是資本利得，它們的資本利得認列為未實現增值，根本用不著繳所得稅。合夥人退出時，可以把證券轉到自己名下，但用不著賣出，只要不實現這個資本利得就不必繳稅。

合夥基金賺再多的錢都不須繳稅，這自然會招致反感。

一個國家發展起來，所有人生活都能獲得改善，但也會產生
不平等這樣的副作用。

　　大多數有錢人對政治都沒什麼興趣。很多人認為有錢人
左右了政治，當要是你成為有錢人，你就知道有錢人其實對
政治沒多大影響力。

　　我認為皮凱提和桑德斯譴責社會的不平等是錯的，我們
應該關注的是不義之財，而這些錢很大的來源是來自舊金融
體系。

每個人一生中都有屬於自己的好機會，
關鍵在於當機會來臨時，
你是否有辦法掌握。

—

查理・蒙格

4

延遲滿足

2017年股東會談話

你一定會成為有錢人

編者按

　　2017年2月15日，每日期刊召開股東會。今年蒙格的談話特別有趣之處在於，之前他很少在公開場合談論自己和家人，但今年卻罕見地說了許多故事，例如外曾祖父當年的投資，自己在小學和高中時的糗事等。與蒙格在密西根大學羅斯商學院的演講一起閱讀，更能深入了解蒙格的生平與心路歷程。

　　另外，在每日期刊的發展史上，瑞克‧蓋林的作用不可忽視。他在1970年代和巴菲特、蒙格組成投資三人組，之後三人的投資興趣逐漸分歧，但每日期刊始終是他與蒙格的重要連結，他們也仍然是終身的好友。這一年蒙格就提到，對每日期刊轉型非常重要的軟體業務就是蓋林主導的。蒙格稱這項新業務是創投，比亞迪也是，這些新嘗試是否都與蓋林有關？

蒙格：依照慣例，我還是先講幾句，然後回答大家的問題。

每日期刊公司原本主要經營報紙業務，我們的報紙專門提供各種法律資訊，但與其他報紙一樣，我們過往的輝煌早已成為歷史。

不過絕大多數報業公司悄無聲息地消失，但我們卻因為轉型活了下來。現在我們主要經營軟體業務，一樣為法律業的客戶提供服務。過去我們的客戶局限在一個地區，現在我們的客戶遍布海內外。以前，我們在報紙上刊登法律資訊、發布法律公告，現在我們向法院等政府機構出售軟體。

經營軟體業務很辛苦，但我們做得很好，我們的員工都很優秀，各司其職，努力為客戶解決問題。我們有足夠的財力，錢不是問題，我們只需要專心把工作做好。看到這些年輕人這麼努力，我和瑞克‧蓋林很欣慰。我們年紀大了，還活著、還能領導一家公司，我們很慶幸。

今天我們能聚在一起是因為一系列的機緣巧合。由於波克夏的成功，由於蓋林的成功，我們有緣相聚在一家做軟體生意的公司。我沒想到自己會和軟體生意扯上關係。每日期刊發展軟體生意是蓋林主導的，我沒怎麼參與。**我通常不碰創投，蓋林也不做創投，但在每日期刊公司他破了個例。**如果我們的軟體生意成功，我有一份功勞；如果沒成功，那和我沒關係，你們別怪我，要怪就怪蓋林。

我們的軟體生意取得非常了不起的成績，我根本沒想到

我們竟然能把業務做到澳洲。看到每日期刊的軟體生意發展得這麼快，我們由衷感到欣慰。可能是因為我們贏得多、輸得少，所以我喜歡這門生意。面對失敗，有些人的態度是無所謂，我不行，我比較喜歡贏。

我喜歡與優秀的人共事，不願意和平庸的人為伍。我們的軟體業務擁有大量優秀員工，他們善於處理複雜的任務，總能在最短時間內為客戶解決問題。每日期刊能在競爭中取勝，靠的是為客戶提供優質服務。我們不像某些競爭對手那樣，聘請政客擔任顧問，我們試著透過努力工作走出一條路。

在我當律師時，有一句話我一直記在心裡：「律師這一行，只要把自己手上的案子做好，不愁沒生意」。每日期刊的軟體業務同樣奉行這個理念。只要我們正確行事，就不必擔心未來。我們並非不會遭遇逆境，但我們不會停下前進的腳步。

蓋林和我對軟體一無所知，那我們怎麼領導每日期刊呢？我們主要靠知人善任。安德魯‧卡內基就是這麼做的。卡內基是鋼鐵大亨，但他對鋼鐵一無所知，他靠的就是知人善任。其實這也正是波克夏的領導方式。波克夏旗下有許多子公司，這些子公司的生意我和華倫都不在行，但我們擅長判斷誰有能力經營這些業務。

■ 懂得延遲滿足就能致富

每日期刊公司面臨著很大的挑戰。小小的每日期刊公司轉型做軟體生意，而且還是那種過程艱苦又漫長的軟體生意。我們參與政府的採購招標，從接洽客戶到開始賺錢可能需要5年多的時間。這就像是在馬來西亞的婆羅洲（Borneo）勘探石油，初期需要不斷投入大量人力和財力，經過很長時間才能得到回報。

我喜歡做這樣的生意。一開始我們需要投入大量資源開拓市場，我們的財報業績不好看。但我們不在乎短期業績難看，我們追求的是長遠。各位股東是我們的粉絲，你們的想法一定和我們一樣。我們不是一家普通公司，而是一個粉絲俱樂部。我們願意等，你們也願意等。

我這輩子總是和擅長延遲滿足的人打交道。這樣的人一再延遲滿足，一直把滿足延遲到生命的盡頭，一輩子都不去享受。我們就是這樣的人。如果你像我們一樣延遲滿足，一定會成為有錢人，而且死的時候也會非常有錢。

懂得延遲滿足，就能把公司經營得愈來愈好；人生中懂得延遲滿足，死的時候就會很風光。

這些年蓋林和我從沒領過公司一毛錢。做為公司的管理者，做為公司的董事，我們不拿薪水。像我們這樣的人很少，但應該有更多人像我們這樣。我們已經很有錢，我們是

公司的大股東，我們可以決定公司如何發展，可以決定公司是繼續經營，還是解散清算。既然我們已經擁有這麼大的權力，就不應該再從公司拿錢。卡內基等老一代商業大亨也從來不拿薪水。美國鐵路大亨范德比（Cornelius Vanderbilt）不屑於從公司領取薪資，而是像其他股東一樣領取股息，靠股息維持日常生活開支。我們每日期刊公司有著濃厚的老派風格。

股東會問答

股東問（以下簡稱問）：去年股東會上，您說期刊科技與洛杉磯法院系統簽訂合作協定。請問在過去的一年中，這項合作進展如何？

蓋瑞答：我們為洛杉磯法院系統提供的軟體服務，支援三種案件類型。第一種案件類型去年4月上線，第二種案件類型將於今年7月上線，第三種案件類型將在明年中上線。我們必須跟著客戶的時間表走，主要是客戶有許多工作人員需要培訓。培訓非常重要，如果使用者沒有經過適當訓練，一切都會失敗。這就是我們的時間表。

今天上午我們還開會討論培訓的事。有一家法院距離我們只有5公里，我們幾乎每天都會與法院的工作人員見面。

我們與一支來自法院的優秀團隊合作，他們對這件事感到很興奮，法院喜歡這套系統對我們來說非常重要。

蒙格答（以下簡稱答）： 我們做的軟體生意，從接觸客戶開始到拿到第一筆收入，需要經過漫長的等待。這是好事，一旦我們成功，我們的顧客黏著度會很高，別人沒那麼容易把生意從我們手中搶走，只要撐過去就會有回報。

我們的軟體業務擁有廣大的市場前景。以前我們的報紙發布法律資訊，只能在狹小的地區經營，但軟體業務不受地域限制，具有極大的市場潛力。

我們別無選擇，只能勇往直前。如今的法律軟體市場還處於群雄逐鹿的階段，我們的競爭對手很多，各種軟體和系統眼花繚亂，法院等政府部門不知道該如何選擇。

但總之法律軟體是一個龐大的市場，生意難做，這代表想要輕鬆做生意的人不會進來。如果這一切對你來說很慢、很痛苦，我們其實就喜歡這樣。

問：泰勒科技公司（Tyler Technologies）是期刊科技的競爭對手之一，請問與泰勒科技相比，期刊科技的優、劣勢是什麼？

答： 泰勒科技是一家很強勢的公司，他們的規模比我們大，成長速度也比我們快。但就企業的價值觀和經營理念而言，我更看好期刊科技。如果我是客戶，要我在兩家公司的產品

之間選擇，我會選擇期刊科技的產品。無論競爭對手多強，每日期刊公司都會堅持到底。

問：每日期刊的營收成長率略微下滑，但經營成本卻上升。請問公司未來3到5年有哪些具體的發展目標？

答：帳面數字看起來我們的營收稍微下滑。前幾年我們透過收購獲得幾筆合約，這幾筆合約是有年限的，我們對成本進行攤銷。隨著這幾筆合約逐漸到期，我們的營收出現下降趨勢，但整體來看我們的業務一直在發展，只是還沒有完全展現在財務數字上。

至於具體的發展目標，每筆大合約都具有非常重要的意義。在一個州，哪家公司占據先機就可能吃下整個州的業務。各家公司都非常清楚這一點，所以大家都在努力搶占先機。只要我們把業務做好，自然會得到理想的回報。

問：請問在軟體業務的營收中，一次性收入和經常性收入的占比各是多少？

答：這個問題很複雜，我只能告訴你如果我們這門生意能一直做下去，經常性收入的占比就會愈來愈高。

你不能光看財務報表就對未來的事做出很準確的判斷。我們不是有所隱瞞，而是我們的軟體業務太複雜了，許多業務需要參與政府招標，這非常複雜。

問：公司在洛根市買了一棟辦公大樓，根據我的了解，這棟大樓是提供期刊科技使用的，但在帳目上這棟大樓卻登記在傳統業務下，為什麼？

蓋瑞答：每日期刊購買這棟大樓，它的所有權在每日期刊，由每日期刊提供給期刊科技使用，期刊科技向母公司支付租金。因為一開始是每日期刊買的，所以我們就保留原來的記錄方式，沒什麼特殊的原因。

富國銀行錯在沒解決根本問題

問：您能說一下您對富國銀行的看法嗎？

答：富國銀行出了點小問題，追根究柢其實是富國銀行做出錯誤的商業判斷。富國銀行沉溺於交叉銷售，制定了過高的激勵制度，員工因此做出錯誤判斷，進而犯錯。發現造假現象後，富國銀行在應對時又誤判情勢，導致問題愈滾愈大，最後「虛假帳戶醜聞」爆發，富國銀行成為眾矢之的。

富國銀行犯的是常見的錯誤，但這不是本質上的問題。

亨利·辛格頓是我見過最聰明的人，他也犯過類似的錯誤。在掌管泰勒達因集團時，辛格頓一度也制定非常激進的激勵制度。泰勒達因集團有許多子公司為政府提供服務，當然，欺騙政府並不難。由於辛格頓制定的激勵制度標準太高

了，他的兩、三家子公司都做出詐欺政府的行為。子公司的
詐欺醜聞接二連三爆發，讓辛格頓感到措手不及。辛格頓並
非蓄意欺騙政府，他只是制定了一個太激進的激勵制度，所
以遭到意料之外的打擊。

　　誰都可能犯這樣的錯誤。我不認為富國銀行的激勵制
度是個錯誤，**富國銀行的錯誤在於，它沒有從根本上解決問
題**。資本主義市場的競爭非常激烈，一家公司犯了嚴重的錯
誤，如果無法迅速修正，很快就會走向末路。

**問：剛才您談到激勵制度，您認為激進的激勵制度沒有問
題，能再深入說明一下嗎？**
答：在還沒實施之前，你怎麼知道目標高不高呢？富國銀行
的主要錯誤不是目標訂得太高，而是發生問題之後沒有及時
糾正。當然，這是很危險的事，但我不認為這會損害富國銀
行的未來。事實上富國銀行會因為這次的事件變得更好。做
蠢事的好處是，下次你可能就不會再這樣做了。

**問：請問美國運通的價值主張是什麼？是支付系統？還是金
融服務？**
答：你對美國運通的未來有疑問，所以你來問我，我只能告
訴你我也很疑惑。誰敢說自己知道10年後的支付系統將如何
發展？敢這麼說的人大概是處於某種錯覺。

　　美國運通擁有很大的優勢，而且它也在努力做好自己的支付系統。美國運通有希望成功，但誰也不敢保證。IBM對Watson人工智慧系統寄予厚望，這個產品是否會成功，我完全不知道。你問我10年後的支付系統會發展成什麼樣子，我也完全不知道。**在無法預知的領域，如果你能堅持做對的事，持續努力，你的機會就更大。但這些東西還是無法預知，因為它們的變化實在太快了。**

問：油氣勘探開發是一個資本密集型產業，您覺得國內的油氣勘探開發是好生意嗎？

答：在能源利用方面，我有比較獨特的想法。我認為我們不應該完全開採國內的油氣資源。我很樂意看到我們頁岩層中的凝結油未來幾十年就這樣一直保持未開發，然後付錢給阿拉伯國家購買他們的石油。在美國似乎沒人跟我有一樣的想法，我有這樣的想法，是因為我是一個主張延遲滿足的人。

　　石油和天然氣是不可再生資源，我們的油氣資源就像愛荷華州的表層土壤一樣珍貴。我們不可能為了賺錢，把愛荷華州的土壤賣給格陵蘭，我們也不應該毫無節制地開採我們的油氣資源。

　　我主張延遲滿足，反對毫無節制地開採油氣資源。石油和天然氣不但是重要的燃料，也是重要的化工原料，是文明社會不可或缺的資源。我們應該珍惜這些資源，適度開採。

像我這麼想的人很少，但我相信我是對的，其他99％的人是
錯的。

　　至於油氣勘探開發是不是好生意，我不知道。石油與天
然氣產業和其他產業不太一樣。大多數產業，生意規模愈做
愈大，產量隨著時間推移而增加，石油和天然氣業則不然。
以埃克森美孚為例，它的產量比之前減少了三分之二，但原
油價格的上漲速度超過它的產量下跌速度。產量減少，利潤
卻上升，這是一種很奇怪的賺錢方式。也許埃克森美孚這種
現象還會繼續，但這讓人很困惑，我們搞不太懂。

■ 追求知識，先專精再廣博

**問：我今年18歲，對很多學科的知識都非常感興趣。我想
知道在這個強調專業化的時代，追求成為博學的人能有出路
嗎？**

答：我喜歡研究各學科的知識，但這個方式並不適合大多數
人。我廣泛涉獵，一方面是因為我感興趣，另一方面是因為
我比較擅長跨學科的思考方式，我不會是處理微分方程式的
最佳人選。

　　這條路非常適合我，**但對大多數人來說還是追求專
精──擁有一技之長比較好。不過專精固然要緊，廣博也不**

可或缺。在專精的基礎上，你應該拿出10％或20％的時間來了解其他學科的重要知識。我經常用一個比喻：只專精，不廣博，你會像個只有一條腿的人和別人比賽踢屁股，你一定會輸。**一方面必須了解各學科的主要知識，這樣才不會囿於自己的專業領域；另一方面要把主要的精力放在自己的主業上**。你不該為了思考普魯斯特（Marcel Proust）[*]的偉大思想，而忽略了你的牙醫工作。

問：我的問題與魯拉帕路薩效應^{**}有關。目前您關注哪些問題？您如何用跨學科的思考方式抓住問題的關鍵？

答：魯拉帕路薩效應（Lollapalooza Effect）這個概念是我提出來的。當我意識到我對心理學一無所知時，我買了3本心理學入門教科書，從頭到尾讀了一遍。當然身為查理·蒙格，我是很挑剔的，我發現心理學家做得都不對，還是自己動手吧。

我提出一個每本教科書都沒講到的觀點：魯拉帕路薩效應，也就是三、四種趨勢同時發生作用，它們產生的影響絕對不是線性的。四、五種趨勢同時發生作用，這太複雜了，心理學家無法做實驗、也沒辦法發表論文，所以他們就不研

---

* 注：法國文學大師，被譽為20世紀最有影響力作家之一。

** 注：這是蒙格對各種因素間相互強化，並將彼此極大化的現象所發明的詞。

究這個心理學中最重要的現象。

心理學還有一個不足的地方。心理學家只懂心理學，其他的知識他們一概不懂。只懂心理學，對其他學科一無所知，就無法將這些知識結合在一起。這就是為什麼我提出魯拉帕路薩效應的概念。順帶說一句，從那以後我就一直很孤獨，高處不勝寒啊，但我絕對是對的。

問：我認為石油和天然氣產業分工與專業化程度愈來愈高，請問投資者是否也要更專業化？

答：石油開採愈來愈難，從事石油天然氣產業的人必須鑽研新的開採技術，你們的專業化程度當然會愈來愈高。你說得很對，對大多數人而言，專業化是正確的選擇。我比較特別，我不建議依照我的方式去做，我的方式不適合大多數人。我講的理智、自律、延遲滿足，這些理念是可行的，但如果你們想要像我一樣靠廣泛涉獵來致富，我不建議你們這樣做。

我不是年輕人的好榜樣，我不想鼓勵人們走我的路。如果你是直腸科醫師，我不想要一個整天想著研究叔本華或天體物理學的醫師，我想要一個專業的醫師。**市場就是如此，一定要記得這一點。**

問：您說應該走專業化的路，但也應該拿出10％到20％的

時間用於學習一些非常重要的知識，請問是哪些知識？

答：人應該不斷提升自己，你應該多學習經常會遇到的重要知識，而不是在意那些你很少遇到的小事。我總是汲取各學科的主要知識，每個學科的重要想法都非常非常有用。

很多時候只要借鑒一下其他學科的智慧，問題就可以迎刃而解，但如果你局限在自己的領域裡，難題怎樣都無法解決。

在我這一生中，各學科的知識我經常信手拈來，我往往能解決專業人士無法解決的問題，這讓我看起來很傲慢。特別是在我年輕的時候，這讓我惹上麻煩，人們討厭我。我或許不該像年輕時那樣自以為是，但這個習慣我總是改不過來。

學習其他學科的知識是一個充滿樂趣的過程。所以如果你有這個能力，一定要學習其他學科的知識，至少可以避免自己的無知。**在我眼裡，各學科之間沒有界線。**

體檢時有一個項目是攝護腺特異抗原（Prostate-Specific Antigen, PSA）檢測，我總是把這一項劃掉。醫生問我：「你在幹嘛？為什麼把這項劃掉？」我說：「我不想讓你做傻事。如果我得了無法治癒的攝護腺癌，癌細胞擴散速度極快，我希望三個月以後查出來，不是現在。如果我的攝護腺癌發展緩慢，我也不想鼓勵醫師做傻事介入治療。」

大多數人不敢劃掉醫生開列的檢查項目，我敢，因為我

更在行。我不懂那些複雜的治療方式，但我知道做攝護腺特異抗原檢查有害無益，所以我把它劃掉了。

等你們到我這個歲數，建議你們也把這項檢查劃掉。這個建議是給男士的，至於女士，我給不出什麼建議。

■ 選職業要考慮興趣與優勢

問：有一個關於在職業生涯初期尋找職業方向的問題。在尋找適合的職業時，我從兩個方向思考，一個是什麼工作我能做到最好，另一個是什麼工作能為社會做出最大貢獻。您覺得這樣思考對嗎？如果是，您的答案會是什麼？

答：關於選擇，我想告訴大家，凡是我不感興趣的事我這輩子幾乎都做不成。我不認為整天做自己沒有興趣的事會成功。**人一定要做自己感興趣的事，不喜歡的事再怎麼逼自己也做不好。**

當然，你還必須發揮自己的優勢。如果你的身高只有155公分，你不會想和身高250公分的人打籃球。你必須找到一個你有優勢而且深感興趣的領域。

剛才你還提到為社會貢獻，這就牽涉到道德問題。你不能只是夢想著世界該怎麼運作，卻又覺得這世界太骯髒而你無法靠近。你可能會被一些意識形態所迷惑，特別是當你

身處左翼思想風行的大學裡。以為自己站在道德制高點，但所做的一切卻發揮不了作用。我反對空想，這不是蒙格的風格。

　　我的偶像是猶太哲學家邁蒙尼德（Maimonides）。邁蒙尼德是一位醫師，他每天辛苦工作10到12個小時，而他的大量哲學著作都是利用業餘時間完成的。**邁蒙尼德相信人應該投入生活。我建議年輕人踏實做事。**年輕人不應該滿腦子政治，一肚子大道理，整天想著該走什麼樣的路線。年輕人應該學學邁蒙尼德，別學伯尼‧桑德斯（Bernard Sanders）。

問：請問您看好哪個產業？為什麼？
答：我沒什麼看好的產業，我最喜歡做的工作是把自己的事做好。我覺得我做的事很有意思，很有創意，我樂在其中，這是上天賦予我的工作。你也應該找到上天賦予你的工作，把這份工作做好。很多產業取得巨大的發展，為世界做出巨大貢獻，但就是很難賺錢，因為競爭太激烈了。

我的人生就是反覆的犯錯與失敗

問：請問您人生中做過最有意義的事是什麼？
答：對大多數人來說，一生中做的最有意義的事，莫過於建

立家庭、養兒育女。我很幸運，我不是一個一百分的丈夫，能有現在的家庭、現在的子女，我很知足了。我從小就不擅長和女生交往，長大之後，在與異性交往時，我還是很笨拙。你們覺得我很了不起，但讓我跟你們說說我年輕時做過的傻事，你們就知道我其實也是個普通人。

我剛上奧馬哈中央高中（Omaha Central High）一年級時，認識一個和我差不多大的女生，這個女生前年參加夏令營時認識一位13歲、金髮碧眼的漂亮女孩。我呢，又瘦又小，一副弱不禁風的樣子。我朋友建議我帶這位漂亮女生去參加舞會，為了在這位漂亮女生面前裝酷，我明明不抽菸卻假裝抽菸。她穿著一件紗裙，結果我把她的紗裙點著了。

幸虧我夠機智，一杯可口可樂潑過去，把火給滅了。但後來我再也沒見過這位漂亮女生。

還有一段經歷也讓我記憶猶新。那個女孩的名字叫吉比・布魯金頓（Zibby Bruington），她是一位非常受歡迎的高三女生，而我只是個高二的書呆子。不知道為什麼，吉比答應和我一起去參加在奧馬哈鄉村俱樂部（Omaha Country Club）附近舉辦的一場聚會，也許是因為她喜歡我的一位朋友吧。

總之我開著一輛1934年生產的福特汽車，載著吉比，開著開著下起了雨夾雪，路面泥濘不堪，我把車開到泥坑裡，出不來了，我們只好下車步行，頂著雨夾雪走了好幾公

里才到目的地。那之後我再也沒見過吉比‧布魯金頓。

我把車丟在泥坑裡,忘了加防凍液,那天氣溫驟降,發動機壞了。因為修車太貴,我的車沒了,我父親也不給我買新車,他說:「我為什麼要花錢買新車給一個笨到不知道要加防凍液的傻蛋?」這個人就是你們大老遠跑來要見的人!

我的人生就是一連串反覆的錯誤和失敗!政治方面我也不行。上小學時,我想當鄧迪小學(Dundee Elementary)的學生會主席,我把全校最受歡迎的一個小男生找來當我的競選經理,結果我還是慘敗,根本沒得到幾票。我在政治方面不行,我在很多方面都不行。

我告訴大家這些失敗故事是想鼓勵你們,無論如何都要堅持下去,繼續努力吧。

哦,蓋林說可以提一下馬克斯‧普朗克(Max Plank)的故事。

在榮獲諾貝爾物理學獎之後,馬克斯‧普朗克受邀在德國進行巡迴演講。普朗克有一位司機專門開車接送他,在聽了普朗克20多場演講後,司機把整個演講都背下來了。司機對普朗克說:「普朗克先生,您每次都講一樣的內容,太無聊了,不然您坐到觀眾席裡,我替您演講吧?」

於是司機走上講台,做了一場物理學演講。演講結束後一位教授站了起來,提出一個非常難的問題。司機說:「沒想到在慕尼黑這麼一座大城市裡,竟然有人問我這麼簡單的

問題，讓我的司機回答你吧。」

還有一個笑話。有一架飛機飛到地中海上空，廣播中傳來機長的聲音：「剛剛發生一件可怕的事，飛機的兩具引擎都無法啟動，我們必須迫降到地中海。」機長接著說：「降落到海面後，飛機會漂浮一段時間，我們將開啟艙門，請各位乘客排隊離開飛機。會游泳的乘客請站在機艙右側等候，不會游泳的乘客請站到機艙左側等候。站在右側的乘客，請注意，往太陽的方向那裡有一座小島，距離是3000公尺左右，飛機沉沒時，你們只要游到那座小島就能平安無事。站在左側的乘客，感謝您乘坐義大利航空！」

問：現在指數基金規模愈來愈大，未來如果再次出現金融危機，是否可能出現流動性問題？在金融危機的衝擊下，指數基金的價格是否可能與其持有股票的價值之間出現巨大差異？

答：標普指數基金的規模大概占市場總規模75%，就標普指數基金而言，不至於出現價格與價值嚴重背離的情況。但指數投資是否可能失效呢？有這個可能。**如果所有人都只買指數基金，指數投資可能會失效。**

標普指數基金的規模比較大，沒那麼容易失效，但有些指數覆蓋的標的規模較小，比較容易失效。在「漂亮五十」

（Nifty-fifty）[*]風靡一時的時候，摩根大通告訴大家只要買那50檔股票，人們不在乎價格，一窩蜂地買進。50檔大型股被追捧，漂亮五十被炒上了天，股價高達60倍本益比。捧得愈高，摔得愈慘，後來在很短的時間內，漂亮五十的股價就跌掉三分之二。有的指數規模比較小，或是集中在一個產業，如果被炒作，很可能就會步上漂亮五十的後塵。

標普指數基金占整體市場75％，不至於出現這個問題。指數投資會有失效的時候，但標普指數應該能在很長的一段時間裡運作得很好。

指數投資出現後，從事主動管理的基金經理人很受打擊，他們當中95％的人無法跑贏指數。很多人都希望花錢聘請基金經理人幫他們投資，擊敗指數，但很多誠實、理智的基金經理人自己很清楚他們無法跑贏指數。他們的日子一定很不好過。很多基金經理人只能逃避現實，總是希望明年能好起來。我了解，我也不願面對自己的死亡。挑戰指數投資是一件可怕的事，這是投資專業人士過去沒有面臨過的問題。

如今，大資金的管理費用下降了0.2％，基金經理人的日子比以前難過了。**主動管理大規模資金愈來愈難**，與從前

---

*　注：1970年代於美國紐約證交所交易的50家代表性企業，包括可口可樂、美國運通、麥當勞等。

的基金經理人相比，現在的基金經理人壓力更大了，焦慮更多了。

如果要我管理一兆美元資金還得打敗指數，我可做不到。波克夏發展到今天這麼大的規模，可能一共做了100個左右的決策，平均下來每年做兩個投資決策。波克夏的成功來自於50年來每年做出的兩個決策。在過去50年裡，我們可能打敗了指數，但是我們可不是像現在的大基金一樣，把投資分配到醫藥之類的這個領域、那個領域。

以前有些人利用電腦演算法做交易，賺了不少錢，後來別人也用同樣的演算法，做同樣的交易。新的競爭對手加入，報酬率自然被拉下來了。這就是這個行業正在發生的事。基金經理人管理的資金愈大，他們實現的報酬率愈低。

要子女變好，自己先變好

問：我的第一個問題是：您剛開始投資時，對您影響最大的書籍或經驗是什麼？第二個問題是：您建議您的孫子去哪裡尋找商機？
答：我從來沒指點過我的孫子、孫女尋找商機。我沒指望他們能經商成功，連要他們做點工作都很難。

總之，**關於金錢，沒有簡單的祕訣。如果你誠實正直，**

每天早起認真學習，一輩子奉行延遲滿足的理念，最後你一定會是人生贏家。結果或許無法盡如人意，但你一定會擁有成功的人生。所以關鍵就在於堅持不懈，改掉愚蠢的行為，遠離可能對你產生不良影響的人。最後，你就能度過平安幸福的一生。**至於如何教育子女，我覺得身教勝於言教，想要子女變好，自己先變好。**

還有個問題是推薦什麼書。你們寄給我很多書，我都快沒辦法走進自己的書房了。我讀了很多書，一本都沒丟，至少會快速翻閱一下。

我剛看完愛德華・索普（Edward O. Thorp）的新書《他是賭神，更是股神》（*A Man for All Markets*）。索普戰勝拉斯維加斯的莊家，後來又開啟了電腦演算法交易的時代。我很喜歡這本書，索普在書中談到他的婚姻，他的婚姻美滿，他對此心存感激，這很感人。索普的智商非常高，他是一位數學家，他戰勝賭場的莊家，還透過電腦演算法實現大規模交易。這本書讀起來引人入勝，所以我把它推薦給你們。

索普喬裝打扮，戰勝莊家的故事非常有意思。彼得・考夫曼認識一個人，那個人和索普一樣也是喬裝打扮去賭場，大概贏了400萬美元。如果你老是贏，又贏得太多，賭場就不歡迎你了。於是這個人進入股市，在股市裡他如魚得水，賺了40億美元。這樣的人是數學天才，他們能看透統計機率，研究出一個小小的演算法，就能在股市裡大賺40億美

元。這樣的人一般人沒辦法模仿。

索普是罕見的天才，有興趣的話大家可以讀這本書。

問：您說過，「沒推翻自己成見的一年是虛度的一年」。眾所周知，您幫助華倫改掉撿菸蒂投資法*，開始投資品質更好的公司。請問在您改變的所有成見中，哪個成見的改變最難？

答：我做過很多傻事，我一直忙著消除自己的成見，要我挑出一個最難改變的成見一時還真想不出來。消除錯誤的想法是一件好事，我認為消除錯誤的想法是我的責任。

我認識很多人，他們主要的問題是讓舊想法取代了更好的新想法。有句德國諺語說得好：「青春走得太快，領悟來得太慢（We're too soon old and too late smart.）」。每個人都有這個問題。我們之所以領悟得太慢，是因為錯誤的思想盤繞在腦海，無法擺脫。

有時守舊是好事，例如在婚姻中，守舊有利於保持婚姻穩定，但在大多數領域，我們應該拋棄陳舊、錯誤的想法。這是一個好習慣，能讓你在人生的競賽裡取得巨大優勢。許多人有個非常不好的習慣，他們總是喜歡滔滔不絕發表自己的觀點。錯誤的想法，你說得愈多，信得愈深，每多說一次

---

* 注：指尋找價格遠低於流動資本的公司。

你就多信一分。

　　我很少告訴世人美國聯準會應該如何運作，原因之一是我知道當我告訴別人該怎麼做時，我只是在把這個想法強加進自己的腦海。我說得愈多，自己信得愈深。有些年輕人非常自以為是，20歲不到就對墮胎、中東外交政策等問題大放厥詞。他們大肆談論自己深信不疑的東西，只不過是在為自己洗腦。年輕人涉世未深，還有很多東西要學，不要太早把自己的腦子裡裝滿錯誤的想法。

　　所以養成擺脫錯誤想法的好習慣非常重要。**我是這麼做的，我經常幫自己打氣，鼓勵自己清除錯誤的想法。**你可以對自己說：「你能保留好的行為習慣嗎？」是的，你能。沒人幫你打氣，你可以幫自己打氣。

　　每次我消除一個成見，我都會讚美自己，有時還會讚美自己好幾次。你們也可以試試這個方法。

問：您今天多次提到「延遲滿足」，請問我們什麼時候應該為了將來而吃苦？什麼時候應該活在當下、及時行樂？
答：我覺得一個人不應該糟蹋自己的身體，也不應該揮霍自己的金錢。我認為在很多事情上，成功的唯一方式就是努力不懈地朝一個不容易實現的目標邁進。想成為醫師，那就必須要付出長期的努力。在醫學院讀書、在醫院值夜班，都非常辛苦。這就是延遲滿足。

醫師是一個光榮的職業，大多數醫師是好人，他們吃了很多苦。與衍生性金融商品交易員相比，我更敬佩醫師。我希望你們有和我一樣的價值觀。我們都要向醫師學習，學習他們延遲滿足的人生態度。

問：在去年的股東會上，您說川普在道德上不配當美國總統。現在川普已經宣誓就職了，您是否仍保留原來的觀點？
答：我的棱角已經被磨平了。

凡事都有兩面，我總是讓自己思考好與不好之處。川普將在全國展開一場大規模的稅收改革，這是一件好事。很多共和黨成員高喊口號，呼籲提高社會福利，川普說他不會改變現有的社會福利體系，我支持他。在社會安全福利制度上我與川普的觀點完全一致。

川普並非一無是處。就這樣吧。管他的，反正你也不會長生不老。

問：新政府的稅改中，有一項提議是徵收邊境調整稅，請問您怎麼看？
答：目前邊境調整稅（Border Adjustment Tax）只是個提議，我想川普與國會中的共和黨人還沒有就任何事情達成協議，所以我們還在討論階段。**但我支持大刀闊斧地進行稅改。**是否應該透過稅收制度限制高消費行為？我覺得很有必要。有

的人把累積起來的大筆財富捐給基金會，這樣的行為不是什麼壞事，我覺得用不著透過稅收加以限制。但有些人生活奢靡，乘坐私人飛機飛來飛去，一頓飯動輒上萬塊，這樣的人應該讓他們多繳消費稅。我們現在的稅收制度確實需要改革。

問：兩年前您揭露了威朗製藥公司（Valeant）的弊端，請問現在是否有哪家美國公司引起您的注意？

答：答案是肯定的，但它們的問題沒有威朗那麼嚴重。

威朗太離譜了，我沒想到那麼多高階主管也參與其中。醫藥關係著民生，威朗真的有很多問題。

我們每日期刊公司與威朗截然不同。

在喪失抵押品贖回權熱潮爆發時，我們在加州擁有80％的市占，只要我們稍微提高價格就可以多賺幾千萬美元。但當時很多人失去自己的房子，我們能賺這種黑心錢嗎？我們有些競爭對手漲價了，但我們沒漲價。**雖然是資本主義制度，但是賺錢也得有個限度。**威朗的想法是，商業活動如同棋局，他們汲汲於名利，完全不管後果，威朗的所作所為遠遠超出了底線，最後終於還是造假了。

我沒什麼新公司要揭露的。我因為批評威朗出名了。我不想出這個名，我不想明年這房間裡的人數是現在的兩倍。

問：您出生在內布拉斯加州，定居在加州，這兩個州都是農業大省。請問您對農業補貼的看法？

答：在過去六、七十年裡，農業發展突飛猛進，農作物產量提升了3倍，大幅緩解了全世界的飢餓問題。這是一個非常偉大的成就，而這項成就是由少數人所創造的，包括洛克菲勒家族、美國生物學家諾曼·布勞格（Norman Borlaug）等人。

農作物產量成長3倍多，這已經非常了不起了，但未來我們還需要讓農作物的產量繼續倍數成長，而我們應該能實現這個目標。

我們的農業很發達，生產效率非常高。我們的農業制度沒有太多社會主義，土地歸少數人自主經營，沒有低效率和浪費的現象。有人對過度耕種表示擔憂，我也覺得我們應該加強保護土壤，但總的來說，農業是文明之光，農業取得的成就堪稱奇蹟。

你還提到補貼的問題。補貼是農民的重要收入來源，政府透過補貼保護農民。但隨著土地日益集中到少數農民手中，農民愈來愈富裕。農民已經很有錢了，政府還補貼他們，這真是一個奇怪的現象。現在有人用玉米製造汽油，這是世界上最愚蠢的想法之一。我寧願從20樓跳下去相信自己會飛，也不願意把玉米變成汽車燃料。這真的很愚蠢，追根究柢還是政治在作祟，政治中的愚蠢無藥可救。

農業補貼只是個小問題，我們應該看到的是農業取得突破性的技術變革，高效率的農業生產，解決全世界幾十億人的糧食問題。農業發展悄無聲息，不知不覺中，單位面積產量就提升了三、四倍，這是個驚人的奇蹟。

順便說一下，農作物產量提高，除了好的種子之外，還需要化肥。化肥來自地下儲藏的碳氫化合物，這是一種基礎的工業原料，我們應該珍惜這種寶貴的能源，而不是以最快的速度生產每一滴石油。

很奇怪，像我這樣想的人很少。你們當中可能有三、四個人和我想法一樣，因為你們是我的粉絲。除了你們，沒人像我一樣這樣想，我很孤獨。

■ 外曾祖父給我的理財啟示

問：華倫說過，如果他管理一筆小資金，例如 1,000 萬美元，他保證能有 50％的年化報酬率。具體來說該怎麼做？您能舉幾個例子嗎？例子愈詳細愈好。

答：剛才這個問題問的是如何才能快速致富，而且要我講得愈詳細愈好。這不是我們在這裡要做的事。我們希望留下一點祕密，你自己去想吧，自己想通了才有意思。

其實在我這輩子的投資過程中，遇到的好機會非常少，

但只要你抓住這些機會，那就夠了，這是我的經驗之談。**好不容易等到好機會，一定要敢於下重注，這就是我的投資方法。**這個方法是我從一個未曾謀面的人那裡學到的，那就是我的外曾祖父。

我的外曾祖父是第一批到愛荷華州的人之一，他參加過黑鷹戰爭（The Black Hawk War）[*]，努力了一輩子，他成為小鎮上最富有的人，還開了一家銀行。

我的外曾祖父住在愛荷華州阿爾戈納市（Algona）的一座大房子裡，房子旁邊有幾個大穀倉、寬闊的草坪，草坪四周用鐵柵欄圍著。我的外曾祖父說：「人的一生只有幾次機會。」我的外曾祖父很早就到愛荷華州，所以他以低廉的價格買下大片富饒的土地。他沒有很多機會，但抓住幾個大機會就讓他得以過上富裕的生活。

當經濟危機出現，所有人恐慌拋售時，我的外曾祖父以低廉的價格買進更多土地。他把土地租給勤勞節儉的德國人，不愁收不回地租。我的外曾祖父只是做對幾件事而已。

人生就是這樣，不可能有100萬個好機會等著你。現在有些人嘗試高頻交易，他們利用電腦演算法捕捉市場中微小的價格變化獲利。他們的賺錢方式和沙裡淘金差不多，爭搶價差的人愈多，錢愈難賺。

---

*　注：1832年美國政府與美洲原住民之間的戰爭。

透過電腦演算法從股市交易中搜刮利潤，這不是什麼光明正大的賺錢方式。我經常把這種人比喻成穀倉中的老鼠。如果你用這種方式賺錢，你應該多做慈善，因為你要贖罪的地方很多。

我們其他人沒有因為擅長電腦而從股市搜刮利潤，這就是這個房間裡坐了這麼多人的原因。現在做投資比以前更難，如果你沒發現這件事，那你還不懂市場。

一無所知的投資人才需要大量分散

問：1998年，您應基金會投資管理者協會的邀請，做了一場演講。在演講中，您批評很多基金會的投資操作，您認為它們的投資流程煩瑣、費用高昂。您說：「一家做長期投資的機構，選中3家國內的好公司，把所有資金都投進去，既可以保證安全，也可以實現良好的投資報酬。」您還舉伍德拉夫基金會（Woodruff Foundation）投資可口可樂為例。如果現在讓您管理一家10億美元規模的基金會，您放心只投資3家公司嗎？

答：我是否願意持有集中的投資組合？當然願意。以蒙格家族的投資為例，蒙格家族只投資3檔股票：一部分投資波克夏，一部分投資好市多，另一部分投資李彔的基金。這三部

分是最主要的，其他都是些零碎的投資。這樣的投資我放心嗎？報酬率有保障嗎？答案是肯定的。許多人的投資組合中持有很多種股票，他們記不住自己持有哪些股票，也不懂這些股票。

如果他們能像我這樣集中投資當然更好。只有3檔股票夠嗎？好市多會倒嗎？波克夏會倒嗎？李彔的基金在中國的投資會失敗嗎？每一筆投資失敗的機率幾乎都是零，三筆投資都失敗的可能性是多少？

我年輕時就知道應該要集中投資。我開始投資時還是個律師，只能把自己微薄的積蓄用於投資，那時我的目標是每年跑贏大盤10％，我想知道要實現這個目標，我應該持有幾檔股票。我算了一下，在計算這個問題時我沒有什麼公式，只用高中代數就算出來了。**我發現，如果我做好投資三、四十年的準備，我只需要持有不超過三檔股票，平均持股三到四年，就有99％的機率能達到目標。**

我用鉛筆簡單算了一下就得到這個結論，從那之後我就再也不相信分散投資的胡說八道。分散投資適用於對股票一無所知的人，華倫稱他們為「一無所知的投資者」。

如果你有一定的研究能力，能找出更好的股票，3檔就足夠了，買多了只會適得其反。如果真是絕佳的機會，1檔就夠了，一個絕佳的機會擺在眼前，你還需要找別的機會嗎？

只有一無所知的投資人才需要大量分散。金融學教授和投資顧問把分散投資奉為金科玉律。金融學教授教的東西是錯的，投資顧問給的建議也是錯的。我從來不相信分散投資的理論，因此我比別人更有優勢。參與市場競爭，別人相信胡說八道，而你能看清真相，你當然比別人更有優勢。

如果你的叔叔擁有一家公司，這家公司生意非常好，如果你來工作他就會把這家公司留給你，那你還需要分散投資嗎？你不需要任何金融系教授的意見，你應該去叔叔的公司上班。這是一個好機會，你只需要一個好機會！

有時候市場會出現類似這樣的機會，就像你叔叔把一家公司留給你一樣。這種機會出現時，如同天上掉下金子，一定要拿個大鍋子去接。好機會很少出現，一旦出現，你必須擁有勇氣和決心，精明地抓住這個機會。

我很幸運，在很小的時候就從我那未曾謀面的外曾祖父那裡學到這個珍貴的道理。**我這一輩子都在和古人對話，你能從他們身上學到很多東西，只需要翻開一本書，他們就會來到你身邊。我建議大家和先賢聖哲交朋友，這讓我受益良多。**從你們在座的很多人身上我學不到什麼，但是亞當斯密就不一樣了，他教了我很多知識。

■ 長期投資要能承受得住50%的跌幅

問：1973年您在管理合夥人的資金時虧損30％，1974年您又虧損30％。兩年的時間虧損超過一半，請問當時發生了什麼事？

答：那是一個很好的教訓。

當時，我為合夥人管理資金，我管理的合夥基金在一年之內跌了50％，市場跌了40％左右。當時發生大概30年一次的經濟衰退，占據壟斷地位的報業公司都跌到三、四倍的本益比。市場跌到最低點時，我的基金從高點跌掉了50％。下跌50％的情況，光在我持有的波克夏股票上就出現過三次。

投資是一件長期的事，如果你想長期投資，你就得承受得住50%的跌幅而面不改色。我用我的親身經歷告訴你們，好好修煉自己，要沉著從容地面對50%的跌幅。

不要試圖躲過股市大跌，如果你沒遇過這種事，那就表示你不夠積極。

■ 投資的好處在於可以不斷學習

問：大概10年前，有一次您談到華倫，您說65歲之後華倫

的投資功力更深厚了。您能否詳細說一下他是怎麼做到的？
您說過華倫是一台超強的學習機器。我們知道，透過經營多
元零售公司（Diversified Retailing），華倫明白零售業的生
意有多難做。請您告訴我們華倫是如何提升自己的風險意識
和投資眼界的。

**答：無論做什麼，如果你不斷學習、不斷磨練自己的技能，
假以時日你自然會做得更好**。有些人在這方面做得比別人更
好。華倫取得的成就令人驚嘆，如果華倫不善於學習，波克
夏可能永遠只是一家小公司。華倫是個既能打江山，也能守
江山的人，任何他拿下的領域他都不會讓出去。

　　最重要的是，我們跳出了窠臼，邁出收購整家公司這
關鍵的一步。以收購伊斯卡（Iscar）為例，華倫支付的價格
是5倍多的股淨比。這麼貴的公司華倫的老師葛拉漢不可能
買，年輕時的華倫也不可能買。但華倫青出於藍，他透過多
年的學習，認識到好公司的價值。

　　投資這個行業的好處在於可以一直不斷地學習，我們
仍在學習。你們在新聞中看到我們突然買進航空公司的股
票，你們一定感到很意外。我們以前不是說航空業不是好生
意嗎？怎麼會買航空公司呢？但把我們買的所有航空股加起
來，我們差不多相當於買了一家小型航空公司。

　　還有鐵路公司，我們以前說鐵路公司的生意很差，不但
業內競爭激烈，還面臨來自運輸業的威脅。

　　我們說得沒錯，在過去80多年裡，鐵路公司的生意確實很差，但後來只剩下4家大型鐵路公司時，這門生意就變好了。航空公司的情況和鐵路公司差不多。

　　今天早上我媳婦說她訂了去歐洲的來回機票，含稅價大概400、500美元。我當時想，我們真的要投資航空業嗎？這可能是一筆好生意，就像我們買進鐵路公司的邏輯一樣，但也有可能失敗。

　　我和華倫經常聊起過去的好日子。過去很多年，桶裡捉魚的好機會到處都是。好機會太多了，桶裡捉魚我們都不滿意，我們要等魚不動了，用槍對著魚，然後再扣下扳機。那時候做投資就是這麼簡單。

　　現在投資愈來愈困難，以前我們做投資輕而易舉，現在根本沒什麼優勢。

　　我們還是很享受投資的樂趣，但過去我們能從樹上摘下低垂的果實，現在再也賺不到過去那麼高的報酬率了。

　　現在我們買了埃克森美孚。你們知道華倫為什麼買埃克森美孚嗎？他只不過是用埃克森美孚來取代現金而已。過去我們不會這樣做，但現在波克夏的現金太多了，所以我們在短期內配置埃克森美孚這樣的類現金資產。這種投資方式與華倫早期的投資方式截然不同。華倫變了。買進航空股時華倫就變了，買進蘋果時華倫也變了。

　　多年來我們口口聲聲說「我們不懂高科技公司」、「高

科技不是我們的核心業務」、「航空業是世界上最差的生意」，現在你們在新聞上看到的是，波克夏買進蘋果和航空公司。**不是我們發瘋了，而是我們正盡可能地去適應這個變得更困難的行業。**不論是投資蘋果還是航空業，我們都沒有十足的把握，我們只是略有勝算。**但如果這就是我們能爭取到的最大優勢，我們就必須利用這個優勢繼續走下去。**

投資變得困難，我們沒有過去那麼大的優勢，只能想開一點。另一方面造成我們現在投資困難的原因是我們錢太多了。但這不是壞事。

問：2008年之前，波克夏投資愛爾蘭的銀行。請問您如何看待愛爾蘭的銀行以及經濟前景？

答：這筆投資是個錯誤。我們不應該犯這樣的錯誤，因為華倫和我都很清楚不能輕易相信銀行的財務報表。

銀行的財務數字很容易操縱，銀行的管理者經常抵擋不了誘惑，走上財務造假的路。所以投資銀行的風險很大。我們犯了一個不該犯的錯，我們得到了教訓——**即使是很擅長的事，有時也會犯下愚蠢的錯誤。**

我們不應該輕易相信財務報表，不應該投資愛爾蘭銀行，我們這筆投資做錯了。

為了發展經濟，愛爾蘭大幅削減稅率，這是非常明智的作法。愛爾蘭講英語，而且稅率又非常低，自然吸引大量投

資。比爾‧蓋茲的微軟很早就在愛爾蘭設立分公司。愛爾蘭
打過六、七十年的內戰，降低稅率後，愛爾蘭的經濟獲得巨
大的發展。

憑藉低稅率，愛爾蘭吸引大量投資，帶動整個國家經濟
發展。其他國家可能也會透過降低稅率來吸引外資，但這個
方式不一定對所有國家都有效。

愛爾蘭在降稅這方面確實值得稱道，他們在經濟危機
之後也復甦得好，速度非常快。我總覺得愛爾蘭這個民族很
有個性，我很高興我有一個擁有蘇格蘭和愛爾蘭血統的曾祖
母。

**問：兩種投資方式，一種是透過有限合夥基金投資，另一種
是透過公司投資，前者無須支付所得稅，後者必須支付所得
稅。這兩種投資方式差異很大，您會選擇哪一種？**
答：你說得很對。透過公司投資非常愚蠢。波克夏就是透過
公司進行投資的。以公司的形式投資大量股票，需要支付巨
額所得稅，而合夥基金則無須支付所得稅。

波克夏是一家公司，我們是透過公司的形式做投資，還
好我們股東的報酬率不錯。你說得沒錯，透過公司投資不合
適。

問：我的問題是，如果必須在這兩種方式之中做一個選擇，

它們之間存在多大的折價，才能抹平兩者之間的差異？

答：根據《國內稅收法規》規定，公司投資需要繳納所得稅。波克夏的股票投資組合占比愈來愈低，我們愈來愈像一家普通的公司。一般人不可能透過公司投資股票，這種方式太吃虧了，我連考慮都不會考慮。如果要選的話當然選合夥人形式。

問：波克夏持有大量股票，未來實現收益時需要支付稅款。如果投資波克夏的話，是否要把這筆稅款考慮在內？

答：我的解決辦法是一開始就不要採用公司的形式投資。你說得很對，你已經知道答案了。

中國的機會比印度更多

問：我的問題是關於李光耀的。您曾多次提到新加坡創造的經濟奇蹟，以及鄧小平借鏡新加坡經驗，帶領中國實現改革開放。如今印度正經歷類似的變化，印度總理也希望帶領印度經濟起飛。請問您如何看待印度的發展前景？

答：李光耀是歷史上最傑出的建國者之一。建國之初的新加坡是一片沼澤地，沒有資源，瘧疾肆虐，被一群憎恨他的穆斯林國家包圍。但李光耀在非常短的時間裡就把新加坡打造

成一個現代化國家，這是人類歷史上的一個奇蹟。

　　現在中國更重要，而你可以將創造現代中國的功勞歸於李光耀。有許多務實的中國領導人，他們看到新加坡的華裔生活得很富裕，而中國人很貧窮，這帶給他們很大的啟示。我記得鄧小平說過一句話：「不管黑貓白貓，捉到老鼠就是好貓。」他借鑒新加坡的成功經驗。

　　我家裡擺放著兩尊半身像，一位是富蘭克林，另一位是李光耀。這就是我對他的看法。

　　剛才的問題問到印度。我寧願跟中國人工作，也不願陷入印度文化的泥淖。印度有種姓制度、人口過剩問題，還吸收西方民主制度中最愚蠢的東西，在印度想做點什麼事都很難。印度的貪腐也是一個嚴重的問題。所以我只能說，印度想學李光耀並不容易。

　　我認為印度將會繼續前進，但在種種弊端的束縛之下，它沒辦法快起來。我認識的印度人都非常優秀，和中國人一樣有才華，但印度社會積弊已久，這讓印度陷入李光耀所不需要面對的問題，這些問題不是一朝一夕就能解決的。

　　我來舉一個例子。韓國的浦項鋼鐵（POSCO）發明了一種用劣質鐵礦與煤炭煉鋼的新方法，而印度一個省正好擁有大量的劣質鐵礦與煤炭，這些資源在印度毫無用處。浦項鋼鐵的技術能讓印度生產出鋼鐵，而浦項鋼鐵則能獲得印度大量的廉價勞動力，他們簡直是天生一對。

　　浦項鋼鐵與印度簽訂合作協定，10年過去，在印度人的抗爭之下這個合作泡湯，他們取消了整個合作。如果在中國，這個案子早就動起來了，在新加坡也早就開工了。印度吸收了民主制度中最糟糕的一部分，把枷鎖套在自己身上。所以我不看好印度的前景，我不認為印度會做得像李光耀那樣好。

問：由於資本管制，中國人無法在境外投資，但遲早有一天管制會鬆綁。對於想在美國投資的中國人，你想告訴他的第一件事是什麼？

答：我不同意你這個假設。如果我是一個有智慧、有才華、有紀律的中國人，我會在中國投資，而不是到美國投資。我認為中國有很多「低垂的果實」，有些公司擁有很深的護城河。所以我不認同你說的中國人投資美股的假設。中國人可能會有這樣一種心態：我們以前貧窮、落後，現在我們有錢了，我們就應該去美國投資。我不贊成這樣的想法。**好機會就在眼前，何必捨近求遠？按照目前的股市行情，在中國投資會更容易成功。**

問：請問您對中國的發展有什麼最新看法？

答：**我喜歡中國的是它們有很多好公司，而且價格很便宜。**中國人吃苦耐勞，工作努力，這個體系有很多優勢。中國政

府也確實很努力地幫助企業發展，不像印度，印度政府的治理能力太差了。

當然，我也很欽佩中國讓十幾億人擺脫貧窮的偉大成就，這是歷史上前所未見的。現在的中國高鐵四通八達，成就舉世矚目。美國依賴向歐洲舉債發展起來，中國的崛起靠的是自力更生。他們在貧窮時把一半的收入存了起來，靠著延遲滿足來推動國家不斷發展。中國的成就令人敬佩，它們的做法非常有效。我很欣賞中國這個部分。

但中國也有一個問題。中國人的問題是他們喜歡賭博，而且迷信。這是愚蠢的，**你不該相信運氣，該相信的是機率**。這種現象也許是源自於中國文化，太多人迷信且賭博成癮，這是中國人的弊病。

問：關於孝順，我們這一代人應該如何履行孝道？
答：我非常認同孝道，敬老是一種美德，特別是尊重像我們這樣有錢的老頭。

飲水思源、慎終追遠，這是非常值得提倡的美德。儒家思想注重孝道，因為人類世代傳承，你從長輩手中接下接力棒，再把它傳給你的下一代。想一想，如果我們沒有家庭、沒有祖先、沒有後代，我們將成為沒有根的浮萍，那是一種截然不同的人生。正是因為前人的努力，我們才能享受到今天的文明成果。孝親敬老是一種美德。

要找到優秀的人共事，自己首先要優秀

問：您和巴菲特先生選出的經理人德才兼備，請問你們是如何選才的？

答：我們之所以能做出一些成績，很重要的一點在於我們的合夥人、我們的員工非常優秀。每日期刊就是如此。蓋瑞·薩爾茲曼看起來像個普通人，其實他是個怪才。蓋瑞在兩、三個領域取得非凡的成就，他一直是個非常優秀的人。順便一提，蓋瑞也來自中西部。

我們的運氣非常好，一直能與優秀的人共事。為什麼我們能與優秀的人合作呢？我經常說要找到好伴侶，最好的方法就是讓自己成為配得上好伴侶的人。同樣的道理，**要與優秀的人共事，你得先成為優秀的人。**我想華倫和我在這方面都做得很好，而因為有優秀的人才與我們一起努力，我們才能取得今天的成績。如果沒有蓋瑞，我們今天不可能在這裡相聚。領導每日期刊的這份工作，除了蓋瑞沒有第二個人能勝任。

我們經常遇到這種情況。在招聘經理人時，我們經常發現第一名候選人特別優秀，遙遙領先其他人。每次招聘經理人時，我總是發現只有一個人夠格，其他人則差遠了。

優秀的人才難得，華倫和我總是有幸能與優秀的人共事，這就是華倫說他總是跳著舞去上班的原因。如果你像華

倫一樣也和優秀的人共事，你也會跳著舞去上班。和優秀的人在好公司一起上班，做事總是百戰百勝，誰不喜歡呢？如果你也能這樣，你就會有一個美好的未來。我想我們運氣不錯，但運氣這東西別人給不了。

問：在為合夥人管理資金時，巴菲特採用高水位線（High Water Mark）收費方式 *。如今市場競爭非常激烈，請問巴菲特合夥基金的這種收費方式依舊可行嗎？另外，您當年管理合夥基金時，採用的是怎樣的收費方式？
答：我當年或多或少複製了華倫的收費方式，我覺得華倫的收費方式非常合理，現在來看也很合理。

莫尼希·帕波萊（Mohnish Pabrai）是基金經理人，他現在就坐在下面，他沿用華倫的收費方式。這種收費方式很公平，應該有更多基金採用這種收費方式。

收取固定管理費的模式非常不合理。如果你提供別人投資建議，你應該要有能力致富，如果你沒有能力致富，我為什麼要聽你的建議呢？如果你很有錢，為什麼不把自己的錢和投資人的錢放在一起？賺了一起賺，虧了一起虧。憑什麼投資人虧損，基金經理人卻照樣收管理費？

我認為華倫的收費方式很合理，但我覺得合理的東西很

* 　注：指基金經理人必須在投資報酬超過前期高點時才能分配績效獎金。

多，可是沒人學啊。華倫和我在這世界上沒什麼影響力，我
覺得我們的薪資制度很合理，但是有幾家公司學了？

■ 人生因為「難」而有趣

問：如果在我　生中世界發生很大的改變，您認為等我到您
這個年紀時，有什麼東西是不變的嗎？對成功企業來說，什
麼是不會改變的？

答：**唯一不變的就是「難」。**親人會離開世界，你會遭受沉
重打擊，最後等你走到生命的盡頭才發現一切都是一場空。
無論你怎麼拚搏，人生注定以失敗收場，悟出這個道理，你
就明白什麼是人生如夢。小貓、小狗不知道什麼是命運，但
我們不　樣，我們從一開始就知道我們贏不了。

所有人都逃不掉失敗的宿命，這是我們必須面對的終極
難題。**但如果我們樂天知命，我們就能以積極的態度面對人
生，在有限的人生裡活出自己的價值。**這個道理不難。用一
生的時間，從零開始，透過一點一滴努力取得很大的成就，
用自己的能力和智慧幫助他人，為別人樹立一個良好的榜
樣，你會感到非常驕傲，非常值得。**正是因為「難」，才有
很多樂趣，才能體會到克服困難的喜悅。**

人生的「難」還有一個好處。今天上午，在股東會前我

們開了一個董事會，我們談到軟體。在一個新領域執行新的軟體程式總是會出現各式各樣的問題，你會突然遇到故障，經常需要重來，忙得焦頭爛額。**我想說的是，我在這漫長的一生中發現，真正愛你的人是那些與你一起面對困難、克服難關的人，這些人會比只與你共享成功的人更愛你。**

因此，當你痛苦掙扎時，逆境看起來是如此可怕，但逆境最能鍛鍊意志、塑造友誼、孕育成功。只有在逆境中共同奮鬥，人們才能建立起同甘共苦的情誼，而這份情誼彌足珍貴。

面對困難我還有一個觀點。**人生就是一連串逆境，每一次逆境都是讓我們變得更好的機會。**我建議大家以這樣的態度面對困難，因為等你們上了年紀時，你會遇到許多你無法克服的困難，你需要有良好的心態來迎接這些挑戰。

問：您告訴我們要控制自己的情緒，要嚴格自律，要以正確的態度面對困難。請您再進一步闡述關於精神層面的問題，您如何克服困難，迎接人生的挑戰？

答：小時候我爺爺把我送到聖經學校，學校老師告訴我伊甸園裡有一條會說話的蛇。雖然那時候我還小，但我不相信蛇會說話，我現在還是不相信。沒有宗教信仰不代表不想去尋求心靈寄託，我只是不需要一條會說話的蛇來讓我乖乖聽話。

從小受到家庭環境的薰陶，我把提升理性作為一種道德追求。一個有能力追求理性的人如果不追求理性，那麼他在道德上就有瑕疵。即使我們天性愚鈍，也要踏上追尋智慧的苦旅，因為減少愚蠢是一件好事。

成為更理性的人是每個人應盡的道德義務，我們都有責任讓自己變得更好，當然我們也必須照顧那些與我們一起走過這段旅程的人。社會允許一部分人像我們這樣成為富人，但社會也應該為民眾構築一套可靠的生活保障體系。我們的社會安全體系雖然有它的弊端，但一個國家還是必須努力為民眾提供健全的社會安全網，這是一個道德觀念。

雖然我不相信蛇會說話，但我相信講道德是做人的根本。

問：我有一個關於能力圈的問題，請問如何知道能力圈的極限為何？能力圈的範圍是會變化的嗎？如果會變化，是會變大還是縮小？

答：一方面，有些東西我們以為自己知道，實際上並不知道；而且如果你面對的是一個複雜的系統，那麼在第一年能發揮作用的經驗法則，到第四十年可能就不管用了。

由於這兩種不確定性，要認清自己的能力圈很難。物理學定律是恆久不變的，但人的經驗需要隨著文明的發展而改變。因此我們要克服這兩種不確定性，努力認清自己的能力

圈。這也不算什麼壞事，正因為充滿挑戰，才有樂趣。這對
我們所有人來說都是如此。生活如果一成不變，那還有什麼
意思？

在無法預知的領域，

如果你能堅持做對的事，持續努力，

你的機會就更大。

—

查理·蒙格

5
釣魚哲學
2018年股東會談話

只在有魚的地方釣魚

編者按

　　2018年的每日期刊股東會在2月14日召開。今年最值得注意的是，蒙格請彼得・考夫曼在股東會上介紹他篩選基金經理人的「五張王牌」，並評價莫尼希・帕波萊和李彔這兩位優秀的基金經理人。此外，今年與投資相關的問題較多，包括巴菲特與蒙格的投資方式如何應用於公債、小型基金、好公司、傳統消費品牌，當下市場上較火熱的保證金交易及代表人物維特・尼德霍夫（Victor Neiderhoffer），以及量化交易、指數基金和比特幣等，蒙格均有評論。

蒙格：首先，我簡單談一下每日期刊公司的傳統業務。每日期刊公司的傳統業務還繼續在經營，但利潤很微薄。過去電腦的運算能力沒有現在強大，法院系統中的大量資訊無法及時有效地整理，包括主審法官的判決紀錄與對方律師的勝訴率，這些資訊對律師來說很有價值。

因此，把法院系統中的大量訊息有效率地整合起來就成為一個巨人的商機。很多人發現這個商機並試圖進入這個領域，有來自電腦業的，也有來自其他產業的，誰知道未來會如何？但我們正在盡最大努力去參與這場競爭。

過去，我們經營的法律報紙占據壟斷地位，律師需要透過我們的報紙獲得法院的各種資訊。現在法律報紙業務已經衰退，這項傳統業務無法再現往日榮光，它可能可以生存下來，但不會成為一個大企業。

我認為大多數報紙會走向滅亡，只是時間早晚的問題而已。《紐約時報》（*The New York Times*）能活下來，是因為人們還是會在機場花5美元買一份《紐約時報》，所以會有一些倖存者，但整體報業難以回天。波克夏海瑟威仍然收購很多報業公司，在收購時我們已經把報業公司的衰退考慮在內，然而報業衰退的速度超出了我們的預期。

傳統報業式微，但每日期刊開闢了一項新業務：軟體業務。為了發展軟體業務，我們投入大量資金，付出大量努力，如今在我們的營業收入中，軟體業務占比已經遠遠超過

傳統業務。

軟體業務競爭激烈，困難重重，很多從事軟體業務的人不願意和政府部門打交道。這個錢太難賺了。很多軟體公司能輕輕鬆鬆賺大錢，何必來做這份苦差事。

我們從事的也是軟體生意，但我們的賺錢方式又累又苦，而且緩慢。我們不斷地投入，耐心與政府部門打交道，經過長期的辛苦付出才能得到回報。不過雖然又苦又累，但我們願意做這份工作。我們把工作做好，贏得法院等政府部門的信任，透過一點一滴的努力贏得客戶認可，我們很有成就感。我們的軟體業務發展得很好。蓋瑞，你對這項新業務有什麼看法？

蓋瑞答：正如查理所說，我們的軟體業務初期需要投入大量時間和精力。這項業務雖然投入時間比較長，但如果成功的話，顧客黏著度也會很高。

更換軟體服務商需要付出巨大的時間成本，政府部門通常不希望隨便更換軟體服務商。我們初期的工作非常辛苦，最困難的是資訊系統轉換和資訊交換介面。有的客戶擁有20多種不同的介面，而且還想要更多介面，這為我們帶來很大的工作量。因此我們的丹佛分公司就有25名員工專門負責資訊交換介面和資訊系統轉換。

這一直是個令人頭痛的問題。很多政府部門的軟體系統老舊，使用好幾十年，儲存大量歷史資訊，要將這些資訊轉

換到新系統需要耗費大量時間。

　　目前有許多工作正在進行。不同專案情況不同，大多數專案需要一年以上的時間，有的專案花費的時間更久。有些工作，客戶端指派配合的人手很少，也有客戶指派多達15人協助我們工作。從客戶的角度來看，指派這麼多人加入工作是一項巨大投資，但這會加速工作流程，客戶的員工能快速上手，在熟悉軟體系統之後，可以根據需求更改軟體的配置。

蒙格：關於我們的軟體業務，我再補充兩點。第一，與競爭對手的產品相比，我們的軟體在調整設定上更有彈性；第二，與大多數競爭對手相比，我們認列收入的時間更長。

　　軟體系統價格不菲，購買軟體系統，萬一錢付了，最後軟體卻不好用怎麼辦？客戶是很謹慎的，我們可以消除客戶的顧慮。我們資金充足，我們不在乎每季財報好不好看。我們告訴客戶：「你們不必擔心，在系統成功運作之前你不必先付錢。」我們的會計方式非常保守，我們與客戶做生意，先工作後收錢。客戶信任我們，我們不能辜負客戶對我們的信任。

　　我現在對南澳（South Australia）的法院系統非常有好感。我們與南澳法院簽約，彼此之間取得互信。我們會努力完成這項工作。每日期刊能把業務拓展到澳洲，我倍感欣慰。

　　發展軟體業務是一個漫長的過程，未來還要熬很久。我們的規模正在逐漸擴大，但速度並不快，而且我們永遠不可能像Google和微軟一樣那麼賺錢。我們還有很長的路要走，但我們財力雄厚、意志堅定，員工也很優秀，我們一定會取得不錯的成績。

　　除了軟體和報紙業務，我們還持有一些證券。我說過很多次，每日期刊不是迷你版的波克夏。波克夏海瑟威透過保險公司持有大量證券，旗下還經營許多公司，而每日期刊持有股票則是偶然的。之前我們在喪失抵押品贖回權的熱潮中大賺一筆，當時剛好市場觸底，我們覺得投資股票比持有現金適合，所以我們買了股票，我們的大量證券就是這麼來的。

　　但我們不是迷你版的波克夏，我們是一家軟體公司，還經營著一份利潤微薄的報紙。我們持有大量流動資產是因為我們抓住機會，在得到一筆意外之財後盡可能精明地掌握住投資機會。過去四、五年，我們的資產成長速度很快，但未來我們不可能繼續以那麼高的速度成長。不過下一季我們的淨資產還是會大幅增加，因為川普的稅改降低我們的遞延所得稅，所以下一季我們還是會表現得像天才一樣。

　　在每日期刊的投資當中，比亞迪這家公司的比重較高。除了每日期刊之外，波克夏海瑟威、蒙格家族也都有投資比亞迪。雖然比亞迪是一家上市公司，但我們對比亞迪的投資

具有創投的性質。如今，比亞迪已經發展成一家大公司，它擁有25萬名員工，主要生產電動車，但也生產少量的燃油車，電池業務規模龐大，它還在西藏投資一個大型鋰礦，很快就要投產了。

比亞迪是我們做的一筆創投，而且比亞迪還將開拓一個全新的業務領域——雲軌[*]。比亞迪的雲軌業務發展很快，已經與中國許多城市簽訂合作協定，甚至跨足海外市場。比亞迪還生產電動公車。波克夏、每日期刊與蒙格家族竟然能與中國一家小公司結緣，並且看著它從小公司成長為大公司，想想真是神奇。

比亞迪是一家有故事的公司。比亞迪的創辦人王傳福出身於農民家庭，家中有八個兄弟姐妹，他排行老七。儒家思想中有長兄如父的觀念，王傳福的哥哥挑起家庭重擔，靠打工供王傳福讀書。王傳福沒有辜負哥哥的期望，念完大學後又讀了研究所。工作幾年後，王傳福決定進入手機電池製造產業，他從中國銀行貸款30萬美元，創辦比亞迪公司。

王傳福白手起家，從無到有建立一家擁有25萬多名員工的大型企業。深圳市政府、西藏自治區政府都為比亞迪提供很大的幫助。比亞迪不是一家合資公司，它是中國人自己打造的一家高科技公司。看著比亞迪不斷成長進步，我感到

---

*　注：比亞迪自行研發的跨座式單軌列車系統。

很興奮。想想看，開啟單軌業務並突然開始飛速發展有多難？美國哪有幾條單軌？中國的審批制度和美國完全不同，**中國人做事的效率很高，我喜歡這樣的制度**。蓋瑞‧薩爾茲曼也是這樣的人，說做就做。我們很高興能與比亞迪這麼成功的公司一起工作。

我們投資比亞迪，很多人可能看不懂，我們投資富國銀行，很多人可能也看不懂。我知道一定會有人問關於富國銀行的問題，所以我先回答一下。富國銀行設計的激勵制度太不合理，而且在發現問題後沒能及時採取措施。富國銀行犯的是一個很常見的錯誤。我們犯的錯誤少一些，但我們也會犯類似的錯誤。不經一事不長一智，我認為富國銀行會因為這些錯誤而變得更好。銀行的利潤非常容易操縱，無論是放鬆貸款標準，還是欺騙客戶，都能虛增大筆獲利。銀行應該抵擋操縱利潤的誘惑。這個醜聞曝光後，富國銀行得到教訓，所以監理機關可以放富國銀行一馬了。

關於每日期刊的業務，我就說到這裡。

你們這些股東買每日期刊的股票，並不是因為看好每日期刊的前景，你們來這裡另有目的，你們是我的死忠粉絲。

你們這裡有不少人是書呆子，俗話說，「物以類聚」，我也是個書呆子。

■■ 篩選基金經理人的「五張王牌」

我們的一位董事列出了挑選基金經理人的幾個條件，依照他的標準篩選，一半以上的基金經理人都是不及格的。我想請彼得‧考夫曼分享他的「五張王牌」篩選法。

彼得‧考夫曼：我總結篩選基金經理人的幾個條件，希望你們可以透過這幾個條件，篩選出合格的基金經理人。

我的篩選方法包含五個條件，所以我將其稱為「五張王牌」篩選法。第一張王牌是絕對的誠實；第二張王牌是**談起自己的投資邏輯清晰、胸有成竹**；第三張王牌是收費方式公平合理；第四張王牌是投資領域是人少的地方；第五張王牌是年輕，有很長的時間可以長線投資。如果你真的找到符合五個條件的基金經理人，你應該做兩件事：第一，立刻把錢交給你找到的基金經理人；第二，在你的能力範圍內投入所有資金。

在座除了基金經理人，應該也有人負責挑選基金經理，希望我的「五張王牌」篩選法能助你一臂之力。

基金經理人也可以用這五個條件要求自己，作為一名基金經理人，我應該具備什麼樣的特質？我應該誠實守信，我應該熟悉自己的業務，我應該採用公平合理的收費方式，我應該去人少的地方投資，人少，利潤才高，人多的地方哪有什麼利潤空間？至於第五項，在座各位當中有許多人的優勢

在第五項。你們大多數都很年輕，還能投資很久。有些歷史上最優秀的基金經理人只能拿到這五張王牌的前四張，他們沒辦法符合第五項條件。

蒙格：我們就不符合第五個條件，我們不像年輕人還能繼續投資幾十年，但這不代表公司的未來不好。波克夏海瑟威是一家很獨特的公司，它的董事、經理人年紀都很大，在這方面唯一能超越波克夏和每日期刊的只有摩門教。

摩門教有兩個特點：由一群年齡在85到100歲之間的男性領導，神職人員不領取任何薪水，這種制度讓摩門教比其他任何教會都還要成功。顯然地，我們正在波克夏和每日期刊複製摩門教的這種領導方式。

波克夏的董事年紀很大，我們每日期刊的董事年紀更大。華倫經常開玩笑說，看看波克夏的年輕人能不能比得過每日期刊的年輕人。摩門教帶領大批信徒擁有幸福的生活，誰能想到領導摩門教的是一群不拿薪水的85歲老人？真是太特別了。

我這一生看過很多特別的成功方式，我沒想到自己能坐在這裡。有一位老太太在自己的94歲生日派對上說：「我很高興今天來到這裡。」其實她說的是：「能活這麼大年紀，在哪裡我都很高興。」

我們也可以說一下投資管理業的收費方式。

麻州投資人信託基金（Massachusetts Investors Trust）是

基金業先驅，因為成立得早，賺了很多錢。後來它的規模發展到7,000多億美元，雇用大批年輕的基金經理人，還把投資分散到50多檔股票，它就不太可能跑贏標普指數了。它跑不贏指數，還收取大量管理費，那就有點說不過去了。

一檔管理300億美元規模的基金，聘請一群想快速致富的年輕經理人，每年收取1%、2%的管理費以及20%的業績抽成，能為客戶創造良好的投資報酬嗎？按照這樣的收費方式，客戶很難獲得良好的報酬。

大家知道華倫打了個賭，他賭避險基金無法跑贏標普指數。華倫贏了，因為基金收取的費用會吃掉很大一部分的利潤。現在競爭這麼激烈，管理幾十億美元的資金很難取得什麼優勢，更何況還有高昂的費用扯後腿，讀再多的研究報告也沒用，再怎麼努力都沒有用。

我不認為波克夏早期面對的投資環境比你們現在所面對的世界更容易，我也不認為你們複製我們所做的那些事就能像我們一樣成功。我們的投資方式與理念並沒有過時，只是現在的投資環境不同，難度變大了。**釣魚有祕訣。釣魚的第一條規則是在有魚的地方釣魚，第二條規則是記住第一條規則。**

投資也是同樣的道理。有些地方的魚很多，釣魚技術不用太好也能釣到很多魚；有些地方則是人很多，釣魚技術再好也釣不到多少魚。

當前的投資環境中就是人多魚少。不過別灰心。人生的路很長，有順境也有逆境，有好機會也有壞機會。**無論環境如何，順其自然，盡力而為，這才是正確的人生態度。每個人都有屬於自己的機會**，如果你活得夠久，你總會遇到屬於你的機會。

上天分配給每個人的好機會不多，也許最多只有兩、三個，但只要你能掌握，那就足夠了。我的高談闊論講完了，下面開始回答大家的問題。

股東會問答

問：每日期刊的財報指出，公司在權責區分方面存在重大缺陷。我很好奇您是否能談一下這個問題。

答：現在的會計師事務所為上市公司提供兩項服務，先查找內部問題，然後解決問題，所以會計公司總會找到一些重大缺陷。

我不擔心每日期刊公司的會計問題，與同業其他公司相比，我們的會計原則更保守，我們沒有任何財務欺詐的動機，我們帳上有幾億美元的有價證券。

會計準則不是十全十美的，我不認為每日期刊公司有會計問題。

我剛來洛杉磯時，遇到一個名叫羅賓遜（B.B.Robinson）的人。1920年代他操作股票賺了1,000萬美元。1930年代，他帶著這筆錢來到加州。那時候的1,000萬美元可是一大筆錢。到了加州之後，他無所事事，不是喝得酩酊大醉，就是追求女明星。那時候的銀行還是非常老派的，羅賓遜的銀行經理對他說：「羅賓遜先生，您整天這麼花天酒地，我們很擔心。」羅賓遜回答說：「你放心吧，我喝酒，找的債券可不喝酒。」

我想借用羅賓遜的話回應你剛剛的問題：我們的證券不喝酒。

問：請問中西部價值觀是什麼？這種價值觀對您有什麼影響？波克夏的基因中是否帶有這種價值觀？

答：我覺得波克夏的基因中帶有中西部價值觀。如果波克夏發源於紐約曼哈頓，它不會是今天這個樣子，在曼哈頓很容易沾染上浮華和喧囂的氣息。

華倫出生、成長在奧馬哈是一件好事，我也在奧馬哈出生、長大，對奧馬哈有很深的感情，因此我非常喜歡中西部的文化，不喜歡那種浮華喧囂的文化。

美國南部、東部、洛磯山脈地區這些地方也很不錯，只不過我對那些地方不太熟悉。我去西北部的蒙大拿州釣過魚，我很喜歡蒙大拿，只不過那個地方太偏僻了，我喜歡城

市裡的人文氣息，所以奧馬哈正適合我。

◼︎ 成功在於我們很少失誤

問：我的問題與商業銀行有關。在波克夏的投資組合中，銀行的市值高達600億美元，每日期刊也持有大量銀行股。在查看波克夏的投資組合時，我有個疑問，有幾家銀行體質似乎也不錯，但波克夏並沒有投資。現在銀行股的市值已經很高了，但四、五年前那些銀行股很便宜，波克夏為什麼沒投資其他銀行股呢？是因為銀行股的配置已經很高了嗎？還是您和巴菲特先生不看好其他銀行股？

答：銀行業比較特殊，銀行高層面對的誘惑比其他行業都要多。銀行很容易為了眼前利益而犧牲長期利益。

投資銀行股風險很高，但也有少數銀行能讓人放心。波克夏盡可能迴避風險，只投資我們覺得放心的銀行股。

針對這個問題，除了我確定我是對的之外，我沒有別的要說了。

問：最新公布的波克夏年報顯示，在過去52年裡，波克夏的每股淨資產從19美元增加到172,000美元，每年的年均複合成長率高達19%。保險公司的投資存在槓桿。一筆投資，

在保險公司的投資組合中實現14％的報酬率，但是反映到淨
資產中增幅可能是20％。請問在波克夏的淨資產收益率中，
保險公司的槓桿效應帶來的貢獻有多大？

答：保險業務的槓桿對波克夏的報酬率確實有貢獻，但貢獻
不大。有幾年阿吉特（Ajit Jain）的投資獲利驚人，華倫把
阿吉特賺到的錢用於投資，又賺了20％，那幾年保險業務能
為波克夏帶來不錯的報酬率。

　　但其實保險不是一門好生意，保險業有許多風險與麻
煩，而且競爭愈來愈激烈。**波克夏的保險生意之所以成功是
因為我們很少出現失誤，我們沒犯過嚴重的錯誤，而且我們
成功的地方很多。**與我們起步時相比，現在想複製我們的成
功難度很高。

　　波克夏的成功非常罕見，很少有公司能在50年裡實現
19％的年均複合成長率。短時間內不可能出現下一個波克
夏，這也不會發生在每日期刊身上。

**問：阿吉特一手創建波克夏的再保險業務，他是怎麼做到
的？**

答：很簡單，他一週大概工作90個小時。阿吉特是個聰明、
正直的人，也是一個脾氣非常溫和的人。阿吉特每晚都打電
話跟華倫討論業務。阿吉特這樣的頂尖人才少之又少，但現
在就算找到像阿吉特這樣的人才，也無法複製阿吉特的成

功，因為現在的環境比以前更難了。

如果老師教不好，我自己學

問：1995 年，您在哈佛大學以《人類誤判心理學》為題發表演講，演講結束時您說了這樣一句話：「我不認為向大眾講授心理學是件好事，事實上這糟透了。」請問您為什麼這麼說？

答：聽起來好像有點被錯誤引述。

　　一般人想學好心理學確實不容易，因為學術界的方式是他們會做實驗，再從實驗當中找到可以發表論文的東西，因此實驗被設計得非常簡單，盡可能一次只研究一個變數。他們一個變數、一個變數研究，每個變數都做很多次實驗，從中歸納出一些共通原則。

　　心理學最大的功用在於，如果你將所有理論爛熟於心，你就能將這些理論與其他學科的知識結合起來，如此一來就能大幅提升我們的思維能力。心理學教授沒有這種整合能力，因為他們不了解其他學科的知識，而且這麼做對他們來說也得不到任何獎勵，只有做研究和發表論文才能得到獎勵。但心理學這門學科，只有當它與其他學科結合起來時，才能發揮最大威力。

學術界有自己的激勵機制，不鼓勵研究人員跨學科整合，整個該死的系統都是錯的。但這也給了我自學的機會。**我年輕時就有這樣的想法：如果老師教得不好，沒關係，我自己學。**我學習心理學，把心理學知識與其他學科整合在一起，但心理學教授始終沿襲前人告訴他們的方式學習，跨不出學科整合這一步。

你們應該學找，別學那些心理學教授，用那些心理學教授教的東西，你們一定賺不到錢。理查·塞勒（Richard Thaler）在行為經濟學方面取得豐碩的研究成果，獲得諾貝爾獎，像他這樣跨學科研究的人非常少，希望有愈來愈多人能向塞勒學習。把諾貝爾獎頒給塞勒是對跨學科整合的鼓勵，塞勒的研究方式正是我推薦的方式。

問：如果您把自己的心智模型傳授給小學生，您是會把所有方式都教給他們，還是會啟發他們自己去領悟？

答：我會教他們，也會啟發他們。如果你腦海中有大量模型，這會有幫助，但也要能得心應手使用各種模型。這沒有捷徑可言，至少我還不知道。

我的做法就是兩個字：「堅持」。威廉·奧斯勒爵士（Sir William Osler）經常引用湯瑪斯·卡萊爾（Thomas Carlyle）的一句名言：「與其為朦朧的未來煩惱憂慮，不如腳踏實地，做好眼前的事。」這句話說得很對。**大多數時候**

我們應該把眼前的事做好，剩下的就順其自然。

問：您認為美國哪些認知偏誤的影響最大？

答：讓人類做出錯誤判斷的認知偏誤有很多種，每一種都在發揮作用。以美國政治為例，民主黨與共和黨變得如此兩極化，令人吃驚。打開電視，轉到 A 頻道，你會看到立場與你類似的傻瓜，轉到 B 頻道，就有立場跟你不一樣的另一群傻瓜。他們觀點對立，但共同點是他們都是傻瓜，而且這些傻瓜還分別有自己的智障受眾群體，這樣的政治生態真是令人感到不安。

以前美國不是這樣的。我非常懷念哥倫比亞廣播公司以前的當家主播華特・克朗凱特（Walter Cronkite）。現在看新聞真不容易，兩個台都是傻瓜，怎麼辦？我只好來回切換看，不能只盯著一個傻瓜看。

世界上又瘋又傻的人很多，而且他們背後總是還有一大批又瘋又傻的追隨者。**看到這麼多瘋子、傻子，我更想努力思考、保持理智，因為我不想變成他們那樣。**你們打開電視時是什麼感覺？一個傻瓜說這樣，另一個傻瓜說那樣，兩個人都在扭曲事實。你們受得了嗎？我不想成為他們那樣的傻瓜。

政治兩極化現象會愈來愈嚴重，還是將慢慢恢復正常，誰知道呢？我們只能拭目以待。

學習笑對苦難的人生態度

問：當我回顧自己30多歲的處境時，我常會想到您在我這個年紀時經歷過巨大痛苦。我的腦海中浮現出一個畫面，您獨自一人走在帕薩迪納的街道上，命運的打擊讓您痛徹心扉。請問您是如何度過那段艱難歲月的？另外我的朋友也想請教您一個問題……您是否考慮過成為一名喜劇演員？因為您講的笑話多到數不清。

答：你很懂我。我不是猶太人，但是我非常嚮往猶太人的幽默。猶太人只占世界總人口的2％，但他們創造出世界上60％的幽默。猶太人經歷那麼多苦難，卻依然能笑看人生，真是令人讚嘆。**我非常欣賞猶太人。建議你們也像我一樣，學習猶太人笑對苦難的人生態度。**

正好，我來講一個小笑話。有一個小女孩，她有一頭金色的捲髮，說起話來有點不清楚，非常可愛。她走進一家寵物店，老闆問她：「小朋友，妳想買什麼啊？」小女孩說：「兔『己』，我要買兔『己』。」老闆說：「妳看，這裡有很多兔『己』呢，有灰色的、白色的，還有咖啡色的，妳想要什麼顏色的啊？」小女孩說：「我可愛的大蟒蛇不會在乎是什麼顏色的。」

生活中保持一點幽默感能讓痛苦少一些。生活中從來不缺少笑點，人們總是做很多蠢事，那都是非常好的笑料。

問：您的大名是查爾斯‧蒙格，但是您選的暱稱是查理，為什麼不用「查克」（Chuck）這個暱稱呢？

答：唯一會叫我「查克」的是打詐騙電話來叫我投資石油的人。

我覺得「查理」這個暱稱很好。我爺爺的原名是查爾斯‧湯瑪斯‧蒙格（Charles Thomas Munger）。在被任命為聯邦法官之後，他覺得這個名字有點不體面，於是他把自己名字中的兩個字換個位置，改成湯瑪斯‧查爾斯‧蒙格。但我沒有仿效我爺爺的作法，我現在這名字就不錯。

問：我是老師，我想讓學生成為有頭腦、更好的決策者，而且生活幸福，請問我該怎麼做？

答：這個問題問得很好。你有這種態度，就一定能成功。**堅持做有意義的事，堅持做有價值的人，追求理智、正直、誠信，不辜負他人對你的期待，慢慢地你會做得愈來愈好。**當然，身教重於言教，而當你因此取得成功，別人就會更願意向你學習。你已經走在正確的道路上，你需要做的只是堅持下去。

問：我和92歲的奶奶一起來這裡。在過去50年裡，我奶奶管理著我們整個家族的財富。我是一名大四學生，對價值投

資非常有興趣，我奶奶打算將來把家族財富交給我管理，我覺得壓力很大。您為蒙格家族管理財富非常成功，請您告訴我，管理家族財富時，如何才能抓住少數的幾個大機會，而又不危及我奶奶的畢生心血呢？

答： 你奶奶92歲高齡，非常有錢，晚輩尊重她，而不是希望她早死。你奶奶非常了不起。你奶奶是你們家族的人生贏家。我給你的建議是努力生活，讓自己也成為一個人生贏家。

▉ 腳踏實地，做好眼前的事

問： 與您年輕時相比，現在的時代變了，如果您是一個和我一樣的年輕人，還有幾十年時間可以投資，請問您會關注哪些領域？

答： 我還是會像湯瑪斯・卡萊爾說的那樣生活，腳踏實地，做好眼前的事。我會每天起床，盡我所能工作，希望日復一日地努力之後能做得很好。我會擦亮眼睛，慎選人生伴侶。道理很簡單，還是那些老生常談。

　　我認為你們這些來到現場的年輕人，未來生活都會過得很不錯。你們不是憤世嫉俗的年輕人，你們來這裡是為了追尋智慧，過上更好的生活。像你們這樣的年輕人沒有問題，這樣的人會成功。有些年輕人就不一樣了，他們只知道舉著

標語高喊口號，腦子裡裝滿愚蠢的想法，還以為自己完全正確。這樣的年輕人只是在把愚蠢強加於腦海，而不是把愚蠢拒之門外。

問：請問您在尋找人生伴侶時最重視什麼？
答：人生伴侶啊，我以前說過，**在尋找人生伴侶時一定要找一個對你期望值比較低的人。**

問：我的問題是關於比亞迪的。您以前曾成功投資過大宗商品，隨著電動車發展，鈷、鋰等金屬資源將愈來愈重要，請問這些金屬資源是否具有投資價值？
答：我對大宗商品投資不在行，但鈷的行情很有意思，它的價格已經從底部翻了一倍。由於鈷資源緊缺，也許它的價格還會繼續漲。但是我不懂大宗商品，所以我不投資這些東西。在我記憶中我好像買過一次銅，投資了幾千美元，我想這是我唯一一次經驗。

問：人工智慧產生的影響很可能超越網路，您認為人工智慧將對各行各業以及人類社會產生什麼樣的影響？
答：**我想就連研究人工智慧的人也不知道人工智慧將會產生什麼樣的影響。**我對人工智慧沒什麼研究，因為我學不會那些東西。我知道臉書、Google等公司在市場行銷產品中應用

人工智慧技術，而且效果非常好。

這是一個很複雜的話題，我不知道人工智慧將帶來什麼樣的影響。我只是有條理地運用生活常識，這一輩子也過得很好，所以我從來沒想過要去研究人工智慧。如果你沿著河邊走，一邊走一邊就能撿起大金塊，何必要去篩沙了淘金？

所以你問錯人了。我也不認為人工智慧一定會帶來巨大的經濟變革，我相信我們可能只是會使用愈來愈多人工智慧而已。

蓋可保險研究人工智慧很多年，但現在還是在用傳統的方式，沒使用人工智慧。這個問題我不懂，只能說這麼多了。

問：這個問題是請教考夫曼先生的。您剛才說的「五張王牌」中，有一項是採用合理的收費方式，與投資人保持利益一致。請問在您接觸過的各種規模基金當中，合理的收費方式是什麼？

彼得・考夫曼：我想請查理回答這個問題，他可以告訴你最公平合理的收費方式，也就是巴菲特早期合夥基金採用的收費方式。

答：是的，華倫早期採用的收費方式是跟葛拉漢學的。莫尼希・帕波萊應該在現場。莫尼希，你在嗎？請站起來，和大家打個招呼。莫尼希採用巴菲特的收費方式，他的基金已經

走過10年。莫尼希的基金設置了水位線，只有報酬率超過這條水位線他才能抽成。在過去的10年裡，他與投資人共進退，很多時候他只能自掏腰包過活，一位好的基金經理人應該心甘情願地這麼做。

但像莫尼希這樣的人太少了，每個基金經理人都貪圖大筆的管理費，這是不對的。基金經理人如果已經40歲，卻還沒憑藉自己的投資本領累積足夠的財富，有什麼資格管理別人的資產？一位基金經理人如果已經很有錢了，難道不應該和投資人一起承受下跌的損失嗎？

華倫的收費方式非常合理，他也取得巨大的成功，但是有幾個人學華倫的收費方式呢？也就只有像莫尼希這樣的少數人在學。絕大多數基金經理收取固定的管理費，這樣他們每個月都能拿到固定的薪水。誰不想這樣啊？大多數人不都是靠每個月的薪水維持生計嗎？

但華倫的收費方式是設置6％的水位線，每年報酬中超過6％的部分，提取25％做為業績抽成，如果投資人的報酬率低於6％，華倫一毛錢都不拿。莫尼希也是這樣的。

這種收費方式很合理，但學的人很少，因為太難了。基金經理人可以採用對他們自己更有利的收費方式，為什麼要用華倫的收費方式？那不是自討苦吃嗎？如果這件事容易一點，我想會有更多人學華倫。但至少我們還有莫尼希。

問：請問您如何評價李彔的才能？

答：李彔是最成功的投資人之一，他在許多方面都表現得很出色，他非常聰明，而且也很勤奮。李彔有投資的天賦，沒機會時他能夠耐心等待，一旦機會降臨他又一下子變得非常果決，毫不猶豫地行動。李彔也是一位非常客觀的人，遭遇逆境也不會有太大的情緒波動。

　　在我這一生中，我只把錢交給一位基金經理人管理，這個人就是李彔。我覺得像李彔這麼優秀的基金經理人很難找到第二個，不是說沒有，而是說這樣的人很少，你很難找到。這就跟選股一樣，一定有好股票，但你看不懂，股票再好也沒用。

問：您能否詳細介紹一下波克夏、摩根大通與亞馬遜合資成立的醫療保險公司？一開始的新聞報導說，合資醫療保險公司希望將其健保模式拓展到這三家公司之外，但後來《華爾街日報》又報導，新公司的健保模式只適用於這三家公司的員工？

答：美國現行的健保制度存在嚴重的漏洞，醫療支出的成本居高不下，甚至有大量詐保的情形。

　　新加坡的健保制度比我們的成本低，大概只有我們的五分之一，一些歐洲國家的健保成本也只有我們的一半。波克夏、摩根大通、亞馬遜擔心健保錯誤的激勵制度導致成本失

控，因此它們聯合成立一家醫療保險公司，只是想看一看是否能探索出一條新路，改變我們現行的健保制度。

這是一項非常艱巨的任務，我不知道結果會怎樣。哈佛醫學院教授阿圖‧葛文德（Atul Gawande）是研究健保制度的權威，我非常欣賞他對健保制度的見解。葛文德出身醫學世家，他人品正直、思維敏捷，也是我所知醫學界最好的作家。

現在有許多人都在研究美國的健保制度，看看他們能做些什麼，但他們會發現，想探索出一條新路談何容易！

舉個例子，黃斑部病變是一種常見的老人眼疾，需要定期在玻璃體注射一種藥物。這種注射根本不難，我都會打，但是打這一針醫院收的費用非常高。另外還有兩種藥可以選，一種非常貴，另一種非常便宜，其實療效差不了多少，但哪種藥用得多呢？當然是貴的那種。類似的問題非常多，美國健保制度就是像這樣充滿許多不必要的支出。

在非洲大草原上，許多人死了之後他們的屍體會被禿鷹、鬣狗、胡狼等食肉動物吞食。在美國，一個即將死亡的老年人躺在醫院的病床上，就像是非洲大草原上的一具屍體，也會立刻引來一群「食肉動物」。

人都快死了，還從他們身上牟利，這太不道德了。美國哪家醫院沒有躺在透析病房中，永遠也無法醒來的病人？他

們會被透析[*]到死。這很容易帶來很多不道德的愚蠢行為。所以如果有人向美國的健保制度發起挑戰，我完全支持他們。這個任務太困難了，我年事已高，心有餘而力不足。

美國的健保制度不改不行，我支持有人解決這個問題，但我不會加入他們的行列，這個任務對我來說太困難了，我無法勝任。

問：您說過美國不應該大量開採石油，而是應該多進口石油。我來自中東地區的科威特。在科威特，石油占政府收入約85%到90%。您如何看待石油的未來？
答：去年我講過，埃克森美孚等石油公司現在產量掉到原來的三分之一，但仍然非常賺錢，因為石油價格上漲的速度超過它們產量下跌的速度。石油業真是讓人看不懂。未來石油產量會愈來愈少，價格會愈來愈高。作為一種重要的化工原料，我們不能沒有石油這種碳氫化合物。

石油投資不容易，我想你會發現在波克夏的歷史上，很少投資與石油相關的公司。有一些投資，但非常少。每日期刊則完全沒有投資過與石油相關的公司。

我去年說過，美國不應該像現在這樣毫無顧忌地開採石油。石油非常寶貴，它是我們需要長期使用的資源，我們應

---

*　注：血液透析，即俗稱的洗腎。

該減少開採自己的石油，多買阿拉伯國家的石油，這才是正確的策略。為什麼我們會想要快速耗盡我們的石油資源呢？這樣做聰明嗎？我們會想趕快用完愛荷華州的土壤嗎？我不這麼認為。

在開採石油方面，美國現在的作法非常不理智，但還有更不理智的。

我年輕時，美國的玉米產量是20億蒲式耳，現在美國的玉米產量成長為原本的6倍，但是大量的玉米被用來生產汽車燃料。這是一個瘋狂的政策，因為在我們奇怪的體系當中，農業大州的政治權力是如此龐大。我們耗費土地的肥力生產玉米，然後卻把玉米加工成汽車燃料，這種做法真是愚不可及。農作物產量提高就能解決糧食問題，但農作物產量提升必須依靠石油。農作物產量提升，要靠優質的土壤以及碳氫化合物提供肥力，二者缺一不可。

美國需要一張國家電網

問：在鐵路、電力、科技等領域，政府與商界合作取得豐碩的成果。政府與商界合作，需要政治家與商業界領袖兩方都有理智、有遠見，才能取得成功。請問您認為目前民間參與公共建設是否有什麼機會？

答：答案是肯定的。我認為我們非常需要一張能覆蓋全國範圍的電網，這需要政府建立健全的相關法規。我們早該建置這樣一張電網了，電網還沒建好，這是政府失職。不過電網遲早會建，而**波克夏海瑟威將會參與其中，為美國的電網建設做出重大貢獻。**

「民間參與公共建設」這個名詞聽起來很響亮。很多人都會說漂亮話，「民間參與公共建設」聽起來就很漂亮，但為什麼我一聽這個詞就會想到一群偷雞摸狗的銀行家和顧問聚在一起呢？

問：我想請教一個關於美國高速鐵路的問題。早在1965年波克夏召開第一次股東會時，美國就提出要發展高鐵，到現在還是沒發展起來。您對美國高鐵有任何想法嗎？目前加州正在修建一條高速鐵路，您覺得有可能在全美建成四通八達的高鐵網嗎？

答：中國大力發展的高速鐵路十分成功，成就有目共睹。從中國的情況來看，建設高鐵系統是可行的。但是在美國，建設高鐵系統非常困難，在加州建一條高鐵都非常難。

加州是否應該建設高鐵？我不確定這是否對加州有利。但我只是持懷疑態度，不是堅決反對。我只知道如果建高鐵，需要投入大量資金。飛機已經很方便了，建高鐵似乎多此一舉。是否有必要建高鐵我不知道，但我知道我們確實需

要建置一張國家電網。

■ 氣候變遷牽涉地緣政治問題

問：關於氣候變遷，您最新的看法是什麼？

答：有些人自封為氣候學家，我對他們的言論很反感，他們熱中於渲染危機，有誇大其詞的嫌疑。在我看來問題沒他們說的那麼嚴重，而且這些所謂的氣候學家提出的解決方法難度很高，根本不切實際。

就算他們說得對，氣候變化確實是一個迫在眉睫的大問題，但這也不代表你知道該如何解決這個問題。**氣候變遷牽涉到地緣政治、自然科學等各方面因素，只懂氣象知識恐怕解決不了這麼複雜的問題。**很多關於氣候變遷的言論純屬無稽之談。

毫無疑問，二氧化碳確實會導致全球暖化，問題是有些人一談到二氧化碳導致全球暖化，就以為海平面很快就會上升60公尺，世界末日即將來臨。對於這樣的言論我實在不敢苟同。另一方面有些人非常無知，連二氧化碳對大氣溫度的影響都不知道，這種人也非常可悲。

好吧，我把人都得罪光了。

▉ 管理工作最大錯誤在於太慢換人

問：您說過收購一家公司時，通常會希望永遠持有，既然這樣，您賣出奇異公司是因為奇異有什麼問題嗎？

答：在市場恐慌時我們買進奇異，因為它的價格很便宜，最後這檔股票的報酬率也還可以。奇異曾是一家非常有名的公司，現在卻因為業績長期低迷而飽受詬病。奇異的衰落讓人們感到始料未及。

　　奇異的業績為什麼會一落千丈？一方面是因為在激烈的商場競爭中，公司興衰很正常；另一方面我認為奇異的高層主管輪調制度不合理。奇異總是頻繁地調動高層主管，讓他們在不同的部門之間輪調。頻繁調動高層，難道是想讓他們像軍官一樣累積戰功，最後晉升為將軍嗎？與其這樣，倒不如讓他們長期深耕自己的業務，就像波克夏的作法一樣。

　　我認為企業應該少一點這種美國軍隊式的管理方式，應該像波克夏一樣，讓人們在一家企業裡度過整個職業生涯。

問：您在很多董事會擔任過董事，在您擔任董事的過程中您學到什麼？在聘用和撤換高層主管方面您有什麼心得？

答：這個問題很廣泛，我不想在這裡誇誇其談。每家公司的情況不一樣，但是我可以告訴你們一個經驗談：**管理工作最**

容易犯的錯誤就是已經發現該換人，但遲遲下不了決心，拖了很久才把不合適的人換掉。這個教訓適用於任何地方、任何情況。

問：我想向您請教一個關於文化的問題。外部人士如何才能了解一家公司的文化？在投資富國銀行、奇異等公司時，您如何評估它們的文化？另外，一家公司的領導者是局內人，他如何知道自己公司的文化是否存在問題？

答：好市多的公司文化滲透力非常強。**像好市多這種公司，公司文化鮮明，非常有生命力，我相信好市多的文化能帶領這家公司走得很遠。**

奇異就不一樣了，它既分權又集權，整個公司業務繁多、部門龐雜，很難說清楚它的公司文化到底是什麼。也許它的總部有某種文化，但我認為在奇異的公司文化中，最不合理的地方就是它在各個部門之間頻繁地調動高層主管。

我認為很少有企業像好市多一樣擁有如此強大的企業文化，而且好市多的業務很簡單，多年來始終堅守主業。

我喜歡像好市多這樣的公司，因為**正確的公司文化可以推動一家公司的發展。**公司愈大，愈難建立起正確的文化，不信你看看通用汽車、AT&T等巨無霸，它們的文化乏善可陳。大公司特別容易有官僚主義這個毛病，當然，官僚主義最嚴重的地方是政府部門。我不喜歡官僚主義，官僚主義缺

點很多，但我們又拿它沒辦法。該怎麼做才能讓美國政府的運作更有效率？我也不知道。如果要我去管理一家擁有100萬名員工的公司，讓我去改變這家公司的文化，我絕對做不到。別說改變一家大公司了，光是想改變一家小餐廳的文化都很難。

官僚主義是個棘手的問題，波克夏已經盡最大努力解決官僚主義的問題，如果總部沒什麼人，那就不太可能有什麼官僚主義。這就是我們的解決之道。

其實這不是我們有什麼先見之明，而是我們順其自然發展的結果，一旦我們發現任何方法有效，我們就堅持做下去。但大公司的文化出了問題，我們真不知道該怎麼解決。

▇ 政府負債比過高，令人擔心

問：債務在國內生產毛額中的占比愈來愈高，財政赤字居高不下，而且現在我們已經來到這一輪景氣週期的尾聲，請問您擔心政府的高負債率嗎？

答： 政府負債比這麼高我當然擔心。對我們來說現在面對的是全新的領域，而新領域可能存在風險。不過即使根據歷史的眼光來衡量，政府的行為不負責任，但這世界可能還是可以運作得很好。過去一百年，政府的目標始終是保持物價穩

定，而現在政府的目標卻是把通膨率控制在2%以內。誰知道未來會如何？長期來看，通膨率可能會超過2%。我想應該會。

從過去的經驗來看，總體經濟很難預測。總體經濟不像物理學那樣規律運作，過去10年的總體經濟是一回事，現在10年的總體經濟又是另一回事。**不同階段的總體經濟有不同的運行規律，但階段該怎麼劃分？規律何時改變？沒人能說清楚。**

所以我不認為債務比創新高，世界就會毀滅。看看一戰後的德國，它們發生惡性通膨，貨幣幾乎變成廢紙。德國倒下去了嗎？沒有，它很快就重新站起來。德國發行了一種被稱為「地租馬克」的新馬克，「地租馬克」是以德國全部的土地和工業產品作為抵押發行的一種新貨幣。

但就在新馬克剛剛穩定，德國眼看就要度過這場危機時，大蕭條又來了。接連遭受惡性通膨和大蕭條的打擊，德國風雨飄搖，希特勒趁亂竊取了政權。

希特勒上台後，他開啟國家機器，大力發展軍工產業，積極擴軍備戰。陰差陽錯，希特勒的政策恰好符合凱因斯主義理論，擴軍備戰刺激了德國的經濟。1939年，德國一躍成為歐洲經濟實力最強的國家。一戰後的德國深陷災難當中，但它竟然奇蹟般地重返榮耀。

舉這個例子是想告訴你們，**面對災難不需要太悲觀，災**

難總會過去。我不是說我支持像德國那樣，靠發動戰爭擺脫經濟困境，我只是想告訴你們，以史為鏡可以知興替。一個國家在一場愚蠢的戰爭中打了敗仗，貨幣幾乎變為廢紙，又遭遇大蕭條的侵襲，但短短幾年竟然又搖身一變成為歐洲最繁榮的國家。這個例子很勵志，希望你們聽了這個例子之後心情能好一點。

問：從1990年代中期以來，美國司法部根據《謝爾曼法》（Sherman Act）*提起的反壟斷案件數量，從20多宗減少到幾乎為零。但與此同時，「贏者全拿」的效應日益明顯，幾乎所有產業的前五大企業市占率都持續激增。另外，上市公司數量銳減，從8,100多家減少到4,300多家，減少將近50％。請問在過去20多年裡，司法部為什麼沒有嚴格執行反壟斷法？司法部有可能採取更嚴厲的反壟斷措施嗎？

答：我不知道司法部是否會採取更嚴厲的措施，但對於目前經濟力量集中的狀況，我沒有感到特別不安。我看到的情況是各行各業的競爭都非常激烈。過去有些公司，人們擔心它們過於強大，但它們現在已經消失了，柯達就是很好的例子。我認為目前的商業競爭非常充分，不需要司法部出手干涉。

---

*　注：1980年制定，為美國最早的反托拉斯法。

問：我的問題有關巴菲特。2008年金融危機時，華倫發表
一篇評論文章説：「這場危機爆發之前，我的個人帳戶沒有
投資任何股票，只持有美國公債。」在我的印象中，華倫的
一貫風格是買進並持有，但2008年危機爆發之前他只持有
美國公債。請問什麼時候應該空手？如何掌握這個能力？
答：在特定的時期，理智的投資人可能會把所有資金全部用
於購買公債，這不是不可能發生的事，但出現的可能性非常
低，我還沒遇到過這種情況。總之，長期持有公債的報酬率
乏善可陳，這是我的看法。

資金愈多，投資難度愈高

問：1999年，巴菲特説如果他管理100萬美元，能實現每
年50％的報酬率。您曾説過現在的投資更難做，您覺得在今
天的投資環境當中，還有可能實現那麼高的報酬率嗎？
答：一個人非常聰明，而且非常努力，在人少的地方挖掘投
資機會，既有等待機會的耐心，又敢在機會出現時出手，這
樣的人如果能管理一筆小資金，即使是在今天的投資環境
裡，也能獲得非常好的報酬率。
　　我們現在的問題是資金太龐大了，波克夏做投資非常

難，每日期刊做投資也不容易。像每日期刊這樣的公司投資股票是不利的，我們投資股票純屬意外，那是因為正好錢在公司裡，只能透過公司做投資。這對股東來說非常不利，因為透過公司投資股票，股東需要支付大筆稅款，慈善基金或是個人退休金帳戶投資都沒這個問題。

總之，我認為**只要你夠精明，小筆資金就能讓你擁有很好的投資報酬率。資金愈龐大，投資的難度愈高。**我年輕時做投資比較容易，和我那時候比，你們現在做投資太難了。但是我快死了，你們還年輕呢。你們願意變成我嗎？一定不願意。

問：如果價格適合的話，您是否會長期持有好時（Hershey's）或蒂芙尼（Tiffany）？
答：價格合適的話我當然願意買。好時、蒂芙尼都是很好的公司，但**公司好，價格也得合適。**好時是一家民營公司，想買也買不到。我們可以買到好時的糖果，但是買不到好時的股票。

問：我的問題與品牌有關。您之前曾說投資要選具有持續競爭優勢的公司。過去著名的品牌擁有定價權，但如今許多大品牌正失去年輕消費者的青睞，網路新興品牌異軍突起，科克蘭（Kirkland）等自有品牌也占據愈來愈多市占，傳統的

消費品牌銷量下滑，失去定價權。亞馬遜、好市多等公司憑藉規模取得優勢，傳統消費品牌還能算是護城河嗎？

答：**大型消費品牌還是很有價值，只是它們的競爭優勢沒有過去那麼大了。**你說得很對。亞馬遜這家公司我不太了解，我只知道亞馬遜的發展很強勢，領導者貝佐斯非常聰明，他做的事也非常具有挑戰性。

好市多這家公司我非常了解，我已經在好市多當了20多年董事了。我認為好市多會愈來愈成功，科克蘭這個自有品牌發展得非常快，愈來愈受到消費者歡迎，令人驚嘆。

大型消費品牌不會像過去那麼好了，但它們仍然非常有價值。士力架等著名商標60年後仍然會是非常寶貴的資產，但它不會表現得跟過去60年一樣好。持有著名商標的公司，即使未來的日子不如過去，也還是能過得不錯。但這些公司的投資人就不一樣了，他們獲得的收益可能會持續走低。

■ 情況變了，想法就得跟著改變

問：**我非常想知道您和華倫是怎麼決定買入航空股的，是突然獲得靈感，還是經過長期思考得出的結論？請問你們改變想法的過程是如何？**

答：**我們確實改變了想法。**在很長一段時間裡，華倫和我不

願投資鐵路公司，因為鐵路公司太多、競爭太激烈，而且鐵路業的工會非常強勢。大約有75年的時間，鐵路公司都不值得投資。

後來鐵路業終於改變，鐵路公司可以加掛車廂、使用雙層車廂，還可以透過現代的電腦系統進行調度，鐵路公司的運輸能力和效率提升，而且全美只剩下四家大型鐵路公司，突然間我們都喜歡上鐵路公司了。

航空公司也是同樣的道理。華倫以前經常拿航空公司開玩笑，他說如果萊特兄弟沒有發明飛機，投資人能少虧損一些。但航空業的情況發生變化，而波克夏又持有大量現金，找不到更好的投資機會，所以我們覺得可以買進幾家航空公司的股票。

我們的思考過程就是這樣。**情況變了，我們的想法當然跟著改變。**在航空業中有些情況改變了，有些情況還沒變。現在應該不會再有新的航空公司加入了，而且航空業也應該從過去的發展中吸取了教訓。

我希望航空公司能發展得愈來愈好，但我們買進航空公司並持有100年會運作得很好？不太可能。

問：我想請教一個關於保證金交易的問題。最近股市下跌，很多採用保證金交易的人收到追繳保證金的通知。在您管理合夥基金時，您遇過空頭市場，經歷過股市大跌。請問您如

何評價保證金交易？

答：做保證金交易的危險在於，你向人借錢買股票，股票跌到底部時，借錢給你的人很害怕，你無法追加保證金就會被強制平倉。我們很清楚這個道理，所以波克夏從來不把自己的命運交到別人手裡。

現在很多人積極進行保證金交易，槓桿倍數很大。而當你擁有波動率指數（Volatility Index, VIX）合約等五花八門的投資工具時，就很容易引發連鎖效應，造成恐慌拋售。小幅度的下跌被市場迅速放大，可能導致市場「閃崩」。最近波動率指數導致的市場下跌，很可能成為現代金融市場中的一種常態。**我們總是會有鋌而走險的保證金交易人，引發股市崩盤，這不是什麼新鮮事，總是會有災難發生。**

在波動率指數引發的暴跌中，維特‧尼德霍夫（Victor Niederhoffer）又一次被迫清算。尼德霍夫是一個聰明人，他橋牌打得好，還是壁球全國冠軍。讀哈佛大學時尼德霍夫就非常有名。他家境不算富裕，為了獲得獎學金，他必須得到非常好的分數，因此尼德霍夫選了難度最高的經濟學研究生課程。選修這些高難度課程的學生要幫教授做很多雜事，教授怎麼可能不給他們高分呢？有一段時間尼德霍夫甚至經常不去上課。

他的故事很有意思。尼德霍夫這麼聰明，竟然第二次被強制平倉，主要原因在於他急著想要成功。窮的時候渴望擺

脫貧窮和平庸，渴望出人頭地，拚命一點無可厚非，但已經那麼有錢還鋌而走險，搞到破產，那就得不償失了。因為貪得無厭最後一無所有，真的很愚蠢。

問：有些公司經營傳統的廣告業務，請問隨著數位時代來臨，它們的營運模式是否將受到嚴重衝擊？

答： 在現在的市場裡，確實有人利用演算法大量篩選，透過挖掘股票相關性做出預測，進而捕捉即時交易機會，反覆進出。一些公司利用這種方式賺了很多錢，文藝復興科技公司（Renaissance Technologies）就是其中之一。

這種例子很多，很多人都成功了，但我不認為這是一件好事，利用電腦演算法做短線交易，這種事對文明的發展沒什麼貢獻。有人認為它的貢獻在於增加市場流動性，但沒有這種流動性又會怎樣？我不願意賺這種錢。總之，這些量化交易的共同點在於它們容納不了太多資金，資金多，演算法就會失效。幸好量化交易有這個缺陷，否則就會氾濫成災。

問：您說過，如果不打算自己鑽研股票，應該購買指數基金。我的一位投資顧問說，大量資金湧入指數基金可能會導致三個問題：第一，指數基金集中投資，大量資金可能集中投入少數幾檔股票中；第二，少數公司獲得大量的資金關注，即使它們的績效較差，也能輕鬆籌集到大量資金；

第三，大型指數基金管理集中在三個機構，這可能對市場不利。請問您怎麼看？

答：指數基金搶了很多投資顧問和基金經理人的飯碗，但他們不可能告訴你這件事，他們只會告訴你投資指數基金太過集中，這樣不行。

指數基金的規模很大，占市場75％，不可能出現過度集中的問題。而且指數基金的投資範圍很廣，在未來很長一段時間裡仍將運作得很好。很多基金經理人痛恨指數基金，因為指數基金讓他們沒以前那麼賺錢。但我想說，他們少賺錢就對了。

■ 人都有貪念，我痛恨比特幣

問：歷史不會重演，但總是有規律可循。如今的比特幣投機潮與當年的鬱金香狂熱*如出一轍。在您和華倫幾十年的投資生涯中，你們是如何度過投機潮的？歷史已經告訴我們投機沒有好下場，為什麼人類還是屢犯不改？

答：你說得沒錯，我對比特幣深惡痛絕。創造一個新的貨幣

---

* 注：1637年，荷蘭民眾大肆搶購鬱金香球根，導致價格瘋狂飆高，泡沫化後價格又狂跌，讓荷蘭各地市場陷入混亂，是世界上最早的經濟泡沫事件。

就會出現一套新的支付系統，例如中國的微信支付就是一種新興的支付方式，比我們美國的支付方式更先進。這樣的事可能會發生。

但是製造比特幣，把它與黃金相提並論，並將其做為投機的工具，這就不對了。**我完全不想和比特幣沾上邊，比特幣愈流行，我愈厭惡它。**

我很清楚人們經常會做傻事。人都有貪念，一小部分人掌控著比特幣，為了牟利不遺餘力地兜售比特幣。很多人不明就裡，為了賺錢紛紛跟著炒作，於是比特幣的投機潮愈演愈烈。誰希望自己的孩子去買比特幣這種東西？我祈求老天保佑我的家人別碰這種東西。人們會被比特幣這樣的東西迷惑，太瘋狂了。

比特幣是一種有毒的東西。很多人被比特幣迷惑，部分原因是計算機科學對那些擁有數學腦的人來說非常有吸引力。單從計算機科學的角度來說，發明比特幣確實很了不起。但比特幣的興起不是好事，中國政府嚴厲打擊比特幣的作法非常正確，相較下美國政府對比特幣的寬鬆態度是錯的。

對於比特幣這種東西，採取高壓態度才對，這是政府應該做的事。

6

永不退場

2019年股東會談話

「我的風格是長期持有，我喜歡持有」

編者按

　　2019 年 2 月 14 日，每日期刊召開股東會。這一年蒙格多次提及他看好中國市場，並稱李彔為「中國版的巴菲特」。其他投資相關話題今年聊得比較少，最精彩的是蒙格講述的軼聞趣事和各種常識。他談到什麼是良好的教育、問題想明白就成功一半，講到斯多葛主義、林肯、美國西南航空創辦人赫伯‧凱勒（Herb Kelleher）以及《窮查理的普通常識》的故事。種種道理樸實無華，卻讓人終身受益。畢竟，波克夏的巨大成功和每日期刊的小小成就，無他，就是追求基本的道德和常識而已。

蒙格： 在座的各位，你們不少人遠道而來，我先大概說一些你們可能有興趣的東西，然後再回答提問。

雖然參加我們股東會的人很多，但我們其實只是一家很小的公司。每日期刊有兩項業務：一個是日漸衰落的法律報刊業務，現在每年稅前能賺100萬美元左右，但一年不如一年；另一個是電腦軟體業務，這項業務主要是幫助法院、司法部門以及其他政府機構自動化。

無論是從前景、客戶還是員工等各方面來看，電腦軟體業務都比法律報刊業務好得多。與各州的眾多法院打交道，與政府的顧問打交道，參與各種採購、招標，應付官僚主義，你們根本想不到這個軟體生意有多難做。我們做的這門生意，IT巨頭們避之唯恐不及。IT巨頭們喜歡的業務是研發完成後，只要不斷燒錄光碟，現金就源源不斷進帳。

我們的軟體業務完全不一樣，我們要和全國各地的司法部門、州法院、聯邦法院往來，它們各有各的要求、各有各的顧問，而且我們還要應付來自同業的激烈競爭。我們的生意不是只要複製光碟就可以了。從本質上來看，我們的業務更像技術諮詢，是服務密集型的生意，除了要投入大量時間和精力做IT之外，還必須面對政治現實，應付不同領域的官僚主義。

這門生意就是這樣，又苦又累，根本快不起來。但我們一直很喜歡這門生意，因為能做這門生意的公司必須有錢、

有決心、有毅力堅持下去。當然,每日期刊公司確實一直這麼做。

我們做得怎麼樣呢?這很難說。就我個人而言,我覺得可以把它比喻成一家正在研發7種重要新藥的製藥公司,我們已經開拓幾個具有潛力的市場,包括澳洲、加拿大和美國加州。這幾個市場的規模都非常大。

我們的主要競爭對手是在紐約證券交易所上市的泰勒科技公司。它們歷史比我們悠久,規模也比我們大,但我們取得一些大訂單,也爭取到一些對我們非常滿意的客戶。小小的每日期刊公司是怎麼吸引澳洲政府的呢?澳洲可是個龐大的市場。我已經喜歡上澳洲人了,我認為每日期刊未來能在澳洲取得巨大的成功。

總之,我們花了很多時間,付出許多努力。這門生意太難、太複雜,不是誰都能做的。如果不是蓋瑞·薩爾茲曼在過去10年裡所付出的努力,我們永遠無法取得今日的成就。蓋瑞做的事是別人做不來的。

蓋瑞今年已經80歲了,我們倆有個共同點,我們都拄著拐杖,我不坐輪椅的時候也拄著拐杖走路。一家公司,董事長95歲,副董事長89歲,80歲的執行長拄著拐杖承擔所有重要工作,卻仍然志在占領全球市場,多奇特啊!你們還大老遠跑來參加股東會,你們到底在想什麼?

波克夏海瑟威能取得如此驚人的成功,每日期刊能小有

成就，沒有祕訣，靠的就是追求基本的道德和常識。大家都知道，當人們談到「常識」，他們指的其實是平常人沒有的常識。我們在說某人有常識時，我們的意思是他有平常人沒有的常識。而擁有常識比一般人想像得還要難上許多。

我舉個例子。一堆聰明人進入投資領域，想盡辦法要做得比別人更好。你很難想像有什麼其他活動能得到這麼多的關注。許多人湧進投資領域，引發很多奇特現象。幾年前，加州曾有一家非常大的投資顧問公司，為了超越其他的投資顧問公司，它想出一個點子。他們是這麼想的：我們有這麼多來自華頓商學院、哈佛大學等名校的高材生，他們為了了解商業、搞懂市場趨勢，拚了命地工作，只要我們詢問這些高材生，讓每個人說出心中最好的投資機會，我們再把這些機會集中起來，創造出一個投資組合，我們一定能遙遙領先指數啊。

這家投資公司的人能想出這種完全行不通的點子，證明他們接受的教育有問題。上哈佛、上華頓商學院，學出來就是這種水準。他們滿懷信心地付諸行動，結果毫無懸念地一敗塗地。他們又試了第二次、第三次，仍然失敗了。

幾百年前煉金師幻想把鉛變成金子，他們認為如果買來大量的鉛，揮一下魔杖，就能把鉛變成金子，這是發財的好辦法。這家投資公司的行為沒比幾百年前的煉金師高明到哪去，它不過是妄想把鉛變成金子的現代版，根本行不通。

本來我可以告訴他們這個道理，但是他們沒問過我啊。

值得深思的是，這家投資公司有來自全球各地的精英，甚至包括許多來自中國的聰明人，中國人的平均智商又比其他國家的人稍微高一些。

其實這個問題很簡單。這個點子看起來行得通，為什麼失敗了？你們都接受過高等教育，但我敢說在座當中沒幾個人能講出正確答案。你們怎麼會想不通呢？投資業可是美國的重要產業，這麼重要的產業，出現如此慘重的失敗，我們應該能解釋清楚啊！能回答出這個問題的人，一定是在大學一年級的課堂上全神貫注上課的人。但即使你把這個問題拿到一流大學的金融系讓教授回答，他們也不會答對。我把這個問題留給你們思考，因為我想讓你們感到困惑。

我們試著做得更少

我來說說另一件事。

其實，剛才這個問題你們應該要能回答。而從這個問題我們可以看出，即使面對非常簡單的事，要保持理智也很難。人們有太多錯誤想法行不通，而你們甚至不知道這些想法為什麼行不通，如果你們接受過良好的教育，應該能一眼看透。

　　順帶一提，我所謂「接受過良好的教育」是指知道教授說的什麼是對，什麼是錯。任何人都可以反駁教授所說的話，**關鍵在於，你要有分辨能力，知道教授說的東西哪些對，哪些錯。只有具備這種能力，才算是「接受過良好的教育」**。

　　教授講的經常是錯的，尤其在人文學科。走進今天的高等學府，你會發現許多人文學科的教職人員有點瘋狂，在美國大學裡，人文學科左傾得太嚴重了。這又是另外一個問題了，為什麼90%的人文學院教授那麼左傾？這個問題也留給你們思考。

　　回到投資領域，許多機構投入大量財力和人力，想盡辦法要做得比對手更好。沒想到指數基金出現了，投資顧問公司慘了，幾乎所有投資顧問公司都跑不贏指數基金。更尷尬的是，投資顧問公司跑輸指數的部分，大約相當於它們營運資金和調整投資組合所產生的成本。由此可見，整個產業費用沒少收，貢獻卻幾乎等於零。

　　這是很奇怪的現象。醫學界執行腸道手術，或是法律界的刑事辯護，都能為客戶做出實質貢獻，但從事投顧行業的專業人士卻沒有為客戶做出任何貢獻。

　　過去，從事投資顧問產業的專業人士也面臨過這個問題，他們給出的理由是：「我們為客戶提供保護，讓客戶免受保險推銷員和券商的唆使和誘惑，防止他們落入頻繁交易

的陷阱。」我覺得從某種意義上來說，現在的投資顧問公司仍在為客戶提供這樣的保護，讓他們免於遭受更糟糕的結果。但是你想想，整個產業，從業人員都如此努力工作、如此令人敬佩，但就是無法實現這個產業本身的目標，無法為客戶獲取高於平均水準的報酬，這非常奇怪。

隨著指數基金愈來愈流行，投顧產業怎麼面對這麼棘手的局面？他們的應對方式很簡單，就是否認到底。面對無法解決的難題，他們就假裝難題不存在。

用這種方式解決問題實在太愚蠢。當你思考死亡這件無法解決的事時，否認到底或許可以理解，**但現實生活有許多問題我們不能一味逃避。遇到難題，徹底理解它，問題就解決一半。搞懂之後才能更好地解決問題。**

儘管連無人管理的指數基金都能做得比他們更好，但投資顧問產業的從業人員仍採取否認的態度，年復一年做他們一直在做的事，並希望全世界繼續支付他們費用。這是不對的，他們不應該這麼做。各位可以想想，紐約多需要金融界的金流，假如投資顧問業的管理費及交易費消失了，曼哈頓會如何？金融業這種現象不正常，令人討厭。大型投資顧問公司有的規模縮水，有的關門，我熟悉的許多價值投資人當中，有些值得尊敬的人也選擇退出。多年來他們的投資很成功，當無法繼續成功投資時，他們選擇退出。他們多半賺夠了，功成身退比較容易，但還沒賺到錢的人就麻煩了。在紐

約市曼哈頓區，小孩幼稚園的學費一年5萬美元，這還只是開始，以後每年花錢的地方還很多呢。所以如果你是做投資管理工作的，你麻煩就大了。我對這個問題沒有解決方案，我幫不了你。

我相信，所有人都去做指數投資的話，指數投資這個方法就不行了。但在未來一段時間裡，如果你試著搞懂許多東西並主動選股，你仍然跑不贏指數。

在波克夏海瑟威以及每日期刊，我們的表現超越一般平均水準。問題來了，我們是怎麼做到的呢？答案很簡單，**我們試著做得更少**。我們從來沒天真地認為招募一批優秀人才，他們就能比所有人更了解食品業、航空航太以及公用事業。我們從來沒這麼妄想過。我們從來不認為自己全知全能，不像財經名嘴吉姆・克萊默（Jim Cramer）一樣，認為沒有什麼東西是他不知道的。我們和他不一樣。

我們只是知道，只要我們努力工作，我們就能準確地找到幾個機會，這少數幾個機會就夠了。只求找到少數幾個機會，這是一個合理的期望。我們的思考方式與投資顧問機構截然不同。假如你像剛才提到的那家投資顧問機構一樣，去問華倫同樣的問題：「告訴我你今年最好的投資機會。」然後你只買入華倫找到的那個最好的投資機會，你會發現投資績效非常好。

華倫不可能妄想無所不知，他只會告訴你一、兩檔股

票。投資顧問機構雄心勃勃，華倫知道克制自己。

■ 投資祕訣：你得看懂機會

從小我就聽過外曾祖父的故事，他的故事對我幫助很大。

我的外曾祖父是一位拓荒者，他來到愛荷華州時身無分文，但是他年輕力壯。他參加了與印第安人打的那場黑鷹戰爭，當上了上尉，在愛荷華州定居下來。

我的外曾祖父很有頭腦，每次土地價格下跌時他就以低廉的價格大量買進土地，最後他成為小鎮上最富有的人，還開了一家銀行。

外曾祖父德高望重，他有個大家庭，過著非常幸福的生活。他剛在愛荷華州定居時，一英畝土地還不到1美元，他一直居住在那裡，直到後來富足的現代文明在那片肥沃的土地上興起。我的外曾祖父說，選對了地方，活到90歲總能遇上老天爺給的幾次機會。他這一生能幸福長壽，主要是當那幾個大機會來臨時他抓住了。每年夏天，當孫兒們圍繞在他膝下的時候，我的外曾祖父總是一次又一次講述他的故事，我母親對錢不感興趣，但是她記住那些故事，並告訴了我。

我母親對錢不感興趣，但我和她不同，我知道外曾祖父

說的話很有道理。所以當我還小的時候，我就知道重大的機會、屬於我的機會是很少的，關鍵在於要做好準備，讓自己能抓住那些為數不多的機會。

大型投資顧問機構裡的那些人，他們的想法不一樣。他們認為他們研究100萬件事，就能搞懂100萬個東西，但結果卻是幾乎所有機構都跑不贏指數。你看我，我只有每日期刊的股票、波克夏海瑟威的股票、投資李彔的亞洲基金還有好市多的股票，而我的報酬率超越了所有人。

我95歲了，幾乎沒有做過一筆交易。我是對的，投資顧問機構是錯的。我跑贏指數，他們輸了。現在的問題是你想像我一樣，還是想跟他們一樣呢？

分散投資的作法在一定程度上有其道理。一個不懂投資的人不想虧損太多，只求獲得普通的報酬率，他當然可以分散投資。這道理很簡單，像二加二等於四一樣簡單，知道這麼簡單的道理就想賺大錢，憑什麼？但投資顧問建議客戶分散投資，還真以為自己貢獻良多。笨蛋都會建立分散的投資組合，電腦也可以。**做投資的祕訣在於，你能看出機會，而且當屬於你的大機會出現時，你能看懂，別人看不懂。**就像我說的，只要抓住少數幾個大機會那就夠了。摩根大通持有100檔股票，你只持有3檔，有什麼關係嗎？只擁有幾檔股票錯了嗎？華倫經常說：「如果你住在一座發展中的小城市裡，擁有這座小城市裡最好的3家公司股份，這樣的投資還

不夠多樣化嗎？」只要這3家公司都是最頂尖的，那就絕對夠分散。

　　廣為流傳的凱利公式（Kelly criterion）[*]告訴我們，在自己有勝算時，在每筆交易上應該下注多少籌碼。你的勝算愈大，這筆交易成功的機率愈高，你下的籌碼應該愈大。

　　我說的投資方法是對的，背後有數學公式支持。有時候一個機會特別好，簡直像探囊取物一樣，所以只買這一個機會也是完全合理的。好機會只有兩、三個，所以投資人追求卓越績效卻大量地分散投資，這樣的想法簡直荒謬。這是行不通的，根本是不可能的任務。一次又一次重複那些不可能完成的任務，我覺得會很痛苦。誰願意承受這樣的痛苦呢？這是一條行不通的路。

　　我父親是奧馬哈的律師，他有一位客戶，這位客戶的丈夫是一間肥皂廠的老闆。這位客戶的丈夫去世了，我父親幫她把肥皂廠賣出去。在美國深陷大蕭條的年代，這位女士是奧馬哈最富有的人之一，她擁有一間小肥皂廠，還在奧馬哈最高檔的社區有一棟豪宅。肥皂廠賣出去後，這位女士擁有那套豪宅以及30多萬美元。1930年，30萬美元可是一筆鉅款，那時候一個小漢堡5分錢，一個大漢堡1角，只需要2角

---

[*]　注：1956年由美國科學家凱利發表，是一種根據賭博輸贏機率，計算出每次下注的資金占所有賭本最佳比例的公式。

5分就能吃到飽，她可是有30萬美元啊。她沒請投資顧問，沒找任何人幫忙，她簡單地把這筆錢分成五份，買了5檔股票。她的遺囑是我認證的，所以我記得其中的3檔股票是奇異、陶氏化學、杜邦公司，其他兩個我忘了。買完之後她再也沒動過那些股票。她沒付給投資顧問一分錢，她買了股票之後就放在那邊，另外她還買了一些市政債券。

1950年代她去世時，留下150萬美元。我問她：「您怎麼決定要這樣投資？」她說：「我覺得電力和化學以後很有發展。」**她做的事很簡單，只是買進和等待。我一直很欣賞這位老太太，但像她這樣的人太少了！**

停下來想一想，這位老太太沒有聽別人的廢話，避免一堆麻煩，而且成本為零。很多人對數學不在行，他們根本不知道每年賺5％，拿出2％交給投資顧問，你未來的長期收入少的不是40％，而是90％。經過長期累積，2％這個不起眼的小數字帶來的是90％的損失。所以對長期投資者來說，每年不須從自己的收益中拿出一大筆費用交出去很重要。

現在有些大型投資機構也大量進行指數化投資，它們賺了不少錢，愈來愈多客戶被它們搶走，其他投資顧問公司的日子愈來愈不好過。這是一個非常嚴重的問題。有些價值投資者過去賺了錢，現在卻選擇離開這個產業，我完全可以理解他們的選擇。在我來看，以自欺欺人的態度接著做下去，不如選擇退出更體面。這個問題很值得思考。

　　也許我說的話讓大家感到心情沉重，但我只是實話實說而已。這門生意為什麼李彔做得很成功？一方面他算得上是中國版的巴菲特，另一方面他是在中國釣魚。美國市場已經不知道被翻過多少遍，人擠人，競爭白熱化。**中國市場不同，在那裡仍然可以利用別人的愚蠢和懶惰，挖掘到非常值得投資的好機會**。釣魚的第一條規則是在有魚的地方釣魚，第二條規則是不要忘記第一條規則。李彔去好釣魚的地方，我們其他人卻試圖在鱈魚已經被釣光的地方釣鱈魚。在競爭如此激烈的環境中，你再怎麼努力都沒用。

　　在投資領域，即使機會再小也有人追逐。有一次我參加密西根大學的投資委員會會議，有一位與會的基金經理人績效很棒，他來自倫敦。這位倫敦的基金經理人投資什麼呢？他看中撒哈拉以南非洲地區。撒哈拉以南非洲地區的上市公司很少，只能在粉紅單市場中找到幾檔銀行股。他買進這些銀行股，但能買的量很少。之後隨著非洲的窮人改變習慣，把放在家裡的錢存進銀行，這位基金經理人的投資取得豐厚的收益。當時沒人投資不起眼的非洲小銀行，只有這位基金經理人出手投資，可惜這個小小的利基很快被填滿了。做為基金經理人，投資撒哈拉以南非洲地區的小銀行，為客戶賺了錢，下一個投資機會要去哪裡找？一位在倫敦的基金經理人都會去買非洲小銀行的股票，你說賺錢的利基市場還能剩下多少？太難了。

　　在我們生活的現代世界裡，有人專門拖別人下水，教別人頻繁交易股票。在我看來這和教唆年輕人吸食海洛因沒什麼兩樣，這真的很愚蠢。當你已經很有錢，還需要鼓勵別人炒股致富？在電視上我們也可以看到有人說：「我手裡這本書可以教你每年賺3倍，你只要付運費就能得到這本書。」一個突然發現每年賺3倍祕訣的人，怎麼可能會在電視上向你推銷書呢？太可笑了。

　　我說的這個現象就發生在我們身邊。有些人在大做類似的事，還自以為是對社會有益的公民。廣告公司幫保險公司寫了一個文案，文案這麼說：「有兩個人從蓋可保險轉到某某保險公司，每個人都省下400美元。」但他們沒說的是：全美只有兩個這樣的人，而且他們倆都是蠢蛋。這則廣告是在故意誤導消費者，故意誤導別人是不對的。

　　我再講個小故事。有個人有一匹好馬。這是一匹駿馬，步履輕盈、毛髮光亮，什麼都好，就是有一個毛病，有時候牠會突然脾氣暴躁、性情頑劣，讓騎士摔得手腳骨折。這個人找到獸醫，他問獸醫說：「這匹馬的毛病能治好嗎？」獸醫說：「很簡單，我有辦法。」這個人說：「快告訴我吧。」獸醫說：「你在這匹馬表現正常的時候把牠賣掉。」

　　想想看這是多麼不道德的事啊，但我剛說的不就是私募基金做的事嗎？當私募基金要把手裡的爛貨出掉時，它們會請投資銀行幫忙，投資銀行怎麼幫呢？投資銀行會做出一份

預測分析。我活了一輩子,投資銀行預測分析的水準真是讓我佩服得五體投地,再糟糕的生意它們都能寫出漂亮的分析報告。以做虛假預測為生,賺別人的錢,這樣好嗎?我認為不是。

華倫和我,我們從沒矇騙傻子從我們手裡接貨賺錢,我們賺錢靠的是投資,如果我們賣的是廢話,我們也不想假裝它是可以治療關節炎的良藥。

我覺得別騙人,還是像我們這樣過日子比較好。現實生活中騙子總是存在。想想嘉年華會,想想那些雜耍藝人,想想那些雜耍裡有多少障眼法。總是有騙子利用人性的弱點牟利。我們必須增加自己的智慧,才能遠離種種欺騙。但如果是你自己家裡有騙子,那就躲不掉,碰上這種情況我也無解。但在你有選擇的狀況下,有許多人你應該離他們遠遠的。

我父親有兩個客戶,一個是他的好朋友,另一個則是吹牛大王。我父親總是幫那位吹牛大王做許多工作,卻很少接他那位好朋友的工作。我問我父親為什麼,他告訴我:「查理,你這個傻瓜,那個吹牛大王到處惹事,他總是到處製造麻煩、詐欺、不檢點。格蘭特・麥克法登不一樣,他善待員工、客戶,對每個人都很好。如果他遇到腦子有問題的人,他會馬上優雅地離開。像他這樣的人用不著請律師。」

我父親告訴我的這番話意味深長,我這一輩子都試著

做格蘭特．麥克法登那樣的人。我想告訴你們這對我幫助很大，真的幫助很大。彼得．考夫曼對我說過很多次這樣一句話：「如果騙子知道做老實人能賺多少錢，他們就不會當騙子了」。華倫也說過一句很經典的話，他說：「堂堂正正走正道，那裡人少。」這句話也很有用。

以每日期刊為例，在喪失抵押品贖回權熱潮中我們賺了一大筆錢。那是現代史上最嚴重的一次房地產蕭條，當時我們經營發布法律公告的業務，在發布喪失抵押品贖回權公告方面具有壟斷地位。我們可以漲價，再多賺幾千萬美元，但我們沒那麼做。想想看，當你的同胞在史上最嚴重的房地產蕭條中失去房子，「億萬富翁查理．蒙格宣布漲價」這樣的消息刊登在報紙上，看起來多糟糕。可以漲價嗎？絕對不行。華倫常說：「為了錢結婚可能永遠是個錯誤，但如果你已經很有錢還為了錢結婚，那就更愚蠢。」

一個人已經有錢了，還為了錢敗壞自己的名聲，簡直太糊塗了。瑞克．蓋林經常講這樣一個故事：有個人一輩子都是個無賴，在他的葬禮上，牧師說：「接下來請現場親友追憶逝者生平，為死者說幾句好話。」沒有一個人出來說話。最後總算有一個人站起來了，他說：「好吧，他還不算最缺德的，他哥比他更壞。」

這是個笑話，但現實生活中真有這樣的人。哈里．科恩死了之後，很多人參加他的葬禮只是為了確定他真的死了。

■ 有人比我強，我的心態是「無所謂」

有些道理很簡單，卻讓人受益終身。每日期刊做的是難做的生意，為法院等政府部門服務的工作不好做。法院等政府部門需要自動化，有些人想占它們的便宜，但我們沒有。我們只是一家小公司，我們做得很辛苦，但我們正逐漸占領許多市場。速度雖然慢，可是前景不錯。當然，有錢的好處在於慢一點也沒關係。那我們是怎麼有錢的呢？我記住外曾祖父的話，好機會很少，但當好機會來臨時，我們伸手抓住它。想一想你們的人生，不該也是這樣嗎？

再講一個我的親身經歷。1970 年代我犯了一個錯，沒犯這個錯的話，蒙格家族的財富應該是現在的兩倍。我犯下這個錯，我錯過那個機會，否則我的資產是現在的兩倍。但人生就是這樣，難免會錯過一兩個機會。

我們身邊總有這樣的人，他們找到比自己更優秀的伴侶，他們做出明智的決定，也是幸運的決定。找到比自己優秀的伴侶，這是多少錢都買不來的。許多人都是年輕時無意間找到比自己更優秀的伴侶。其實未必要碰運氣，你可以有意識地去追求。很多人身上貼著醒目的標籤，上面寫著「危險，切勿靠近」，可是總是有人視而不見。

你們笑了，但你們得知道，選錯伴侶絕對是人生的大不幸。

我們這個董事會裡的人，大家在一起做著特立獨行的事，共度人生的波折，這也算很奇特了，畢竟我們年紀都這麼大了。蓋瑞·威爾科克斯（Gary Wilcox）算是我們這裡的年輕人了。我們這個董事會的確比較特別，這件事也值得各位思考。你看我，年紀這麼大，身體也不太好，但卻活得很開心，怎麼做到的呢？這又是另一個話題了。

既然你們願意聽，我再講兩個小故事。第一個小故事是杜撰的，但是其中包含的道理可能會為你們帶來一些啟發。

一位年輕人去拜訪莫札特，他說：「莫札特，我想寫交響樂。」莫札特說：「你幾歲呢？」年輕人說：「我23歲。」莫札特說：「你太年輕了，沒辦法寫交響樂。」年輕人說：「可是，您10歲的時候就開始寫交響樂啊。」莫札特說：「沒錯，可是我那時候沒到處問別人該怎麼寫。」

還有一個關於莫札特的故事。莫札特可說是有史以來最偉大的音樂天才，但他的生活過得怎樣呢？莫札特鬱鬱寡歡，英年早逝。莫札特到底做了什麼事把自己的人生搞成這樣？他做了兩件事，第一，莫札特不知道量入為出，在金錢上揮霍無度；第二，他內心充滿嫉妒和抱怨。如果你過著揮霍無度的生活，內心又充滿嫉妒和抱怨，一定會活得又苦又慘，英年早逝。

你可以將莫札特的故事引以為鑑，也可以從那位向莫札特求教的年輕人身上學到東西。事實上有些東西不是誰都能學會。**有些人天生比你強，無論你再怎麼努力，總是會有人取得比你更好的成就。面對這個事實，我的心態是「無所謂」。**現場的人有誰是非得站上世界巔峰不可的嗎？這太荒謬了。

■ 我們成功，因為我們只找簡單的事做

帝王將相修建那麼多規模龐大的陵墓，我總覺得很可笑，我想他們是希望後世的人們在走過這些陵墓時說：天啊，我希望我可以在那裡面！

總之，一路走來，我們很享受其中的過程，也做得很好。但如果真的去研究每日期刊或波克夏海瑟威史上一共做了幾個重大決定，平均算下來每年沒幾個。投資的祕訣在於隨時做好準備，睜大眼睛耐心等待，當罕見的好機會來臨時別讓它溜走。要知道上天分配給每個人的好機會並不多。現在有一群賣力的股票銷售員，表現得好像他們手裡有無數的好機會。這些人就像賽馬場上兜售馬票的人，完全不值得尊敬。明明自己不懂卻裝懂，明明沒有機會卻假裝能找到很多機會，建議大家遠離這些人。

如果你是券商，為了做生意，你需要這樣的人，但這不是賺錢的正確方式。賺錢的祕訣應該是控制支出，生活簡樸。**華倫和我，我們年輕時沒錢，我們省吃儉用，存錢投資。如果你能這麼做，最後一定能變得富有，這一點都不難。**

生活中需要解決的另一個問題是：犯了錯，如何儘量減少損失，從錯誤中爬出來？從錯誤中爬出來，我們做到了。波克夏海瑟威，它一開始的生意是什麼？窮途末路的百貨商店、新英格蘭紡織公司以及窮途末路的贈品券公司。波克夏海瑟威是從這些爛生意裡面爬出來的。幸好當時我們買得非常便宜，雖然滿手爛牌，但我們還是打得很好。不過最後波克夏能成功是因為我們換了一條路，改成買進好公司。**我們能成功不是因為我們善於解決難題，而是因為我們善於遠離難題。我們只是找簡單的事做而已。**

每日期刊公司，我們剛買下這間公司時它的生意很好做，但現在的每日期刊主要經營軟體業務，這門生意很難。但公司的老同事還健在，種種機緣巧合之下，新的軟體生意做得也還可以。這個新生意有潛力，我們願意做下去。報紙正在衰落，有幾家報業公司能像每日期刊公司一樣，帳上躺著數億美元的股票，還經營著有前途的新生意？我們是最後

的莫西干人（Mohegan）[*]。

股東會問答

問：幾十年來，您和華倫都認為執行長應該為股東提供必要的資訊，做為股東判斷公司價值的依據。我走訪和致電全國多家法院，獲得第一手資料，親眼見證每日期刊公司取得的成功。在與對手的競爭當中，公司獲得許多訂單。然而公司並沒有公開手上那些未完成訂單的情況，而這些資料對估值非常重要。股東不可能跑遍全國50家法院，確定未完成訂單的情況。請問您能為股東提供一些這方面的詳細資訊嗎？公司現在手上未完成的訂單情況如何？

答： 我們有處於各個階段的訂單，包括已經拿到手和獲得對方初步同意的合約。情況有點複雜，我沒有逐一了解每筆訂單，因為我非常信任蓋瑞和執行這些業務的人。但整體來看訂單趨勢良好。

　　我可以再補充一點，如果你真的深入觀察每筆訂單，你一定能體會到我們的生意有多難做。難是難，但我們還是做得相當不錯。如果我想搞懂每筆訂單，就算投入大量時間和

---

* 　注：一個美洲原住民部族。

精力深入閱讀每筆訂單的相關資料，有很多細節恐怕我也無法了解得太深入，這對你來說應該也不容易。

問：薩爾茲曼先生，我想向您請教一個問題。請問每日期刊是如何解決企業經營中常見的各種問題，例如，信任、激勵員工全力以赴、互利共贏等。

蓋瑞·薩爾茲曼答：首先你必須面對每個人、每位員工、每個供應商、每位客戶，他們都是不同的個體，各有特點，不能把他們一律當成待辦事項中的項目，不加區別地對待，必須結合每個人、每件事的具體情況，逐一分析，逐一處理。

問：威廉·索恩戴克（William Thorndike）在《為股東創造財富》（Outsiders）一書中講述 8 位執行長的故事，其中包括巴菲特先生和墨菲先生，他們都取得超越標普 500 指數和同業的表現。請問您或波克夏是否投資其他 6 家公司？如果沒有的話，為什麼？

答：我無法回答這個問題，我不知道其他 6 家公司是哪 6 家。但我想說，現在投資愈來愈難做，找到值得投資的新公司很難，我們只好把自己手裡的生意做好。

現在很難找到值得投資的新公司。自從我們收購一家經營卡車服務區的公司之後，我們一直沒進行過大規模收購。假如你也覺得在現在的環境中投資很難，那我們同病相憐。

問：我想回到威廉‧索恩戴克那本書，我有那8家公司的名單，這8家是通用動力、波克夏海瑟威、華盛頓郵報、TCI有線電視、首府傳播、泰勒達因、大眾戲院（General Cinema）以及普瑞納（Ralston Purina）。我知道波克夏海瑟威投資其中的華盛頓郵報、首府傳播，也投資過約翰‧馬龍（John Malone）的TCI有線電視，但為什麼沒投資通用動力、泰勒達因、大眾戲院和普瑞納呢？

答：其實我們投資過通用動力很長一段時間，賺了很多錢。當年國防業務緊縮，別的公司不願意做這門生意，只有通用動力還在堅持，它的產品價格愈賣愈高。華倫觀察到這個現象，我們大量買入通用動力，賺了一大筆。

　　我們很敬佩泰勒達因的創辦人亨利‧辛格頓，他是個天才。可惜我們雖然敬佩辛格頓，卻沒有投資他的公司。我們錯過許多機會，泰勒達因是其中之一。

追求符合預期的複利

問：我的問題有關小型銀行。除了那些大型銀行，美國還有250多家資產規模在10億美元以上的小型銀行。我的問題是根據價值投資原則，您認為能從中找到一、兩家好公司嗎？

答：你已經給出答案了，答案是肯定的。

問：我有一個關於長期投資和複利的問題。過去幾年利率一直很低，很難找到能實現長期複利的策略。除了投資波克夏、價值投資以及指數基金之外，您認為哪裡還可以找到高複利長期投資的機會？

答：你問我如何實現理想化的高複利，我的建議是降低你的期望值。我覺得在未來一段時間裡，投資應該很難做。**降低預期，讓預期符合實際，這對你有好處，讓你不會做傻事。**據說，從史上最嚴重的那場大蕭條到現在，不計算通膨，投資股票指數的年報酬率是10％，扣除通膨還剩7％左右。在這麼長的時間裡，7％和10％之間的差距會非常大。

我們就假設實際報酬率是每年7％吧，而且取得這個報酬率的時機非常完美，恰好是在大蕭條之後開始，並且經歷人類歷史上最繁榮的時期。如果是從現在開始投資，實際報酬率很可能只有3％或2％。未來人們投資的年報酬率是5％，通膨是3％，這樣的情況完全有可能出現。

如果未來真的如此，正確的心態是告訴自己：「即使出現這種狀況，我也能活得很好。」就生活條件而言，我們這些老年人生活的那個年代，哪能跟你們將來生活的年代比，你們還有什麼不滿足的？除了正確的心態之外，如果將來投資變得更難，該怎麼辦呢？答案很簡單，因為難度會提高，

所以你們應該更努力。如果你們努力一輩子，最後的報酬率是6％，而不是只有5％，那你們應該為此感到高興。想輕鬆賺大錢的話，去找財經名嘴吉姆・克萊默吧。

■ 中國好公司比美國好公司便宜

問：您說過要在魚多的地方釣魚。如果您今天從零開始投資，除了中國，您會在哪裡釣魚？

答：你說除了中國，其實世界那麼大，只要找到一個好地方，對我來說就足夠了。一定還有其他地方魚也很多，但我覺得對蒙格家族來說，應該沒有比中國更好的地方了。所以我幫不了你。我已經解決我的問題，你的問題只能靠你自己解決。

順便說一句，中國的投資環境很好，有些聰明人已經開始進場了，時候到了會有更多人進場。**中國的好公司比美國的好公司便宜。**

問：您非常看好中國的投資前景，您認為大多數美國人沒看到中國的投資機會。請問我們錯過了什麼？投資中國需要注意什麼？

答：你們沒看到的是中國的機會比美國機會多。這樣說還不

夠清楚嗎？還是你覺得在美國投資很輕鬆，不需要去中國？

問：我是一名工程師，在比亞迪工作，請問您如何看待美國當前的基礎建設？在美國未來的基建領域，哪些領域會有較大的發展？

答：基礎建設將是一門大生意。在中國，比亞迪取得很多成就，在電動車領域，比亞迪將來會發展得更好。它現在已經做得很好了，將來會做得更好。

比亞迪的雲軌也非常有潛力。雲軌和電動車一樣，時機也成熟了。還有鋰電池，這也是比亞迪的主要業務，比亞迪的鋰電池愈做愈好，進步非常明顯。順帶一提，每日期刊持有比亞迪的股票。

比亞迪有一股執著的拚勁，它們是蘋果和華為的主要供應商，並且獲得高度認可。比亞迪讓我留下深刻的印象，投資比亞迪是我的榮幸。

比亞迪創辦人王傳福出身農民家庭，家中有八個兄弟姐妹，他排行老七。王傳福的哥哥發現弟弟是天才，於是便挑起重擔，打工供弟弟讀書，這是儒家價值觀念的體現。

順帶一提，福特基金會為人類文明做出許多貢獻，但儒家思想的貢獻要大得多。儒家思想中的家庭倫理觀念非常有建設性，因此可以說，比亞迪的成功之中蘊含著儒家思想。王傳福的哥哥是個英雄，王傳福的成就也是一個奇蹟。

　　當然，比亞迪這筆投資是一項創投，是李彔獨具慧眼，買進比亞迪的股票。這筆投資很成功。比亞迪是一家令人尊敬的公司，它生產鋰電池、電動車、雲軌等產品造福社會，我很高興能參與其中。你應該為自己在比亞迪工作而感到驕傲，你將見證和參與比亞迪的崛起。

問：您如何看待贏者全拿的商業模式？1950、1960年代有這樣的案例嗎？

答：能事先找到具有潛力的公司，並做出準確的預測，那當然好極了。贏者全拿，太完美了。但你在找，別人也在找，所以這很難。

■ 問題想明白就成功一半

問：請問您如何看下檔保護（downside protection）？如何知道何時退出投資？

答：我不擅長退出投資。我的波克夏股票是1966年買的，我的好市多股票是……我的意思是，我比較擅長選股。**我追求的是永遠不必退場。**你想知道怎麼退場不能問我，你得另請高明。

　　成功的投資風格有很多種，有些人的風格是快進快出，

而且做得也很成功。但快進快出不是我的風格，我的風格是長期持有。我不研究如何退場，我喜歡持有。想想看，看著好市多不斷進步是一件多麼令人欣慰的事。好市多有一種精英領導的文化，在這種文化的引導下，這家公司發展得愈來愈好。我喜歡長期持有好市多，我不喜歡頻繁交易。首先，頻繁交易需要繳稅，我的錢不會多，只會少；其次，長期持有，我與自己敬佩的人站在一起，看著他們進步，我為他們感到高興，這樣的投資方式比頻繁交易更有意義。

做投資不應該把心思放在何時退場，應該思考怎樣才能找到像好市多這樣的好公司。

問：在評估一家公司時，您比較重視投入資本報酬率這樣的量化指標，還是品牌優勢、管理層素質這樣的質化指標？
答：我們既看量化指標，也關心其他因素。一般來說，我們會關注在特定情況下最重要的事，但這又因情況而異。

我們試著遵守我所說的「非常識」，而我們的「非常識」就是把很多東西扔到「太難」的類別裡。

問：青少年時期，您和巴菲特先生都在巴菲特家的雜貨店打工過。請問您是否認為青少年時期的打工經驗讓您在投資時獲得超越其他投資者的優勢？
答：當然。我很小的時候就從外曾祖父身上學到很多。當我

還是個孩子的時候，我就觀察周圍的大人，很多大人雖然很聰明，卻總是做傻事。他們非常聰明，卻非常不理智。

於是我決定尋找其中的規律，了解事情發生的原因、學著該怎麼應對。我還小的時候就開始做這件事了。很多事愈早開始，愈有優勢。我很早就開始分析人類的愚蠢行為了，這當然對我幫助很大。

問：在今天的環境中，評估潛在投資時您會採用什麼樣的折現率？

答：過去賺錢容易，現在環境變了，專業投資人士應該要能接受比較低的報酬率。這就像一個老人對性生活的期望比他20歲時低一樣。

問：2008年10月，在雷曼兄弟申請破產一個月之後，在經濟危機的深淵中，巴菲特先生發表一篇著名的文章，說自己看好美國，正在買入股票。眾所周知，2009年3月您買入富國銀行，成功抄底。請問您是怎麼做到的？為什麼2008年10月不買，2009年3月才買？

答：主要原因有兩個：第一，2009年那時我手裡有錢；第二，那時候股票更便宜。

問：您曾解釋葛拉漢說的話，您說好機會雖然好，但如果做

過頭了就會吃大虧。如何才能既不錯過，又不做過頭？如何才能避免進場太晚？如何判斷好機會已經過頭了？

答：把問題徹底想明白，問題就解決一半。做過頭的好機會十分危險，剛起步的好機會潛力十足，這兩種狀況存在著巨大的矛盾。如果你分辨出這兩者之間的差異，能做到這樣，這個問題你已經解決一半了。

你不需要我幫忙，你已經知道該怎麼做了。**既要看到潛力，又要看到危機。**

問：**一些國會議員提議，立法限制買回庫藏股或對買回庫藏股課稅，請問您怎麼看？**

答：哦，我想起瑞克說的一個笑話。

有個愛爾蘭老人經常偷東西、酗酒，他臨死之前牧師要他棄絕撒旦。這個愛爾蘭人說我不能這麼做，我現在這個狀況，我不應該再為自己樹敵。我看我也是。我一開口談政治，就會得罪人。所以換下一個話題吧。

問：**去年我們看到破紀錄的庫藏股交易，現在華盛頓有人說要立法抑制庫藏股的實施。請問您如何看待庫藏股？政府應該干預公司的行為嗎？**

答：一般來說，我不贊成政府干預公司的行為。但在買回庫藏股方面，我發現有這樣一個問題：股價低迷，該實施庫藏

股時，公司不實施；股價高漲，不該實施庫藏股時，公司卻
搶著這麼做。成年人的世界就是這麼讓人無奈。

　　從目前的股價水準來看，很多庫藏股操作的合理性值得
懷疑。愛德華・蘭伯特（Edward Lampert）大量買回西爾斯
百貨的股票，有道理嗎？沒有。但這樣的庫藏股操作還真不
在少數。

**問：您好，蒙格先生。您説過您希望下一次民主黨同時掌控
行政、立法、司法三權時，美國能採取單一支付醫療制度，
即全民健保。請問這將為醫療保險機構、醫院以及製藥公司
帶來怎樣的影響？**
答：翻天覆地的影響。醫療仍然是大生意，但會一片混亂。
美國現有的健保制度成本太高、太複雜，有太多不必要的支
出，對臨終的病人過度治療，浪費的現象非常嚴重。但從另
一方面來看，就尖端醫療水準而言，美國遙遙領先全世界。
所以美國的健保問題很複雜，很棘手。

　　新加坡在醫療上的支出只有美國的20％，但它們的健
保體制卻比美國強多了，真是讓人沮喪。新加坡所做的只是
遵循基本常識。新加坡這套健保制度是當年李光耀一手建立
起來的，當然比我們這種政治制度所產生出來的健保體制更
好。

　　當然，我們的政治人物不擅長解決類似健保體制這樣的

難題，所以如果你對現狀很憂慮，我敢說將來你會更憂慮。

問：美國的債務總額突破22兆美元，已經超過國內生產總值。今後，國內生產總值成長的速度有限，但利率可能上升。政府似乎無意控制財政赤字，他們只求在任期之內平安無事，不管將來是否發生危機。一般大眾似乎也樂於接受赤字，今朝有酒今朝醉。我們有什麼辦法能解決這個問題嗎？或者說人性無法改變，我們只能等待危機？

答：這是一個很有趣的問題。15年前整個經濟學界根本想不到會像現在這樣大規模地印鈔票，同時還陷入債台高築的困境。日本的例子更極端，他們沒想到日本用盡經濟學中所有方法，仍然無法擺脫長達20年的停滯，這出乎所有經濟學家的意料。

我們現在的所作所為有很多不對的地方，如果你想靠印鈔票解決問題，早晚會有大災難。至於災難什麼時候來，多嚴重，誰都不知道。15年前，根本沒人想到像我們現在這麼做還能安然無恙。在評價克萊曼·艾德禮（Clement Attlee）時，邱吉爾說：「他該謙虛的地方多了。」邱吉爾的這句話同樣適用於經濟學家，他們該謙虛的地方也多了。他們以為自己知道得很多，其實不然。

一位希臘哲學家說過：「沒有人可以踏進同一條河兩次。」第二次踏進河裡時，河已經不一樣，人也不一樣了。

經濟學也是這樣，它不像物理學，同樣的原理普遍適用。在經濟學領域，同一種作法換個時間結果就不同。經濟學太複雜了。

美國的債務問題是個很嚴重的問題，沒人知道答案是什麼，沒人知道我們還能撐多久。**我認為民主國家最終會因為毫無節制地舉債，自食惡果。**但什麼時候會遇到麻煩？那我就不知道了。

◼ 錯誤解讀自己，代表你沒能力

問：我最喜歡您說過的一句話，你說您徵才時，想找的是智商130但認為自己智商是120的人，要是有人智商150卻認為自己的智商170，這會讓你很抓狂。

答：你說的這不是馬斯克嗎？

問：請問您徵才時如何評估應徵者？

答：我想要的是知道自己極限在哪裡的人，而不是那些自不量力的人，這是我選人的方法。

霍華德‧阿曼森說過一句話，對我很有啟發。他說：「永遠別低估高估自己的人。」高估自己的自大狂偶爾會表現得令人驚豔，這是現代生活中很怪異的現象之一，但我已

經學會適應這件事了。我別無選擇，這種事總是會發生。自大狂偶爾能成為贏家**但我不想看到一群自大狂在我身邊，我選擇謹慎的人。**

問：**我正在研究人格心理學，特別是什麼樣的人相互合作能取得成功，就像您和華倫。請問你們為什麼能合作成功？**
答：我告訴你什麼樣的合作會成功：**兩個有才華的人合作無間，當然能更成功。**

問：**我還不知道自己的能力圈是什麼，請問您是怎麼找到自己的能力圈的？**
答：知道自己的能力圈非常重要，連能力圈在哪都不知道，它就不是一種優勢。如果你錯誤解讀自己的能力，那就代表你沒有能力，你可能會犯下可怕的錯誤。別人能做到的，你未必能做到，你要經常提醒自己保持理智，別總是自己騙自己。從我一生的經驗來看，理性地認識自己的能力，這個特質主要是遺傳來的。像華倫和我這樣的人是天生的。後天的教育很重要，但是我認為華倫和我天生具有做好投資所需要的氣質。我沒辦法讓你重新出生一次。

問：**您和華倫合作幾十年了，為什麼華倫比你有錢？**
答：他開始得比我早，他比我聰明一些，他比我更勤奮，沒

別的了。愛因斯坦為什麼沒我有錢？

問：您認為李彔和中國其他投資人有何不同？從李彔的個人經歷來看，他不是波克夏出來的。李彔與陶德・康布斯（Todd Combs）、泰德・魏斯勒（Ted Weschler）*有什麼相似或不同之處？去年您和李彔接受中國媒體採訪有什麼特別原因嗎？

答：李彔要我接受訪問我就接受了，我沒多想。記者向我提問，我有什麼就說什麼。至於李彔，他不是一般人，他是中國版的巴菲特，他很有才華，我很願意支持他。

我95歲了，這輩子只把蒙格家族的錢交給一個外人管理，那就是李彔。李彔做得非常好，成績優秀。我選人是非常挑剔的，我選中李彔是因為誰和李彔比都會被李彔比下去。我選擇李彔的方法是做選擇的一種好方式：選一個最好的，之後就不會對其他更差的選擇感興趣。懂了這個道理，生活會簡單許多。

選中李彔後我只需要耐心等待。**聰明的人擅長耐心等待**，大多數人沒這個智慧，他們總是東跑西跑瞎忙。

問：很多人問您如何判斷投資機會，您說您能很快做出判

---

* 注：陶德・康布斯與泰德・魏斯勒是波克夏投資經理人，被譽為是下一代的巴菲特—蒙格組合。

斷。我想請教一下，您如何判斷一位基金經理人是否具備正直的品格與誠信？您也能很快做出判斷嗎？您主要會看哪些特質？

答：我已經找到李彔，就不會再找別人了。我怎麼可能找到比李彔更好的人？所以這個問題很簡單，你需要的是李彔，但我不知道怎麼幫你找一個李彔。

問：在去年的每日期刊股東會上，彼得‧考夫曼說了挑選基金經理人的「五張王牌」，其中有一項是投資的時間長。我還很年輕，希望將來至少還能投資40年。我希望能以最高的複利滾動我的資金，最後把大部分財產捐出去。除了您和華倫，請問您推薦哪些基金經理人？

答：我前面說過了，我這輩子只找了一位基金經理人，這個經驗沒辦法讓我成為這件事的專家。不過我得說，我找的這位基金經理人做得不錯。

　　每個人都想找到一位能幫助他致富的基金經理人，但是好的基金經理人非常難找。如果你覺得這件事很難，那就代表你理解這件事了。

問：去年我讀了斯多葛學派的一些作品，包括愛比克泰德（Epictetus）、塞涅卡（Seneca）、馬可‧奧里略（Marcus Aurelius）……。

答：我明白你為什麼讀斯多葛學派的東西，生活中需要隱忍的地方太多了。

問：在我向斯多葛學派哲學家學習的過程中，一個名字始終在我的腦海中迴盪：蒙格、蒙格、蒙格……，可以請您說一下斯多葛學派對您的影響嗎？您對斯多葛學派印象最深的是什麼？

答：斯多葛學派有許多東西都對我有很大的影響，包括奴隸出身的愛比克泰德說的很多道理。我非常欣賞斯多葛學派的先賢。我的長壽祕訣之一就是：**別對人性抱有太多期待。**人性注定會有很多缺陷和弱點，如果你這也看不慣，那也看不慣，滿肚子牢騷和怨氣，最後只會適得其反。你不是在拯救世界，你是在懲罰自己。世界上有許多事我們無法改變，何必既毀了自己又無法改變世界，太愚蠢了！我從來不做這樣的傻事。

我歸納出一條關於政客的規律，這是一條斯多葛學派式的規律。我總是讓自己這麼想：**別看現在的政客很爛，將來的政客還會更差勁。**我年輕時，加州的立法單位裡到處都是不入流的保險經紀人和律師，他們都在找機會鑽營。賭場的老闆、賣酒的商人，他們向議員行賄，請他們吃飯、喝酒、嫖妓。時過境遷，我們現在有了一個不同的立法機關，但我卻十分懷念那些老騙子、遊說者和娼妓。

笑歸笑，年輕人，等你們老了就知道，你們到時候會想要是斐洛西（Nancy Pelosi）和川普還活著就好了。

問：您能推薦我們一本書嗎？可以是新書，也可以是從根本上改變您觀念的一本書。

答：很少有95歲的老人還能從根本上改變觀念的，但我有時候讀到一些趣聞軼事，我很喜歡。我也很喜歡以前讀過的小故事，例如我剛才說的獸醫和馬那個小故事。這些小故事篇幅雖短，卻蘊含著深刻的道理，為人們帶來很大的啟示。

我來說一個關於林肯（Abraham Lincoln）的小故事。你們想想看，我們現在的這些政治人物，無論是民主黨還是共和黨，有哪一個能與林肯相提並論？有一次，有一個人找到林肯，這個人的合夥人去世了，幾乎沒為妻子和三個孩子留下一毛錢。這個人借給他去世的合夥人一筆錢，他找到林肯，他說：「我希望你幫我把這筆錢追回來。」林肯對這個人說：「你是做生意的，我覺得你不花什麼力就能賺到這樣一筆錢。你為了這麼一筆小錢，要我幫你去壓榨可憐的寡婦和三個孩子，你找錯人了。」我們今天哪位政治人物有林肯這樣的品德？多感人的故事啊！難怪林肯能名垂青史。

林肯功成名就，你們知道在他背後默默付出的是誰嗎？是他的繼母。

林肯的父母都是文盲，親生母親去世後，家裡孩子太

多，父親實在照顧不來，於是娶了繼母幫忙扶養孩子。繼母關心林肯，讓林肯讀書，在他人生的道路上一直給予他幫助。我打算捐贈一幅林肯繼母的畫像，我很敬佩這位繼母一生的成就。林肯能成就其偉大，繼母的功勞很大。

問：赫伯・凱勒（Herb Kelleher）最近去世了，您能跟我們分享一些關於他的軼事嗎？
答：我和赫伯・凱勒沒什麼往來，我只知道他是個商界奇才，是個老酒鬼還是個大菸槍。這不是我的風格。但喝了那麼多威士忌又吸了那麼多菸，還能有那麼大的成就，真是個奇人啊！只能說上天給了赫伯・凱勒健康的身體，我們只能自嘆不如。

問：蒙格先生，考夫曼先生，我沒有問題要問，我只是想藉此機會感謝你們，謝謝你們編寫了《窮查理的普通常識》。這本書是我人生的基石，改變我對許多事的思考方式。謝謝你們兩位的辛苦付出。
答：其實出這本書完全是彼得・考夫曼的主意。這件事從頭到尾都是他一個人處理，錢也是他出的，他是個有錢的怪人。我只希望考夫曼能再幫我個小忙。考夫曼提升了我在印度和中國的人氣，我希望他在洛杉磯也能幫我一把。

　　《窮查理的普通常識》中文版在中國被大量盜版，但正

版的銷量也有34萬本左右。彼得幫我在中國衝高人氣，但他在洛杉磯卻沒有幫上什麼忙。

波克夏的優勢在於沒有官僚主義

問：在波克夏致股東信中，您提到波克夏的過去與未來，以及波克夏之所以能取得成功的幾個原則。我的問題是，做為一家控股公司，波克夏遵守一些原則，取得巨大的成功，但為什麼很少有其他公司仿效波克夏？

答：好問題。我覺得最主要的原因是學不來。例如像寶僑家品（P&G）這樣的大公司，它的固有文化、官僚作風早已根深柢固，你怎麼能把寶僑家品變得像波克夏海瑟威一樣？這個問題會被直接扔到「太難」的那一個分類。

但你的問題帶出一件有趣的事值得關注。波克夏如此成功的原因之一在於波克夏總部根本沒幾個人，所以我們沒有官僚主義的弊病。波克夏有幾位內部會計人員，總部有時會派他們出去巡視，但基本上我們沒有官僚機構。**沒有官僚主義的風氣，上層的管理者又頭腦清楚，這為我們帶來巨大的優勢。**即使我們有很多人才，但如果把我們放在一個官僚主義橫行的大公司中，我們也無法改變現狀。

官僚主義的危害很大，它是愚蠢、浪費等種種惡習的溫

床，因此避免成為官僚機構非常重要。愈成功的公司，特別是愈成功的政府部門，愈容易變得官僚。

隨著官僚風氣蔓延，就會產生一批既得利益者，局外人痛恨官僚主義，內部的既得利益者卻極力維護官僚主義，因為他們可以從中獲利。

現代文明塑造出成功的官僚主義，成功的官僚主義又孕育出愚蠢和失敗，這是現代文明的悲哀。官僚主義是現代文明的痼疾，有些地方被官僚主義搞得烏煙瘴氣，如果把這些地方三分之一的人給踢出去，這地方就會變得更好嗎？這麼做絕對會大快人心，但如果你在這些地方工作，你就不會這麼想了。

官僚主義導致種種惡果和浪費，這是不可避免的，這就像生老病死一樣自然。

問：過去5年或10年，波克夏海瑟威的股票投資組合表現是否優於標普指數？如果沒有的話，為什麼波克夏不改成投資指數？

答：華倫還是個89歲的小夥子，我認為華倫覺得波克夏的表現會比標普指數強一些。不是誰都能跑贏指數的，華倫應該不會看錯自己和波克夏。但有一點我敢肯定，即使波克夏跑贏了，那也只會是以些微的優勢領先。

問：您2018年5月接受CNBC採訪時表示，波克夏買蘋果的股票時表現得過於謹慎，您現在仍然這麼看嗎？

答：我不覺得我在這裡談論蘋果公司會對這世界有多大幫助。我是個固執己見的人，我知道很多東西，但不是什麼都知道。我看好蘋果，但我不認為自己是蘋果的專家。

問：去年您說希望持有更多蘋果股票，但現在蘋果的股價跌了很多，您對蘋果的護城河和競爭優勢有什麼看法？蘋果股價為什麼會下跌？

答：我不知道蘋果的股票為什麼漲、為什麼跌。我對蘋果公司有一定的了解，我知道自己為什麼看好這家公司，但是我不知道它的股價最近為什麼漲跌。

我們的祕訣之一就是我們並不嘗試知道很多事。我有一種思考問題的分類方式可以解決我大部分的問題。**對我來說，很多事太難，我想都不想，直接把這些問題分類到「太難」的類別裡。**簡單的事很少，但我只做簡單的事。

這就是我的系統。所有事情都被歸類為「太難」，只有少數幾件簡單的事我可以不假思索地馬上做出決定。

問：請問為什麼波克夏的投資組合當中，醫療產業公司這麼少？

答：一方面，我們對醫療業的了解不夠深入，另一方面，根

據我們目前的了解，我們不看好醫療業。這兩個理由足以解釋我們為什麼沒有投資醫療產業公司。

幽默是我應對人生的方式

問：簡樸的生活顯然才是正確的生活方式，但大多數美國人卻像莫札特那樣過度消費，深陷債務的泥淖。面對各種誘惑，請問您如何保持自制力，堅持過簡樸的生活？
答：我天生如此。

問：我今年20歲，像您所說莫札特故事裡的那個年輕人一樣，我想向您請教，如何才能像您那樣成功地度過一生？
答：我的子女我都改變不了，我不認為我能為一個陌生人提供有用的建議。

改變下一代很難，大部分人都會歸於平庸。有些人會成功，但成功的人終歸是少數。這是上天安排好的，只有少數人能取得成功。如何才能成功？嚴格自律、遵守道德，找到志同道合的人，抓住難得的大機會，都是些很簡單的道理。**我說了很多老生常談的話，因為成功確實就來自這些看似平凡無奇的道理。**

**問：您點出許多人類的愚蠢行為，卻似乎不因此感到沮喪。
您一直都這樣嗎？這麼想得開對嗎？**

答：非常對。這是我向猶太人學到的人生態度。猶太人經歷
那麼多苦難卻依然能笑看人生，我非常敬佩他們。這種笑對
苦難的人生態度也是我的天性。幽默是我應對人生的方式。

**問：聽說您著手新的房地產開發，開發的內容是什麼？這個
工作的成功關鍵又是什麼？**

答：沒有，我只是為我的孫子們買了幾間公寓。當時覺得是
個好主意，我就做了。

順便說一下，我剛才說的這句「當時覺得是個好主意」
是這麼來的。

許多年前，有個年輕人坐火車時在餐車上遇到一個女
人，在換車的短短5分鐘時間裡他把這個女人搞懷孕了。這
個年輕人的父親問他：「你到底在想什麼？」你猜這個年輕
人怎麼說？他說：「當時覺得是個好主意。」

問：您一生當中最引以為傲的成就是什麼？為什麼？

答：要說哪一項成就是我覺得特別驕傲的，好像還真的沒
有。**我為自己設定的目標是比一般人更有常識。我的目標訂
得很低，我對自己的表現非常滿意。**重來一次，我很難做得
比現在更好。我之所以成功，一部分原因在於我生逢其時，

因此我並不為此感到驕傲。我很高興我做得很好，但不感到驕傲。

我感到很幸運，但並不覺得驕傲。

問：我想請查理和彼得回答這個問題。蒙格先生曾說過，沒推翻自己成見的一年是虛度的一年，請問兩位在2018年是否推翻自己的成見？如果有的話，是什麼？

答：蓋林，你在2018年推翻過什麼成見嗎？

瑞克・蓋林：我想不起來。你呢？

蓋瑞・薩爾茲曼：我們總是著眼未來，不擔心過去。就是這麼簡單。一天結束了，新的一天就是新的開始。我的工作每天都不一樣，每天都有新的變化、新的挑戰。

我和新聞編輯差不多，每天總是從一張空白的版面開始。我每天總是想著下個問題該怎麼解決，下一步該怎麼做，這就是我的一天，這就是我做的事。

問：我參加您90歲那年的股東會，今年您已經95歲了，我很高興。

答：你很高興，我更高興！

問：我希望您能活到120歲，也感謝您為我們的生活帶來正能量。我想請教您一個與壓力、睡眠和長壽有關的問題。在

商業競爭當中，有些對手很卑鄙。我們追求誠信、道德，但競爭對手靠欺騙和造假把我們搞得很慘。無論是在商業中還是在生活中都有很大的壓力，您卻總能保持冷靜。在您95年的生活中，您是怎麼排解焦慮，保持冷靜的？即使被捲入所羅門兄弟銀行醜聞的漩渦當中，您也能每晚睡滿8小時嗎？

答：我沒你說得那麼高明。其實我年輕時睡得不好，但年紀大了之後我學到一個小訣竅。

年輕時，睡覺的時候我從來不會有意識地讓大腦一片空白，我總是躺在床上輾轉反側，和自己的思緒搏鬥，很晚了還睡不著。如果一個晚上沒睡好，我也不當一回事，我會想說管它的，明晚再睡。

但這樣的做法很愚蠢。

現在不一樣了，**我在睡覺之前會特地讓腦袋放空，很快就睡著了。**你們可以試試看，這真的很有效。我不知道為什麼之前95年我沒這樣做？

問：假如有人發明時光機，讓您可以回到過去，與41歲的您共進晚餐，您會給過去的自己什麼建議？

答：如果我當年聰明一點，我就會避開那個讓我少掉一半資產的錯誤。回憶過去，總是有些事可以做得更好，然而誰都難免有出錯的時候。**我始終認為，改變不了的事就不要太糾**

結，滿腹牢騷、怨天尤人是人生大忌。這道理很簡單，但許多人卻因此白白地毀了自己的人生。

嫉妒也是一件愚蠢的事，因為你不可能從嫉妒當中得到什麼樂趣。嫉妒有什麼樂趣？嫉妒能為你帶來什麼好處？總是會有人比你強，嫉妒別人太傻了。

我總是研究人類的各種愚蠢行為，避開這些行為，免得自己深受其害。這樣的生活方式不會讓我成為一個受歡迎的人，但能讓我遠離許多麻煩。

問：羅伯特·席爾迪尼（Robert Cialdini）寫了《影響力》一書，您覺得他寫得好，贈送他一股波克夏的股票。阿圖·葛文德在《紐約客》（New Yorker）雜誌上發表一篇關於健保問題的文章，您覺得他寫得很好，也送給他一張2萬美元的支票。還有其他人因為文章或想法得到您的獎勵嗎？
答：我忘了，但應該不多。阿圖·葛文德和席爾迪尼都是非常優秀的人，所以我偶爾會有這樣的奇怪之舉，但也不是每次都做這樣的事。順道一提，我覺得葛文德與席爾迪尼很棒。

問：您曾經是一位律師，我想請教您一個關於智慧財產權的問題。智慧財產權的問題很複雜，我們能否找到更好的方法在各國之間共享智慧財產權？最近華為事件引發廣泛關注，

是否有更好的法律框架來處理智慧財產權問題？

答：我對智慧財產權領域了解不多。我從保險、傢俱、法律報刊等領域發跡，但智慧財產權是別人的強項。我有自知之明，我遠離自己不擅長的領域，智慧財產權就是其中之一。

我不訝異中國人竊取智慧財產權，我們美國人也這麼做。我們竊取狄更斯的書，未經授權就私自翻印他的作品，我們還從英國的紡織廠偷技術。

人們總是千方百計地偷別人的點子，這是一個老問題。我們應該保護智慧財產權，維護智慧財產權所有者的利益。但到底該怎麼做，我對這方面沒什麼研究。

問：您剛才提到，在次貸危機中您可以漲價，但是您沒那麼做，因為在別人失去房子時漲價不是查理‧蒙格的風格。我想為此向您說聲謝謝。

答：你還是第一個謝我的。

問：我想請教您的是次貸危機的根源，特別是信貸評級機構扮演的角色。您曾歸納出人類常見的25種誤判心理學，我覺得每一點都切中要害，巴甫洛夫效應、心理否認……。

答：你說得對。在次貸危機之中，我們的主要金融機構糟糕透了。看到有人用又髒又蠢的方式賺錢，所有人都眼紅了，全都跟著一起做。貸款條件一再放寬，風險控制形同虛設，

出現許多愚蠢和缺德的行為，最後掀起的那場風暴更差一點把整個社會捲入大蕭條。

　　參與其中的人罪大惡極，可是竟然沒有人受到法律制裁。我非常同意伊莉莎白·華倫的看法，引發這麼嚴重的危機，肇事者應該受到嚴懲。

問：我寫了一份成立非營利信用評等機構的計畫書，想請您給我一點意見。
答：倒不是因為波克夏持有信評公司的股票我才這麼說，只是你這種比較特別的主張，我通常不願親自參與。

　　我明白你為什麼對現狀感到憂慮，但是有些問題我不願意參與，你說的這個問題就是其中之一。不過你認為信評機構需要改進，你的想法是對的。

問：假如您像大多數美國人一樣，無法透過李彔投資中國的股票，無法開通中國的股票帳戶，您會放心投資中國公司的美國存託憑證嗎？中概股大多採用VIE架構（Variable Interest Entity）*，股東權利受到很大限制，也不受中國政府

---

*　注：Variable Interest Entity，可變利益實體，指境外註冊上市實體與境內業務營運實體分離，境外上市實體透過協議方式控制境內業務實體，並將其收入和利潤轉移到境外公司。VIE主要是針對中國法律禁止或限制外資投資相關產業所提出的一種變通營運架構。

的保護。

答：我對存託憑證了解不多，對於專業人士搞出來的投資產品，我通常抱持懷疑態度。**我通常選擇遠離那些別人不遺餘力推銷叫賣的東西。**所以你說的是一個我根本不會涉足的世界，我幫不了你。你講的是一個我避之唯恐不及的領域。

理智的投資人都會對銀行心存顧慮

問：**在美國大型銀行的資產負債表上，衍生性金融商品的占比愈來愈高。證券交易委員會並沒有明確要求這類商品的資訊透明度。您投資銀行，請問您是否擔心銀行受到衍生性金融商品的影響？**

答：**只要是理智的投資人都會對銀行心存顧慮。**銀行是風險係數非常高的行業，因為管理者很容易受到誘惑，做出傻事。銀行的管理者想要虛增利潤簡直輕而易舉，他們經常為了追逐短期利益而犧牲長遠利益。華倫說得好：「銀行業的問題在於銀行很多，銀行家很少。」沒有把握，最好不要投資銀行。

問：**假如無法選擇談判對手，已經盡力和對方講理了，但對方還一直糾纏。對付這種人請問您有什麼建議？**

答：你說的這種情況，我的解決辦法是儘量遠離。如果是我解決不了的難題，我會拉一條警戒線，讓問題根本別想溜進來。不管是誰，遇到難纏的人、棘手的事，都沒什麼好辦法。

很遺憾，我解決不了你的問題。遇到難纏的問題，我的解決辦法是敬而遠之。

既要看到潛力，
又要看到危機。

—

查理・蒙格

7
幸福之道
2020年股東會談話

為了自己小小的願望而努力，你會過得更幸福

編者按

　　2020 年，新冠疫情肆虐全球。2 月 13 日，每日期刊的股東會正常召開，沒有與新冠疫情相關的任何討論。但到了 5 月，由於疫情影響，蒙格首度缺席波克夏在奧馬哈舉行的股東會。

　　今年蒙格的開場白較長，他談到每日期刊發展與業務近況，還談到公司的工作原則、創投對軟體業的瘋狂炒作，以及一些相關的人生智慧。

　　相較之下問答部分的重點不多，大多數問題蒙格都回答得比較簡略，主要是再次強調他以往講述的觀點與態度。

蒙格：我先簡單談一下公司的經營情況，然後回答提問。

我們的公司最早只是一份小報，主要業務是刊登啟事，後來逐漸成長為一家非常成功的法律日報，獨家刊登加州所有上訴法庭的判決結果。《每日期刊》一度擁有壟斷地位，加州每家律師事務所都得訂閱我們的報紙。

我們這份報紙為社會做了很多有益的事。規模雖小，但深耕利基市場，獲利能力很強。

在美國，過去像我們這樣的報紙很多，它們占據獨特的利基市場，透過簡單的經營模式，穩定地賺取可觀的利潤。但隨著時代進步，科技變革讓美國的報紙逐漸走向衰亡，像我們這樣的小報也難逃厄運。收入減少，經營成本卻絲毫不減，所有報紙都步上衰亡的命運。

波克夏海瑟威曾擁有大約100家報紙，但現實很殘酷，這些報紙窮途末路，再優秀的管理也無法讓報業起死回生。

這是一件可悲的事。在報業興盛的年代，它們擔負著監督政府的職責，人們將報紙稱為「第四權」。報紙的誕生不是開國元勳規劃出來的，而是資本主義的偶然產物。而且由於美國的兩大優良傳統——裙帶關係和壟斷經營，當年的那些報業巨頭一躍成為社會的風雲人物。他們是一群信奉裙帶關係的壟斷資本家，其中還有不少是酒鬼，但他們對社會的貢獻卻不亞於立法者。

現在報紙的輝煌成為過眼雲煙，取而代之的是電視上各

種愚蠢而偏激的觀點。《新聞週刊》（*Newsweek*）、《時代》（*Time*）等雜誌和大大小小的報紙退出歷史舞台，拉許·林博（Rush Limbaugh）之流的右翼人士，還有同樣不堪的左翼人士，他們粉墨登場，這是美國社會的巨大損失。

報紙偶然間成為第四權，擔負起監督政府的職責，恪守新聞的真實原則，為社會做出巨大貢獻。沒人想到報紙會消失，但事實就是如此。

■ 軟體業務是一場持久戰

但奇怪的是，每日期刊公司沒有消失。即使我們所有的報紙業務都沒了，我們還持有大量證券。與大多數報業公司相比，我們的狀況好得多。我說報紙死了，但《華爾街日報》、《紐約時報》不在此列。有幾家報社不管怎樣都不會消失，但總的來說報紙大勢已去。

不過每日期刊公司不會消失，不會讓股東一無所有，因為我們持有大量證券，我們還開展一項新業務，就是期刊科技所從事的軟體生意，我們希望期刊科技能取代報業部分萎縮的收入。

期刊科技經營電腦軟體業務，協助法院和政府部門簡化繁瑣的流程，減少人工作業導致的錯誤。這是一項非常困難

的工作。一般軟體，像老師上課用的教學軟體，或是雪佛蘭經銷商用的會計軟體，這種軟體是標準化的東西，就像金礦一樣，軟體公司大批量產出來，用戶買到手裡就可以直接使用，簡單方便。

但我們的軟體生意不一樣，我們為各種不同類型的政府機構提供服務，每個單位都有特殊需求，通常又都非常官僚，所以我們只能耐著性子來。我們要和政府的許多律師、顧問打交道，還得面對繁瑣的招標流程，許多專案漫長得看不到盡頭，困難重重。

正因為如此，很多人不願意從事這項工作，他們只想要做輕鬆的生意，把軟體大批量產出來、放上雲端，然後數錢就行了。我們的業務需要大量員工協助世界各地的法院將文書處理流程自動化，這是未來趨勢，但難度之大，令人難以置信。

儘管困難重重，而且管理層年老體衰，但我們做得還不錯。別問我是怎麼做到的，我們能做成現在這樣很不容易。但我們做對了許多事，才有現在的成績。軟體業務的市場潛力很大，但未來我們還會遇到許多困難，進度也快不起來。

在客戶方面，我們和客戶的關係很融洽。我非常感謝澳洲政府。澳洲想實現法庭自動化，選擇我們，真有眼光。誰能想到小小的每日期刊公司能有幸為澳洲所有法院提供服務？澳洲政府能發現這麼一家小公司是很好的選擇，這是個

奇蹟。

我們能拿下澳洲政府的合約，很重要的一點在於我們大多數的對手表現不佳。所以我們雖然取得小小的成績，但我們不能沾沾自喜。

我們必須付出長期的努力，這是一場持久的戰爭。我們年紀這麼大了，而且事業有成，卻還在做這件苦差事，簡直是自討苦吃。我們的工作又苦又累，但大家堅持不懈，努力地想完成艱鉅的挑戰，這真是令人驚嘆。

我相信我們會成功，我們最終能把這個市場的一大塊市占收入囊中，但各位股東，你們要有極大的耐心才能等到我們成功的那天。因為我們從事的是辛苦的軟體生意，不是那種能輕鬆賺錢的軟體生意。我們要做的事，難度就像是再創設一個普華永道會計師事務所（PwC）*一樣難。我們不敢保證一定會成功，但我們有希望，只是會很慢、很辛苦。在未來很長一段時間裡，我們都不會有真正輕鬆的日子，但我們會愈來愈好。

蓋瑞，你覺得未來兩、三年我們會發展得怎麼樣？

蓋瑞答：我們為期刊科技的軟體業務投入大量人力和資金。期刊科技大約有250名員工，在洛杉磯、加州的科洛納市、猶他州的洛根以及丹佛設有分公司。

---

*　注：四大國際會計師事務所之一。

　　我們從1999年開始，這些年來見證許多變化。以洛杉磯為例，現在洛杉磯法院使用我們的軟體進行電子存檔。過去在洛杉磯的法院，律師只能到現場排隊，或是請代理商幫忙排隊，現在他們只要透過系統就可以與法官安排時間，自行決定何時出庭。律師的工作更方便，法院也節省人力。我們的軟體產品還帶來很多便利，例如，如果你在加州河濱市收到罰單，你可以使用我們的系統來繳費。

　　我們在加州其他法院也有一些不錯的進展。我們的產品包括一個基本的軟體系統，在這個基本的系統上可以進行三到五種不同的設定，分別提供法院、公設辯護人、地方檢察官以及緩刑犯監督官使用。因此我們只需要調整基本系統的設定，就可以為不同客戶提供服務，這可以提高我們的工作效率。

　　查理剛才提到我們為澳洲政府做的服務。目前，我們在澳洲外派七名員工，他們為南澳洲以及維多利亞省的墨爾本市提供服務，這兩個地方的所有法院都是我們的客戶。澳洲的法院分很多種，像礦務法院之類的，和我們這不一樣。

　　加州的法院系統比較精簡，每個郡只有一個法院，如果你去其他州，你會發現法院類型很多，包括遺囑檢驗法院、民事法院、家事法院等。各個法院有不同的主管機關、不同的軟體系統、不同的IT部門，效率很差，這就是我們一直以來面對的問題。

　　我們未來業績主要取決於我們在各個司法部門的客戶數量。雖然我們的軟體建置工作也會收費，但只有等到整個專案全部交付之後，我們才能確認收入。因此我們努力交付產品，才能計入收入，並將收入反映在財務報表上。

■ 我們不怕難，難一點才好

蒙格答： 這是一件很重要的事，在座各位都應該知道。我們不是只簡單計算自己工作了多少時間，然後開個發票向政府要錢。這就是大多數諮詢顧問做的事，他們按小時收費。我們只有把所有工作都做完了才會向客戶收錢，但我們是故意這麼做的。

　　這讓我想起一個真實發生過的故事。

　　我年輕的時候，工地上沒幾輛推土機，很多土石工程主要都是靠騾子完成的。當時有專門養騾子的師傅，組成運輸隊接工作。有一位拉丁裔的承包商養了很多頭騾子，經營一個規模很大的騾子運輸隊。有一天大建築商找到他，對他說：「我接了政府的大工程，合約是按成本加成定價，你來幫我，我也給你按照成本加成計價。你帶著你那些騾子，明天早上就開始吧。」這位拉丁裔承包商回答他說：「不，我不接這個案子。」建築商問他：「為什麼？」承包商說：

「這些年我總是接得到案子是因為我效率很好。你這個合約按成本加成算，做得愈慢，賺得愈多，連我的騾子知道了都要偷懶。」

我們每日期刊一樣有自己的原則，我們不簽會讓自己偷懶的合約，免得墮落，我們試圖效法那位拉丁裔承包商，做對的事。我覺得這是行得通的，但這是件苦差事，總要打起精神去做才行。

這麼難的軟體生意，微軟、Google的人瞧不起，我卻願意做，彼得·考夫曼也願意做。我們不怕難，難一點才好。正因為它難，成功之後就是別人搶不走的好生意。

我確實不敢保證我們一定會成功，因為這是一件很難的事。我多想告訴大家我們人才濟濟，但事實剛好相反，我們就好像獨臂工人貼壁紙，不過目前為止還算順利。

軟體業是一個熱門產業，在任何一所著名的理工大學，最受歡迎的課程就是電腦科學，在創投領域，最炙手可熱的投資總是與軟體相關。

創投對軟體業的炒作太誇張了，軟體公司的價格高到離譜。創投擠破頭，波克夏海瑟威卻避之唯恐不及。許多人能賺大錢，但也會有很多人虧得很慘。

我看不慣投資銀行談論EBITDA（稅前息前折舊攤銷前利潤），我把它翻譯成「狗屁利潤」；我不喜歡J曲線（J-curve），我也看不慣創投轉售軟體公司，層層加價、層層

收費，在我看來，我覺得這和直銷沒什麼兩樣。軟體業的進步推動了全世界的科技發展，但是資本市場對軟體業的炒作太極端了，這會帶來一些不好的後果。

我敢說這個房間裡的人，幾乎每個人家裡都有從事軟體業的親戚，我家有兩個人在私募股權工作，私募股權已經達到好幾兆的規模，當然，這是很奇怪的發展，很多東西是炒作，很多買賣行為很瘋狂。

私募股權的作法是以盈利為目的買進賣出，主要是為了賺管理費，我不習慣這樣，我投資公司是因為我認為這些公司會為我帶來長期利益。私募股權以收費為最終目的，規模膨脹到這麼大，我覺得很容易出問題。

私募股權基金成功後，接著就會募集規模更大的基金，繼續燒錢，繼續交易。規模愈大，成本愈高，收費愈多。如此下去會有好結果嗎？答案是否定的。未來只會產生許多悲劇。

紅杉資本（Sequoia）是全世界最優秀的創投公司之一，它為客戶賺了很多錢，但像紅杉資本這麼優秀的創投公司沒幾家。紅杉資本紀錄輝煌，很重要的一個原因在於它有意識地控制自己的規模。其他創投公司只想多賺費用，一味追求規模和成長，這是一種不正常的現象，不可能運作得好。

我在哈佛法學院讀書時，一位老教授說過一句話，他說：「告訴我你的問題是什麼，我會試著讓你的問題變得更

難解決。」這位老師提點了我，他激勵我繼續思考。我經常說：「一個問題，徹底想明白就解決一半。」把事情想明白非常不容易。

堂堂正正走正道，那裡人少

關於每日期刊公司我講了很多，你們將會有一段漫長的艱辛旅程。公司的生意難做，而且管理階層似乎是從養老院裡跑出來的。我 96 歲，瑞克 90 歲，我們的執行長 80 歲，不夠老還真進不了我們的董事會。

雖然董事會成員年事已高，我還是覺得我們能慢慢做好。再說，我們這裡還有個年輕人呢，蓋瑞才 72 歲，剛過退休年紀。我們還有一位新董事瑪麗・康蘭（Mary Conlin），她也比較年輕。

這些都是資本主義裡奇怪的事，一份小報持有大量證券，還可以繼續存活，管理階層在一個沒人懂的行業裡取得成功。我們在做軟體生意，但我們這些人當中沒有一個是軟體工程師，真是怪事。你們這群人，大老遠從世界各地趕來，你們和我們一樣怪。

但如果你問我，我們軟體生意成功的機率還是比失敗的機率要大一些。我們做的是一件好事，是對社會有益的事。

我們讓員工得到應有的回報，真誠地為客戶服務。

在為客戶服務方面，好市多是我們的榜樣。我從沒遇過一間公司像好市多一樣，始終盡心盡力為客戶服務。我喜歡這樣的成功方式，我討厭有些人賺黑心錢，故意欺騙顧客或把爛東西賣給顧客，比如拉斯維加斯的賭博服務。

我們選擇把好東西賣給顧客，即使錢賺得少一些，我們也不會改變。其實我們賺得不會少，反而更多。華倫說得好：「堂堂正正地走正道，那裡人少。」這就是我們的方式。

我覺得美國的政治簡直是一團糟，充斥著仇恨。在加州，操縱眾議院選區劃分的作法愈來愈嚴重，極端的左派和極端的右派占領議會席次。

議員之間充滿敵意，立法機構難以正常運轉。在加州的立法機構裡，頭腦清醒的議員已經所剩無幾。無論是在民主黨還是共和黨，中立派都沒有生存空間，他們被排擠出去，留在立法機構裡的全是極端分子。

前一陣子華倫對我說：「我很好奇，很想知道未來會怎樣。要是能再活30年就好了！哪怕不讓我參與，只讓我圍觀也行啊。」我說：「確實，誰知道未來會怎樣呢？」

以前我們在電視上看到的是堅持報導真相的主播華特・克朗凱特，現在我們在電視上看到的是一群跳梁小丑，他們睜眼說瞎話，以精明的方式欺騙觀眾。

人們經常低估騙子的本事。厲害的魔術師能讓人們看到

幻象，看不清眼前正在發生的事。面對現實世界中的大量欺騙和誤導，人們很難保持清醒、埋智。

我參與的一些公司能取得成功，不是因為我們比別人更聰明，而是因為我們能保持頭腦清醒。

你們在座各位從世界各地來到這裡，我知道你們求知若渴。我曾經也是個書呆子，所以我一看就知道你們很多人也是書呆子。你們看到一個和你們一樣的書呆子雖然一身缺點，卻取得成功，所以你們來到這裡向我取經。

我想告訴你們，你們來對了。如果你們學會我的方法，你們也能成功。我成功了，我怎麼做到的呢？

依我本身的能力和才智來看，我不應該取得這麼大的成功。這是一個很有趣的過程，誰不想超越自己，取得更大的成功？

我能成功，是因為我年輕時掌握了幾個思考方式，並且在一生中反覆使用。首先，我堂堂正正地走正道，因為正道人少。這是明智之舉。

我還追求理性，這一方面是遺傳基因的影響，另一方面是家庭環境的薰陶，我從小就養成追求理性的習慣，這個好習慣讓我受益終身。

正如詩人吉卜林所說，「如果身邊的人都失去理智，你卻能保持冷靜」，這是很大的優勢。

追求理性，值得付出一生的努力

想想政客和商業界領袖做的那些蠢事吧。我還記得很多年前，在市場最瘋狂的時候，有人請股票交易員去拉斯維加斯度假，為他們提供免費的籌碼和娛樂活動。這太糟糕了。

現在也有許多事還是很糟糕，許多政治人物不懂亞當斯密，這就好像請工程師設計飛機，但他卻不相信有萬有引力。我笑了，但我的笑中帶淚啊。

追求理性這件事讓人終身受益，值得付出一生的努力。我們現在的問題在於許多人被矇騙，自己卻一無所知。

我年輕時最喜歡的演員之一是塞德里克・哈德威克（Cedric Hardwicke），他因為演技精湛，獲得女王授予的爵士頭銜。

塞德里克・哈德威克爵士到了晚年仍不停地拍戲，在他臨終之際，他說了一句很經典的話。他說：「我做演員太久了，我已經不知道我對任何事的真實想法了。」這正是發生在許多政客身上的事，只不過他們自己不知道而已。

有些年輕人總是大呼小叫，反對這個、批評那個，我總認為他們是在為自己洗腦。他們高喊口號，根本沒人聽，反倒是幫自己的腦袋裡裝進一堆垃圾。

戲演多了，容易弄假成真。不過有時也能演出好事來。

　　我年輕時，有幾個人本來不是什麼好東西，後來卻成為著名的慈善家。一開始他們做慈善只是為了掩人耳目，但一段時間之後他們竟然變成真的慈善家。這讓我得到一個結論：虛偽到一定境界，反而高尚了。

　　裝模作樣時間久了，人確實會改變，一件事你重複說過很多次，最後自己也會相信。雷根（Ronald Reagan）的演藝生涯結束後，奇異邀請他在全國巡迴演講，發表右翼言論，最後他變成了共和黨人。

　　總之，你的大腦會欺騙你，最好採取一些預防措施。如果我們的子女能謹言慎行，我們該多麼欣慰啊。

　　我有幾個子女也來到這裡。總的來說我對他們很滿意，但如果我可以選擇的話，我希望能改變他們的某些方面。生活沒有十全十美的。

　　好了，我想講的話講完了。你們大老遠來聽一個96歲的老頭嘮叨，真不可思議。

　　好，現在你們可以提問了。

股東會問答

問：您曾經以釣魚比喻，建議價值投資者換個地方釣魚。但您也說過，時間拉得夠長，投資者最終獲得的報酬會反映公

司的獲利。全世界最優秀的公司大部分在美國，既然如此，我們是否應該把精力集中在美國，著重分析美國最優秀的公司？而且我知道下注時的賠率也很重要，所以我想請教您，您在下注時，如何衡量賽馬的優劣和賠率？

答：兩個因素都重要，但基本上所有的投資都是價值投資，因為我們做投資，把錢投進去，都是為了將來能獲得更多的價值。

你不可能同時在所有地方尋找投資機會，就像你不可能同時在12個不同的州跑馬拉松，所以你要有自己的方法，找到值得自己深入研究的區域，這個地方就是你的狩獵場。無論選擇深耕哪個區域，你追尋的都是價值。

你對投資美國的看法我不同意，在我看來，最強大的公司不在美國。我認為中國公司比美國公司更強，而且它們的成長速度更快。

我投資中國公司而你沒有。我是對的，你錯了。你可以笑，但我說的只不過是個簡單的事實而已。

李彔在現場，我剛才在觀眾席裡看到他。他是這裡最成功的投資者，他投資哪裡？中國。這個年輕人很聰明，他懂得投資。

能找到打獵的好地方是一個本事。無論是誰，在容易打獵的地方打獵，都能抓到更多獵物。

我有個漁夫朋友，他說：「要成為釣魚高手，我有個祕

訣：去有魚的地方釣魚。」投資也一樣，哪裡便宜就去哪裡。這是很簡單的道理。

如果你現在釣魚的地方不怎麼樣，根本釣不到魚，也許你該考慮換個地方。

■■ 找出自己的投資優勢

問：如果您要研究一家之前從沒聽過的新公司，請問您會如何研究？花多少時間研究？假如估算出內在價值之後發現公司很貴，您會繼續追蹤嗎？

答：凡是牽涉到複雜高科技的，我一律不看。可能有個別例外，但高科技的東西我基本上不碰。

我研究的公司都是我具備優勢的領域，如果分析一家公司時，別人比我更有優勢，那我就不會參與。例如一家製藥公司，你得分析它能研發出什麼新藥，這個別人懂的比我多，我沒有什麼優勢。**尋找自己擅長、具有優勢的公司，這樣才能做好投資。**

還有一點，你必須了解自己的能力圈，你得知道什麼東西超出自己的能力範圍，是自己一輩子都搞不懂的。我在這方面做得很好，遇到我搞不懂的我就認輸。

問：現在大家有一種感覺，科技發展快速，影響力滲透到各行各業，傳統的護城河面臨著被顛覆的威脅。您投資經驗豐富，我想知道您是否認為與過去相比，現在護城河遭到破壞的速度加快了？

答：是的，我認為護城河一次又一次地被破壞，誰能想到強大的百貨公司會走到破產的邊緣？誰能想到壟斷經營的報業集團會轟然倒塌？更別提美國的汽車業了，1950年代是多麼輝煌，現在呢？

　　護城河確實正在迅速消失，舊時代、傳統的護城河轉眼之間就不存在了。**也許這是經濟發展的必然結果，在現代經濟體系中，老舊的護城河難免遭到淘汰。**

問：我有兩個問題，第一個，請問您認為在今後50年或100年，價值投資會發生什麼變化？第二個，在產業研究或產業投資方面，您是否有什麼建議？

答：未來的世界一定會發生改變，我認為兩種可能會發生的變化是，第一，科技可能延長人類的壽命；第二，癌症的死亡率可能大幅減少。

　　想像一下我們在科技方面的成就，想像一下網路的發展和那些新事物。舊時代的公司消失，報紙業沒落，生產流程也發生顛覆性的改變。在世界的巨大變化中，許多投資者蒙受了沉重的損失。

　　我覺得我們該有的都已經擁有了。已經吃飽了，還要再奢求什麼？擁有更多的金錢又能怎樣？

　　我認為我們這一代是科技進步的最大受益者，我們的子女不再夭折，生活水準大大提高，空調出現了，無數的好事都發生了。醫學也取得極大的進步，連疼痛的關節都能換了。我不認為未來還會有這麼大幅度的進步，因為我們得到的已經太多了。

問：現在的科技業龍頭股是否反映1970年代「漂亮五十」熱潮，也就是人們搶著投資那10檔、15檔熱門的大型股？波克夏已經持有卡夫亨氏（Kraft Heinz）26％股權，你們是否會利用現在股價較低的機會完全收購卡夫亨氏？
答：波克夏海瑟威買什麼、什麼價格買，我無可奉告。但你說的「漂亮五十」問題我可以回答。

　　「漂亮五十」是摩根銀行炒起來的，最瘋狂的時候，有一家家庭縫紉公司的本益比飆到50倍，真是讓人難以想像。

　　現在的情況沒那麼瘋狂，雖然很多公司的股價可能太高了，但這些公司也確實很有價值。

　　當年那個家庭縫紉公司肯定會倒，但我們現在的龍頭科技公司可不一定會失敗。我們現在的情況沒有當年那麼瘋狂，不能和「漂亮五十」相提並論。

問：這幾年您經常談到印度和中國，加拿大是與美國鄰近的友邦，希望您能談一談您對加拿大的看法，無論是加拿大的政治體系、銀行、房地產業、能源產業、健保制度，任何您對加拿大的看法我都不勝感激。

答：我很喜歡加拿大，加拿大的醫療體系很完善，很合理，醫藥價格比我們低廉。多年來我們與加拿大的關係一直非常融洽，我覺得你應該對加拿大很滿意。

你們說兩種語言，這不太方便，但這是歷史問題。基本上我喜歡加拿大，在某些方面加拿大做得比我們好。

蓋瑞告訴我，我們在加拿大也有客戶，他是想要我多說一些加拿大的好話。

看好中國市場，佩服日本頑強意志

問：目前受中國經濟成長趨緩影響，全球經濟疲軟，地緣政治風險也日益上升，請問您如何看待全球市場和經濟前景？

答：因為種種原因，我對中國保持樂觀態度。中國這麼大一個國家能如此迅速崛起，在歷史上絕無僅有，我認為中國做對了很多事，我非常欣賞中國取得的成就。

中國曾經掉進馬爾薩斯陷阱，為了解決人口問題，中國實施計畫生育政策。中國的這項政策在美國不可能得到支

持，但我覺得中國為世界做了一件好事，值得尊重。

基本上我對中國沒有敵意，中國取得的成就非常了不起，他們的領導人很優秀。作為一個共產主義國家，中國創造出經濟成長的奇蹟，帶領8億人擺脫貧困。

我看好今天的中國，我認為美國應該與中國和睦相處，中國也應該與美國友好相處。

世界上還有一個讓我很佩服的國家，這個國家經歷了25年的經濟停滯，你們可能覺得奇怪，一個停滯了25年的國家有什麼好佩服的？在我看來，面對25年的經濟停滯，日本人表現出非凡的能力和頑強的意志。日本不可能一直衰退下去。他們像男人一樣去面對25年的停滯，沒有牢騷滿腹，沒有放聲痛哭，也沒有表現得像個受害者。

因此我很欣賞日本人在逆境中不屈不撓的精神。日本人會遇到困難，不是他們做錯什麼。日本曾經是個出口大國，中國和韓國的崛起為日本帶來很大的衝擊。無論是誰，遇到更激烈的競爭，難免會受到影響。

我認為日本陷入停滯不是日本的錯，而是地區發展形勢所造成的。面對困境，日本人表現得很堅強，他們應該得到尊重。還有一點，日本人將零缺陷製造理念發揚光大，並引領世界潮流。

我認為美國可以在亞洲國家身上學到很多東西。日本是一個一塵不染的國家，沒有露宿街頭的流浪漢，也沒有人隨

地大小便。日本有很多地方值得我們學習。

問：會議稍早時，您提到要走正道、要誠懇對待客戶。我有個感覺，這個感覺未必對，但我覺得與西方國家相比，中國的商業環境在道德方面灰色地帶較多，在尊重法律與公開透明方面不如西方。您有一樣的感覺嗎？

答：我們國家有自己的傳統，中國共產主義也有自己的傳統，我當然更適應自己的國家。

中國曾經掉進馬爾薩斯陷阱，深陷貧困的泥淖。當年的中國領導人說了一句話：「不管黑貓白貓，捉到老鼠就是好貓。」這是一個聰明的領導人。我覺得這位領導人後繼有人，如今的中國領導人同樣有遠見，我認為中國會持續不斷地進步下去。

我甚至覺得中國人能改掉好賭的毛病。

指數投資是更好的投資選擇

問：電腦和人工智慧在投資領域方面迅速超越人類，投資管理業的分析師和基金經理人該如何保住自己的競爭優勢？

答：這是個好問題。我認為，投資管理業的從業人員應該做好準備，他們未來的日子可能會更不好過。

現在已經有大量資金在做指數投資，未來指數投資的規模會愈來愈大。在避險基金和私募股權投資領域，我看到很多瘋狂的現象，未來很可能會出問題。

一方面，各大捐贈基金只青睞最頂尖的基金經理人；另一方面，其他的大基金都在從事指數投資，一般的基金經理人前景堪憂。

聽我說這些話你們或許會很洩氣，但好消息是，如果你們追求理性，並且一直堅持下去，你就會做得很好。千萬不要隨波逐流，隨波逐流不會有好結果。

問：您曾說過，對於大多數希望累積財富的人來說，指數基金是比較好的選擇。巴菲特也曾說過一個策略，他說不必追逐股息，而是按照自己的支出需求賣股。將兩位的建議綜合起來，投資的最佳方案似乎是透過指數基金累積資產，退休後根據自己的需求賣出股票。請問您同意這種觀點嗎？如果您同意，請問這樣的投資策略有什麼優勢？

答：現在投資指數的人愈來愈多，**對於大多數人來說，投資指數確實是更好的選擇。**自己去投資股票，賭性容易發作。賭博的誘惑很大，人們很容易沉迷其中，無法自拔。

在中國股市，散戶的持股時間非常短，他們把股市當賭場，這是一種非常不理智的行為。在股票投資方面，中國人的作法和賭博類似，但在其他許多地方，中國人卻表現得很

出色，這說明保持理智的確不容易。

問：我想知道，您對從事私募股權業的家人有什麼建議嗎？對於在這個領域展開職涯的年輕人，您有什麼建議？
答：我家的孩子對於我如何看待他們的職業選擇沒什麼興趣，我尊重他們的不感興趣。

但我的確在這個行業裡看到許多嚴重的問題，例如有人創造出「調整後稅前息前折舊攤銷前利潤」（adjusted EBITDA）這樣的新名詞，這是多麼的不誠實！多少人看起來冠冕堂皇的，嘴裡卻說著EBITDA這樣的東西，還靠這個賺錢，這太荒謬了。

在私募股權這行，公司是用來轉售獲利的，前一個買主把公司買下來只是為了加價賣出去，價格愈炒愈高。金融業的本質就是誘惑太大，面對巨大的利益誘惑，必然有人鋌而走險。

我不喜歡這樣，我認為這對國家沒有好處。1920年代的投機潮引發一系列連鎖反應，帶來了大蕭條，導致希特勒崛起。我認為我們會為過度貪婪付出代價。

我認為我們應該要克己慎行，我們應該學習儒家的中庸之道。

問：我是大學生，您認為對於目前還沒有實際參與商業世界

的年輕人來說，接觸並了解商業世界的最佳方式是什麼？我希望未來自己能在公司裡有一番作為，請問我現在應該做些什麼，才能把自己的潛能發揮到最大？

答： 很好的問題。現在的年輕人擠破頭想進金融業，都是想要致富。當然，爭搶的人很多，成功的人很少。

99％的人始終是處於底層的99％，這就是現實。

在我遇到的人當中，最終取得成功的是那些能夠保持耐心、保持理智的人。他們量入為出，謹小慎微，當機會來臨時，他們會積極地抓住機會。你們新一代的年輕人如果像我說的這樣生活，也能獲得成功。

有些人因為是超級業務員或是魅力非凡的人物，因此成功，但我不是那樣的人，我不知道該怎麼做才能像他們那樣成功。

在我看來，大多數想走金融這條路的人都不會成功。金融業中有許多瘋狂的行為，錢太好賺了，人就容易走向極端。人的本性如此，就像非洲大地上一群動物在腐屍上啄食。這個比喻不是我隨口說的，我是認真的。現代金融沒那麼美好，沒那麼乾淨。

在我那個年代，許多金融從業人員更像是工程師，大蕭條的慘痛給了他們很好的教訓，讓他們在工作時銘記安全第一。那時的金融從業人員想的不是怎麼發大財，而是如何確保安全。

現在的世界完全不同。假如讓我在你們這個世界從頭來過，我不知道自己能做得如何。我覺得與我年輕時相比，現在要出人頭地真是難多了。

我只能給你們這樣一條建議：把自己的預期降低，為了自己小小的願望而努力，你會過得更幸福。你可能不以為然，但這是一個顯而易見的道理。

大多數人再怎麼努力也仍然是普通人，這就是現實。看看我們身邊的人，有幾個人能認清這個現實，知足常樂？

問：我想請教一個關於斯多葛學派的問題。了解您經歷的人都知道，您實踐「做倖存者，不做受害者」的信念。雖然我還很年輕，但您的這種人生態度給了我很大的啟發，您能否再說一下這個信念對您的幫助是什麼？為什麼無論面對任何苦難，人都應該堅持這個信念？

答：說到受害者，一方面，有人在受到迫害之後，會奮起反抗。正是受害者的滿腔怒火，推動歷史上的許多變革；另一方面，有的人在受了傷害之後，總覺得自己是受害者，無法擺脫受害的陰影，無法正常的生活。**無論發生什麼，我們都應該保持積極的心態，繼續前進。**

有些政客非常卑鄙，為了自己成功，不停灌輸大眾錯誤的觀念，讓你我相信自己是受害者。這讓我非常擔憂，我可不信他們那一套。誰甘願當受害者？誰不想當倖存者？

　　有了受傷害的感覺，發現自己現在的狀況不好，想辦法做出改變，這是對的。但陷入被害的情緒走不出來，總覺得別人害了你，這種思考方式只會讓自己愈陷愈深。你總是這麼想，時間久了誰願意靠近你？

　　某些政客擺出一副救世主的樣子，為了自己的前途大肆製造受害思想，這太荒唐了。

認識自己的錯誤是寶貴的能力

問：您勇於否定自己，無論是多麼深信不疑的想法您都會努力找出反面例證。您能告訴我們一些具體的例子嗎？
答：能認識自己的錯誤是一項非常寶貴的能力。

　　蒙格家族的財產有很大一部分來自把買錯的東西賣出去。當你發現自己錯了，你就必須學習改變自己的想法。

　　我一直努力嘗試屏除各種觀念，否定自己。大多數人總是試著捍衛自己既有的觀念，因為他們認為自己的想法一定是對的。但我認為我們必須重新審視自己之前的想法，尤其是當我們的想法與現實發生矛盾時，更要思前想後，仔細琢磨。

　　我們應該持之以恆追求客觀和理智。想想你在生活中犯下的蠢事吧，多少優秀的人才，個個頂著耀眼的光環，卻犯

下一些最愚蠢的錯誤。這樣的例子多不勝數。

其實我們自己何嘗不是如此？只要回顧一下過去一、兩年自己做過的事，總能挑出一、兩個不該犯的錯。做一個理智的人，沒那麼容易。

■ 養成逆向思考的習慣，就能理智解決問題

問：您經常說我們應該把追求理性做為一種道德標準，然而身為人類，受到進化過程的影響，我們的大腦有很多錯誤的認知，這為我們追求理性思考帶來重重阻力。請問您是否有什麼好辦法或好習慣能幫助您理性思考？

答：我最常用的一個方法是逆向思考。

舉個例子。二戰時我當了氣象兵，學習如何測繪氣象圖、預測天氣，但實際上我的工作內容是確認氣象條件是否合格，飛行員是否能安全起飛。

怎樣才能做好這個工作呢？我反過來思考。我問自己：「假如我想讓很多飛行員送命，最簡單的辦法是什麼？」我很快得出了答案，最簡單的辦法就是讓飛機結冰，飛機一結冰就很難操控；另一個辦法是讓飛機遭遇惡劣天氣，直到燃油耗盡也無法著陸。所以我一直提醒自己，別讓飛機結冰或遭遇惡劣天氣，這是大忌。

我的這個方法很有用，這個方法幫助我在二戰中成為一名更好的氣象兵。我只是把問題反過來想而已。

假如有人請我協助印度解決問題，我會馬上想如果我想傷害印度，我必須做些什麼？把所有可能對印度帶來傷害的事列出來，然後避免去做這些事。**遇到問題，養成逆向思考的習慣，就能更理智地解決問題。**

假如你是個氣象兵，你知道什麼天氣最有可能讓飛行員送命，不讓飛行員遭遇這樣的天氣，那你才能當個好氣象兵。你知道什麼事會傷害印度，你才能為印度帶來最大的幫助。

在代數中，逆向思考也是一種常用的思考方法，偉大的代數學家都擅長逆向思考，他們用逆向思考解決許多難題。

在日常生活中，人們也應該善用逆向思考，經常反過來想，別想你要什麼，想想看你不要什麼。既考慮什麼是自己想要的，也要考慮什麼是自己不想要的。既正著想，也反過來想。

彼得·考夫曼今天也在現場，他有個很棒的想法。他說，既要從高處俯瞰下面的世界長怎麼樣，也要知道從下仰望的世界長得怎樣。如果你沒辦法同時具備這兩種觀點，你的認知一定不符合客觀現實。

彼得的想法很對，我說的逆向思考跟他說的方式是一樣的。

其實很簡單，想問題的時候既要考慮我上面的人看到的是什麼，也要考慮在我下面的人看到的是什麼。想幫別人，就先想想看怎麼做會傷害別人。

這些方法都很簡單，但就像槓桿一樣非常有用。令人遺憾的是，那些授予人們學位的高等學府都不教人們這些簡單的思考方式。它們完全錯了。

問：很多年前您發表過一次演說，演講題目是《人類誤判心理學》，我想知道您對這個議題是否有什麼新發現？另外您提到理性在您人生中十分重要，請問您是否可以告訴我們，怎樣才能一步一步讓自己變得更理智？

答：這是個漫長的過程，任何人都不可能一下子就開竅。這不像有人告訴你的那樣，只要在基督教的佈道會上喊幾句口號就能獲得上帝的恩典，追求理性可沒這麼簡單。

理性需要慢慢培養，每個人能達到的理性程度不同，但是努力追求理性總是一件好事。

失去理智的人有的牢騷滿腹，有的怒氣衝天，而且他們總覺得自己是對的。失去理智很可怕，你們不要做失去理智的人。

我經常思考人類社會，思考我們的文明。社會該如何組織？文明該如何發展？類似的問題很難找到正確答案。我有個發現，隨著我們的生活愈來愈富裕，美國的社會福利體系

取得極大的進步，這是一件好事。但共和黨一直以來反對發展社會福利體系，他們顯然不對。民主黨呢，他們支持發展社會福利體系，卻又做得過了頭，這也是錯誤的。

總之我們現在對於社會福利體系的作法是正確的，光靠民主黨或光靠共和黨都不行。假如只有一個政黨，一黨專政，美國的社會福利體系就不可能像現在這樣接近完美。

我認為權力使人腐敗，美國政體的優越性在於權力不會過度集中。假如美國始終由一個政黨獨攬大權，美國文明不可能在世事浮沉之中運作得這麼好。

但要我準確地說明什麼樣的社會福利體系才好，我也說不出來，也沒必要那麼精確。我看美國現存的社會福利體系很不錯，再高5%或低5%都不會影響美國人的幸福指數。

問：我進入金融服務業5年了，令我感到吃驚的一件事是，在過去5年裡，許多同業都在退場觀望，希望等到股市下跌再去投資。我的想法是我們這些20多歲、快30歲的人，手裡已經有了一些積蓄，未來有幾十年的時間做投資，我們應該從現在就開始投資。我的問題是，請問您同意我的看法嗎？如果您同意的話，請問我該怎麼勸我的朋友現在就開始投資？

答：能夠延遲滿足的人長期表現會優於衝動購物的人，有的人管不住自己，把錢隨便花在購買勞力士等華而不實的東西

上。

我認為每個人都該存錢，應該延遲滿足而非隨意揮霍。勤儉節約之類的美德，富蘭克林早就講過了。

延遲滿足這個個性基本上是天生的，這個結論已經在心理學研究中得到證實。如果你是一個衝動的人，總是必須立刻得到滿足，我只能祝你好運，你這輩子可能沒辦法過得很好，我沒辦法解決你的問題。

如果你有延遲滿足的個性，而且你能培養這個天分，你已經走在通往成功和幸福的路上。想要什麼就必須立刻得到，這會通往毀滅之路。

我也不知道自己怎麼成為大師，我從沒想到會有這麼多人帶著世界上各種該死的問題來問我。我們能聚在一起是緣分。我回答你們的問題應該算是一件好事，只要不要太頻繁，我也很樂意做這件事。

我對那些擁有眾多諂媚追隨者的人感到遺憾。我也不喜歡普通人，但我喜歡你們這群書呆子。

問：每日期刊和波克夏持有許多大型銀行股。我的問題是，最近出現一些新興的金融科技公司，您已經非常明確地表明您對加密貨幣的態度，但是您怎麼看這些新興金融科技公司？它們是否可能威脅到大型銀行的長期獲利能力？
答：我不懂加密貨幣，我只知道那是不能碰的東西。

　　我遇到問題會分門別類，如果問題符合「太難」的標準，我就直接把它扔到「太難」的那一堆，不去想它。

　　但我是個比較怪的人，現在偶而我會去做一些非常難的事，然後就一直做下去。

　　像每日期刊就是很奇怪的公司，經營這個公司很難。我這麼有錢，而且我都 96 歲了，卻還是牽掛著這個小公司的發展，我真是有點瘋狂。我也搞不懂你們為什麼大老遠跑來這裡聽我這個怪人講話？

　　你剛才提到比特幣，我很討厭比特幣。**比特幣純粹是反社會的東西，我們需要的是真實的貨幣。**

　　我們美國偶然創造了全世界的儲備貨幣，美元在全世界有著特殊的地位。從目前的情況來看，我們美國人被全世界託付，但我們的所作所為卻毫無責任感。我們對待美元的態度是隨心所欲。我不贊成這種態度。

　　對依賴美國的國家來說，我們擔負著重大的責任，因此我們應該要為它們著想。

問：現在我們的預算赤字、失業率、擴大資產負債表*都達到歷史高點，請問為什麼沒發生通膨？還有請您推薦一下去

---

*　注：指聯準會大規模向銀行及社會大眾購買如美國國債等資產，並向社會注入資金流動性，是挽救景氣衰退時會採取的手段。

年您讀過的好書。

答：通膨這個問題，我們的經濟學家總是高估自己，以為自己懂很多。

現在出現的情況誰都沒想到。為了應付經濟衰退，世界各國瘋狂印鈔，大量買進各種資產。世界各國放水的規模超出所有經濟學家的想像。

奇怪的是到現在為止，通膨卻一直很低。**我認為當我們談論經濟學時，我們還是保持謙卑比較好。**

美國前總統詹森（Lyndon Johnson）說過：「對經濟學高談闊論，就好像往自己的大腿上撒尿，自己覺得熱呼呼的，但別人沒什麼感覺。」我恐怕不能比喻得比他更好。

關於書，別人寄了很多書給我，多到我讀不完，很多只能隨便翻翻。我沒有特別好的書可以推薦。

書在我這一生中太重要了。我年輕時讀書不是像現在這樣隨便翻翻，我那時候讀的書少，但是讀得比現在精。當然我現在視力不太好，所以或許你該跟其他年輕人聊聊書。

問：我最近看了一部介紹經濟學家凱因斯和海耶克（Hayek）的紀錄片，請問您如何評價這兩位經濟學家？您比較支持哪一位的經濟理論？

答：凱因斯是個重要人物，在經濟學領域，他的影響力或許僅次於亞當斯密。

我經歷過大蕭條，深受影響，凱因斯的理論恰好可以解決 1929 年的經濟危機。後來希特勒發動二戰，戰爭發揮刺激經濟的作用，我們才得以擺脫那場經濟危機。所以學經濟學不能不提凱因斯。

海耶克比較難懂，我對海耶克沒什麼研究。他的東西我讀過，我比較欣賞他，但我不太確定我同意他的觀點，這對我來說太難了。

超低利率與負利率讓我不安

問：目前全世界十幾兆的流通證券陷入負利率，從總統發布的推特來看，他似乎也想在美國推行負利率政策。請問對於負利率政策您的態度是什麼？是支持還是反對？

答：負利率讓我很擔心，不過我認為政府當時確實沒有別的選擇。當年受政治因素影響，大規模的經濟刺激政策不可能在短時間內迅速實施，面對危機，他們唯一的武器就是印鈔和降低利率。我認為當初這麼做可能是對的。

現在我很擔心，這個方式成功過一次，人們會對它產生一種依賴心理。政府的行事風格一向如此，人性一向如此。我很擔心，但我不知道該如何解決這個難題。

問：我想請教您低利率會對保險業帶來什麼影響？浮存金的報酬率降低，可能導致保險業的供給緊張。例如在南加州，以前有三家保險公司為所有計程車提供保險，現在只剩下一家保險公司了，今後南加州的計程車商業保險只剩它一家。您認識蓋可等保險公司的高階主管，我想向您請教一下，如果低利率持續10年，保險業是否可能出現系統性風險？

答：我對長時間的超低利率甚至是更極端的負利率感到不安。誰都不知道未來會怎樣。

如果你也覺得不安，那我們是同一國的。我認為這樣的狀況存在一定風險，但當年這麼做也是不得已的。我只能說我對現狀感到不安，但我也不知道該怎麼辦。

問：請問您認為美國是否有必要實現貿易順差，才能在下個世紀維持繁榮的局面？

答：答案是否。

問：我想請教您關於特斯拉的問題。特斯拉的市值高達1,400億美元，上週特斯拉股票的成交金額高達2,000億美元，期權成交額高達5,000億美元，前幾天更曾單日暴漲20%。馬斯克先生賣力地煽風點火，想讓火燒得更旺一點，請問您怎麼看？您如何評價馬斯克先生的行為？

答：我想說兩點：第一，我絕對不買特斯拉；第二，我絕對

不放空特斯拉。

洛杉磯有個叫霍華德·阿曼森的人，他說過一句話對我很有啟發。他說：「永遠別低估高估自己的人。」馬斯克不是一般人，他很可能高估自己，但我們還真不能小看他。

問：我的問題是關於電動車和比亞迪，請問為什麼比亞迪的電動車銷量減少 50% 到 70%，但特斯拉的銷量卻成長 50%？請問比亞迪的前景如何？
答：我不是電動車專家，但我認為電動車的時代即將到來，一定會有公司讓電動車普及起來。

比亞迪銷量下滑是因為中國降低新能源汽車的購置補貼，特斯拉的銷量上升是因為馬斯克讓人們相信他能治好癌症。

問：您很早就支持發展電動車，您還投資了比亞迪。從目前的情況來看，請問您認為其他技術，例如氫能、燃料電池等，是否具有同樣的發展潛力？
答：我覺得與氫能、燃料電池相比，電動車將更普及。

長遠來看，將太陽能轉化為電能，再用電能驅動汽車，這是個好主意。電動車的技術一直在進步，未來鋰電池會比現在更安全，電量更多，一切都在往更好的方向發展。

當年我來到加州時，加州還有油田俱樂部呢。那時候加

州的石油業規模很大，很多人到處鑽井採油，就像今天的德州一樣。現在加州已經有幾十年沒發現過一塊新油田了。我認為依賴碳氫化合物做為能源很危險，直接從太陽獲得能源才是解決之道。

我看總有一天德州也會和加州一樣。

用太陽能取代化石燃料

問：近年來各國大力發展潔淨能源，人們非常關注氣候、環境、減少化石燃料等問題。請問您對核能有什麼看法？我知道比爾・蓋茲支持發展核能，而且據我所知，早在1950年代，巴菲特就投資過鈾，最近他捐出一筆資金幫助在中亞建設低濃縮鈾儲存庫，請問您怎麼看？

答：我很佩服比爾・蓋茲，他主動承擔重任，挑戰人類最棘手的難題，像他這樣做慈善的人真是了不起，當然比爾・蓋茲也有這個能力。

我不知道我們能不能建造出安全的小核電廠，但我覺得這的確值得思考。重要的是我們必須嚴格控管，不能讓狂熱份子拿到核分裂物質。這個問題很難，超出我的能力。

在能源方面，我們未來必須多利用太陽能。人類對此已達成共識，正大力推展這項工作，我認為這是件好事。

　　即使沒有全球暖化問題，我也支持儘快用太陽能替代化石燃料。我主張多利用太陽能，把碳氫化合物儲存起來。大多數人想法和我不一樣，但我是對的，他們都錯了。

問：請問該怎麼教育子女，才能讓他們在今後的人生中獲得成功？

答：言教不如身教，父母為子女做好榜樣比什麼都有用。只是說教沒什麼用。

問：請問您怎麼教育自己的孩子與孫子，讓他們能盡可能地長期持有股票？

答：你問錯人了，我的孩子們可不聽我的。我已經想開了，對待子女，我盡到最大努力，結果怎麼樣順其自然吧。

問：請問您有什麼長壽祕訣嗎？您現在一天工作幾小時？身為一名終身學習者，您仍然關心時事，請問您是怎麼做到的？

答：我不知道我是怎麼長壽的，事情就這樣發生了。我家族過去從來沒有一個男的活到我這個年紀，我也不知道是怎麼回事，我幫不了你。

問：蒙格先生，眾所周知您熱愛閱讀、博覽群書。我想請教

您一個問題，您是否會重讀以前讀過的書？如果會的話是哪些書？

答： 有一些書我會重讀，我可以跟你說說我想重讀但還沒讀的書。

前幾天我正在思考現在發生的這些事，突然想起我大約80年前讀過的一首詩，作者是喬治・桑（George Sand）。喬治・桑是一位女作家，在那個年代，為了嶄露頭角，一些女性作家有時會取男人的名字當筆名。喬治・桑寫了一首詩，這首詩是寫給貧窮女神的頌歌。

她寫道：「貧窮女神，我為你歡呼，我把你稱頌……，」如果我沒記錯的話，詩的結尾貧窮女神說：「你拚命把我趕走，但終有一天你會希望我回到你身邊。」

我有點同意這首詩，很想重溫一下這首詩。

我提起這首詩是因為這首詩講了一個道理。某些政客宣稱要徹底消滅貧窮，這是一個很愚蠢的口號。在現代文明中，貧富是相對的概念，人們已經能豐衣足食，卻還想成為富人，為的是富人的身分和地位。

人人都想追求地位，問題在於不管人們怎麼努力，無論我們多成功，社會底層的90%始終都由所有人當中的90%組成。

一個文明社會要健康發展，需要的是有效的激勵機制。
喬治・桑說得很有道理，別以為貧窮女神只能讓我們受罪，

她也有好的一面。我喜歡自己這些與眾不同的想法。

我認為一個億萬富翁在這裡讚頌貧窮女神，這就是一種貢獻。但我的想法很另類，只有你們這樣的書呆子才會欣賞。

不能靠臉吃飯的話，就得依賴頭腦

問：我是大學生，今年18歲，有時我發現自己做什麼事都提不起勁。您已經96歲了還對工作充滿熱情，請問您的動力從何而來？為什麼能保持如此之久？

答：也許是我運氣好吧。我喜歡自己做的事。我有好同事、好朋友、好家庭，我遇到的問題對我來說都很有趣。

我是個幸運的人，我不知道如何讓每個人都像我一樣這麼幸運。

上天也可能為我安排另一種命運，那樣的話，也許我現在是個可憐的酒鬼，正在水溝裡大口嘔吐。我幸運地擁有這樣幸福的生活，真的不是我有多大的本事。

不過我認為努力保持理智是有幫助的，如果你跟我一樣也是個書呆子，保持理智就是你唯一能做的事。如果不能靠臉吃飯的話，你就得依賴你的頭腦。

問：您之前提過您的思考方式讓您終身受用，一個是走正道，另一個是追求理性，請問您還有什麼特別有用的思考方式嗎？另外您之前提到對一些極端行為的擔憂，包括在創投、私募股權以及政治和經濟領域，請問您認為目前的體制當中還有什麼極端行為？

答：我覺得鴉片類藥物氾濫也是個問題。社會很大，總是會有各式各樣的問題。

歷史上中國曾有八分之一男性吸食鴉片成癮。中國皇帝是怎麼禁鴉片的？他沒殺很多人，他只是頒布一道禁令說，吸食鴉片者處以死刑。禁令頒布後，鴉片成癮的問題一下子消失了。

如果鴉片類藥物再氾濫下去，早晚我們也得祭出類似的嚴刑峻法。重病須用猛藥。

問：我的問題是關於全民基本收入計畫（Universal Basic Income）*，請問您如何看待這項計畫？

答：這樣的計畫，規模小的話還可以，規模太大了一定會出問題。什麼樣的規模適合？人們很難在這個問題上達成一致，必然會陷入無止盡的政治拉鋸。

---

* 注：指政府無條件定期給予民眾固定收入，以滿足人民基本生活所需。

問：今年我聽到這樣一種觀點，有人説媒體毫無新聞道德，我們看到的新聞全都經過媒體經營者的渲染。以您90年來的觀察來看，您覺得這種説法有道理嗎？

答：我不同意這個説法。過去的媒體，無論是電視台還是報紙、雜誌，總的來説還是比較有良心的。現在的媒體就差遠了，為了賺錢，什麼假話都説得出來。

從前的媒體享受著壟斷地位，靠裙帶關係管理，但還是比較有道德的。我很懷念以前的媒體，現在的媒體太喜歡煽動仇恨了。

一位著名的英國政治家曾説政治是煽動仇恨的藝術，我們現在關注的一些媒體很擅長煽動仇恨對立，有些內容可能有用，不過做得太過火了。仇恨輿論過多會危害社會。電視裡的主持人胡言亂語，觀眾看多了也會受到影響。

問：波音公司的飛機出了問題，請問對於最近的波音公司事件，您的看法為何？

答：我不想對波音公司落井下石。

波音是個偉大的公司，它的安全紀錄在全世界首屈一指。這次波音犯了大錯，它的聲譽受到沉重的打擊。製造飛機是超級工程，需要成千上萬的人參與，當你試圖做這麼複雜的事時，難免會出錯。

其實波音以前遭遇過類似的危機。幾年前波音的方向舵

出了問題，導致幾架飛機墜毀。當時我在美國航空公司的安全委員會任職。第一架飛機失事後，花了好幾個月的時間人們都找不出問題在哪裡。後來又有兩架飛機墜毀，波音公司花了六個多月時間才搞清楚原來是飛機的方向舵故障。

波音平息那場風波，這次波音也將安然無恙。但每次出了重大安全問題波音都要付出巨大的代價。當然，安全問題一定不能發生。

問：您能談談新成立的醫療保險公司Haven嗎？它打算如何改變醫療保險，降低醫療費用，提高醫療品質？

答：我非常關心醫療問題。就尖端醫療水準而言，美國遙遙領先全世界，我們有世界上最好的醫學院，世界上最好的製藥公司，在醫療領域美國擁有全世界最優秀的人才。

但是當我們把目光轉向美國的醫院和診所，我們會發現大量不必要的醫療行為，這些醫療行為毫無用處，實際上甚至可能造成了傷害。

不過你會發現有些醫療從業人員沒有這樣做，或是說，他們沒有動機想要透過這種方式賺錢。在加州有個凱撒醫療集團（Kaiser），它是醫療業的一股清流，但是像凱撒醫療集團這樣的醫院是少數，很多醫院、醫生他們故意用許多無濟於事的醫療手段，有些製藥公司更惡劣，把常見的糖尿病藥物當成天價藥賣，一個月要1萬美元。這太邪惡了。

　　我們的醫療體系問題太嚴重了，不改不行。

　　醫療業存在太多過度醫療現象，但可悲的是許多醫療從業人員明明在做壞事，自己卻渾然不知。他們沒有惡意，不是想靠謀殺和殘害他人獲利，他們覺得自己所做的一切都是為了病人。

　　但如果你幫病人動了一個不需要做的背部手術，這不是作惡是什麼？但動手術的醫師真的覺得這是為了病人好。

　　我認為我們必須改變醫療體系中錯誤的激勵機制。不是說美國沒有好醫院，有些醫院很有良心，但大多數醫院存在亂收費、高收費的問題，因此我認為我們必須改變美國的醫療制度。

　　新加坡的人均健保支出只有美國的20％，但是新加坡的醫療效果卻比我們好，而且它們的內部資訊是透明、公開的。我們的醫療體系不透明、不公開，這樣它們就能占人便宜。醫療業辯稱自己是遵守自由企業制度，但我認為這是一種偷竊。

問：我想請教您一個關於李光耀的問題，特別是他的住房政策。加州新開發的房地產案建築成本高得離譜，請問這個問題該如何解決？加州應該採取什麼樣的住房政策，才能讓社會不同階層的人都有房可住，像李光耀治理下的新加坡那樣避免因為住房問題而引發社會紛爭？

答：你這個問題就好像問一個喝醉酒的笨蛋能不能想出愛因斯坦的相對論一樣，實在超出我的能力。

李光耀是史上最傑出的建國者，新加坡在李光耀的帶領之下所締造的成就堪稱奇蹟。李光耀在新加坡取得的成功，不是在哪個國家都能複製的。在我看來，新加坡如果沒有那麼多和李光耀一樣的華人，也未必能取得那麼大的成功。我不確定其他族裔也能締造這些成就。

我想起一個小故事很有意思。李光耀接手的新加坡是個爛攤子，他需要建立一支軍隊，但沒人願意幫他，全世界只有一個國家伸出援手，就是以色列。

李光耀很為難，他想我們的鄰國與以色列不合，我怎麼能接受以色列的軍事援助啊！

後來他靈機一動，想出辦法。他接受以色列的幫助，但宣稱他們是墨西哥人。

就用這個小故事結束會議吧。

養成逆向思考的習慣，
就能更理智地解決問題。

—

查理・蒙格

8

疫情的反思
2021年股東會談話

我已準備好迎接未來的變化

編者按

　　由於疫情影響，2021年每日期刊股東會現場沒有觀眾，改由雅虎財經線上直播。蒙格和他的老搭檔蓋瑞・薩爾茲曼兩人坐在攝影棚裡完成這次會議。

　　這一年美國市場投機氛圍濃厚，除了比特幣狂熱之外，還出現遊戲商GameStop史詩級軋空、SPAC[*]以及羅賓漢（Robinhood）券商等事件。對這些事件，蒙格一如既往地嚴厲抨擊，並引用歷史經驗告誡大家要明智地遠離泡沫。

　　關於投資方式，蒙格也從投資業傾向、本益比指標選擇、對護城河變化的理解、公司文化的重要性等幾個方面進行論述，與紅杉資本和辛格頓的風格相比，蒙格較強調獨立思考，從錯誤中進步。

　　最後值得一提的是，股東會上蒙格聊到幾位老朋友：2020年過世的瑞克・蓋林、曾領導伊利諾國民銀行的吉恩・阿貝格（Gene Abegg），以及主掌每日期刊的蓋瑞・薩爾茲曼。蒙格以善於識人著稱，因此觀察哪些人能得到蒙格讚賞，也能為我們帶來不少為人處事的啟示。

---

[*]　注：Special Purpose Acquisition Company，特殊目的收購公司，是一種沒有實際營運業務公司，成立目的是透過IPO籌措資金後，以此專門去收購有展望的未上市公司。

股東會問答

股東問（以下簡稱問）：您希望10年後的每日期刊公司發展如何？

蒙格答（以下簡稱答）： 我當然希望每日期刊的軟體業務能大獲成功，幫助法院進入現代世界，實現自動化。我覺得每日期刊能成功，但我不敢保證。我也希望報紙能活下來，但這我也不能保證。

問：期刊科技的軟體產品適用範圍廣、設定方便。隨著客戶愈來愈熟悉法庭軟體，公司的e套件有望深度整合到更多司法轄區。目前公司大部分的合約收入來自實施和授權，請問新產品上線後，預計主要的副業收入會是什麼？E-file-it、E-pay-it、雲端代管服務等產品和服務的潛力有多大？

答： 我們不知道未來會如何，但我們相信未來所有法院都將朝現代化發展。

就像剛剛蓋瑞早餐後跟我說的，今後法院附近的停車場不會有什麼投資價值，因為未來極大一部分法院程序都會在線上進行。這是好事。像愛沙尼亞這樣的小國，整個國家的政務都在網路上完成，多方便。

我們從事的業務處於一個具有成長潛力的領域，這個市場潛力很大，這是好消息，壞消息是目前還不清楚誰能成為

最後贏家，也不知道最後能賺多少錢。

我們做的是軟體生意，但我們不是像微軟那樣的軟體公司，我們從事的業務內容更困難，我們透過招標流程提供軟體服務，這是一項困難又費時費力的工作，沒有微軟那麼賺錢、那麼輕鬆。不過雖然既苦又累，但我們喜歡這份工作，我們做的事對社會有幫助。

問：現在我們擁有正現金流，軟體業務走上正軌，請問每日期刊未來將如何進行資本配置？等到軟體業務成熟了，董事會會選擇配發股息和買回庫藏股，還是買進並持有股票？我們知道每日期刊不是迷你版的波克夏海瑟威，只是想了解一下公司打算如何進行長期的資本配置。
答：每日期刊最主要的業務是法院自動化軟體業務，我們全力以赴地工作，希望能取得好成績。

至於有價證券，目前與持有現金相比，我們更想持有股票。但我們手裡能有這麼多有價證券也只是一種偶然。

問：我有幾個關於接班計畫的問題。近年來波克夏海瑟威的接班計畫日益清晰，而且未來領導公司的主要經理人也出席股東大會，這讓波克夏股東對他們的投資感到更安心。您是否也能透露一下每日期刊的接班計畫？是否會像波克夏一樣，讓股東們認識一下未來的接班人？

答：軟體業務的幾位負責人工作得很出色，希望他們能繼續保持。我們從事的軟體業務很難，競爭激烈，與競爭對手相比我們只是一家小公司，因此我們沒辦法保證一定能成功，但我們會全力以赴。目前看來我覺得我們做得還不錯。蓋瑞，你說呢？

蓋瑞：我同意，是不錯。

答：軟體業務負責人做得很好，這應該在蓋瑞的意料之中。我知道他們能做好，但沒想到他們能做得這麼好。

蓋瑞：查理剛才多次提到法院，期刊科技的軟體設定之後可以供法官、公訴人和辯護律師使用，我們的客戶還包括其他司法和執法機構，以及勞工保險部門。我們有一個主系統，以此為基礎，經過一系列設定之後，軟體可以應用到許多地方，產品適用範圍很廣。

答：法律軟體的市場潛力很大，我們已經建立一些優勢，特別是在澳洲和美國加州，但我不能保證結果如何。我們很努力，也取得一些令人滿意的進展。不過有一點我可以保證，那就是我幫不上什麼忙，因為我不懂軟體。

問：如果每日期刊突然有一大筆獲利，管理高層會怎麼做？每日期刊如何看待目前低利率、低通膨的投資環境？

答：現在股市在高點，房地產價格也很高，手裡的閒置資金很難找到適合的投資標的，我們只能盡力而為。我不認為當

事情變得困難時就會有自動解決的方法。我認為一定會遇到困難。

管理階層有責任向股東如實報告

問：請問從道德層面來看，管理階層是否有義務保證股票價格盡可能接近價值？

答：我認為你不能將這件事當成道義責任，否則大家都要鄙視我，因為每日期刊現在的股價太貴了，我不會買。管理階層沒有義務保證股價的高低，但管理階層有責任向股東如實報告，不能誇大其詞，不能炒作自己公司的股票。

問：1999年，每日期刊收購永續科技（Sustain Technologies）。永續科技經營傳統業務，當時雇用355名全職員工與61名兼職員工。2010年，公司員工減少到165名全職員工、15名兼職員工。從今年的年報可以看到，這家公司現在只有97名全職員工。員工數量下降如此之多，它的出版品是否受到影響？還是數位革命大幅提高生產效率？

答：這家公司縮減規模，因為傳統報紙業正在萎縮。感謝蓋瑞，裁員的事沒人願意做，他自己做了，沒讓我或瑞克操心。員工人數減少是否影響到內容品質？廣告業務不涉及內

容品質，但員工少了那麼多，新聞報導的品質一定會受到一些影響。蓋瑞，你說呢？

蓋瑞：這個問題涉及很多因素，說起來有點複雜。科技在變化，我們很多系統已經在雲端了，包括編輯系統、廣告系統、會計系統。整體報業的衰落也為我們帶來很大的衝擊，傳統的報紙廣告業務明顯下滑，現在我們已經把廣告銷售業務外包出去了。

在加州由於業務低迷，我們縮減辦公空面積。在舊金山我們很難招募到記者，因為很多網路公司也在做內容。在多重因素影響之下，我們的《加州律師》雜誌停刊了，我們關閉了西雅圖和丹佛的辦公室。

答：管理一家業務縮水的公司很難，蓋瑞做得非常好，也非常有必要。

■ 面對未知，提前做好準備

問：您認為市場會像1999年那樣，再來一次崩盤嗎？或者說科技永遠改變了公司的估值方式？

答：科技確實會帶來變化，但我不知道這個永遠有多久。未來的發展涉及許多變數，所以我們很難預測未來會如何。面對未知的情況，人們通常會未雨綢繆，儲備資金，困難來臨

時就能有備無患。就像蓋瑞所做的那樣，根據狀況縮小規模或擴大規模。

每日期刊遇過這樣一件事。在喪失抵押品贖回權熱潮期間我們大賺了一筆，就像瘟疫流行時，送葬的業者賺得荷包滿滿。這筆錢可真是從天而降。之所以能做到這筆生意是因為蓋瑞和我買下加州各地的小報，我們只是提早做準備，把廣告業務的覆蓋範圍擴展到整個加州。結果證實這是一個好主意，也是我們能大賺一筆的原因之一。股東們應該慶幸每日期刊有蓋瑞的領導，蓋瑞一開始不懂報業，但是他善於學習。

問：去年瑞克・蓋林去世了，請兩位分享一些關於他的軼事，以及對他的回憶。

答：他是我幾十年的老朋友了。瑞克是好朋友，是個紳士，我們一起工作也取得不少成果。當年，藍籌印花因為反壟斷訴訟而出售，華倫、瑞克還有我，我們三人合夥買下藍籌印花的控股權，我們一起在藍籌印花公司工作很長一段時間，後來瑞克和我又一起在每日期刊共事。

瑞克總是很幽默、很聰明，他參加海軍的智力測驗，獲得有史以來最高的分數，而且他還提前交卷了。瑞克這麼聰明，難怪他能那麼快出人頭地。

瑞克積極向上的生活態度很有感染力，他總是會自我挑

8 疫情的反思 337
2021年股東會談話

戰，不是玩高空跳傘，就是跑馬拉松，做各種我從沒想過要做的事。他愛開玩笑，經常逗別人開心。瑞克也是一個熱心的人，身邊的人遇到困難他總是慷慨相助。

我們很想念瑞克。他活到90歲，活得長壽，也活得精彩。當你們像我一樣老的時候，老朋友走一個就少一個了。

蓋瑞，你說瑞克什麼時候垂頭喪氣過？他總是熱情洋溢。

蕭瑞： 的確，瑞克總是熱情洋溢，對什麼都很感興趣，對很多事都能立刻加以評論，而且他的評論總是一針見血。

答： 不愧是參加智力測驗提前交卷還能得最高分的人啊！

問：在今年年報中，您提到股市上漲主要有兩個原因：一個是狂熱的投機行為，另一個是被動的指數買進，請問這兩個因素是否會擴散到整個市場？人們在市場中表現出投機行為是出於什麼樣的心理？投資者應該如何應對市場上的週期性狂熱？

答： 投資熱潮是市場經濟的一部分，市場經濟出現投資熱潮很正常。還記得當年的網路泡沫嗎？在網路泡沫的鼎盛時期，矽谷隨隨便便一個小房子租金都漲翻天，幾個月之後繁華散盡，三分之一的房子人去樓空。

資本主義總是會出現投機熱、出現泡沫，這是必然的，類似的現象我看多了，每次遇到這種狀況，我的應對方式就

是撐過去，我覺得投資人也該這麼做。

但人們不是像我說的這麼做，看見股票飆漲，許多人就開始瘋狂買股票，甚至是貸款投資。這是一種非常危險的投資方式。人們應該更清醒一點，別看見股票上漲就買，不要因為想要賭一下就去買。

吉卜林寫過一首有名的詩，詩名叫〈女人〉（The Ladies）。他在詩中說關於女人，你要吸取他的教訓，不要步他的後塵，但是吉卜林又補充了一句：「我知道你不會聽從我的建議。」

問：最近在社群媒體的推波助瀾下發生GameStop軋空事件，請問蒙格先生怎麼看？這次事件對未來有何影響？是否會改變今後市場上的放空行為？您總結過人類誤判的原因，這次事件似乎是一個很好的案例。

答：當很多人利用股市的流動性進行賭博，就會出現像GameStop這樣的軋空事件。這就是我們股票市場正在發生的事。

在股市裡，很多人就是來賭博的。有些人專門從這些股市賭徒身上賺錢，他們賺佣金、手續費，因此助長了這股熱潮。散戶受到煽動，就會出現這次軋空事件。

在股市背後存在交易清算機構，所有股票交易都要透過清算機構完成。這次的事件愈演愈烈，甚至威脅到交易清算

機構的正常運作，這實在非常危險。把賭徒吸引到股市裡，讓他們盡情地賭，這樣當然會產生問題。

我相信這樣一個簡單的道理：賣東西賺錢無可厚非，但是你賣的必須是對別人有幫助的好東西。有些券商不擇手段吸引賭徒，想盡辦法誘使人們賭博，然後自己從中分一杯羹。我認為這是一種骯髒的賺錢方式，我們允許他們這麼做是瘋了。

問：許多評論人士認為現在的市場很瘋狂，投機風盛行、特殊目的收購公司（SPAC）火紅、IPO上市首日暴漲，這讓他們想起了網路泡沫。您是否同意當前的市場與1990年代末非常相似，網路泡沫正在重演，結果一定會很糟糕？

答：我同意，我覺得一定不會有好下場，但我不知道何時會發生。

問：無論是演員、運動員、歌手還是政界人士，很多人都開始推銷自己的SPAC。請問您對這些SPAC和推銷SPAC的人有什麼看法？

答：這些東西百害而無一益，我完全不想參與。具體的公司都還沒成立或選定就開始募集資金，這就是泡沫的徵兆。只要有人願意買，投資銀行連屎都能賣。

■ 人性貪婪、券商逐利，製造出經濟泡沫

問：蒙格先生，去年二月您提到金融業中的瘋狂行為，回顧這一年，您能否再談談金融業中存在的風險？哪些問題您覺得最嚴重？

答：羅賓漢（Robinhood）等新興券商誘使剛開始交易的股民做動能交易（Momentum Trading）*，這種行為最惡劣。我對這些事感到遺憾，如果沒有這種可恥的行為，我們的社會會更好。

還記得18世紀英國的南海泡沫嗎？南海泡沫破裂造成巨大的破壞，在之後的幾十年裡，英國政府不允許任何公司進行上市交易。那場泡沫的影響非常大。**人性的貪婪加上券商群體的逐利行為，時不時製造出這些經濟泡沫。**我認為聰明人應該遠離這些泡沫。

問：目前羅賓漢提供股票免費交易服務，我們是否應該開始對買進股票徵稅？

---

* 注：一種追逐趨勢的投資方法，藉由買進成交量、週轉率較高的股票，可以利用股票上漲的延續性，賺到價格上漲的價差。

答：羅賓漢的交易不是免費的。羅賓漢出售客戶的訂單流 *（order flow），卻把自己包裝成免費服務，實際上客戶可能要付出很高的代價。羅賓漢的宣傳口號很齷齪、很卑劣，別相信羅賓漢交易免費的鬼話。

問：蒙格先生，您曾在演講中說過，一個標的如果交易雙方都高估其實際價值，就會產生泡沫，在討論這個現象時您還用了「等同於貪汙」這樣的描述。美國公債是其他資產的訂價基準，請問目前美國公債是否存在泡沫？如果是的話會產生什麼影響？

答：我不認為美國公債存在泡沫。目前看起來，美國公債是很糟糕的投資，利率這麼低，我完全不買公債，每日期刊公司也沒買。

　　公債沒什麼大問題，但是利率壓得這麼低，鈔票印得這麼多，未來經濟何去何從？我真的不知道。我想沒人知道這個問題的確切答案。最近有人引用美國前財政部長桑默斯（Larry Summers）的話說，他擔心我們有太多刺激經濟的措施。他說的對不對我也不知道。

---

* 　注：羅賓漢交易平台標榜零手續費以吸引散戶，公司主要收入來源則是從大型交易公司收取訂單流佣金。

問：蒙格先生，您曾說：「手持大量現金卻什麼都不做是需要勇氣的。我有今天靠的不是追逐平庸的機會。」過去幾年股票漲了很多，與此同時受到央行政策影響，持有現金的風險正在增加。您是否考慮修改您的這句話或是降低您的標準？

答：現在利率如此之低，所有人都寧可以高一點的本益比持有股票。現在好公司的本益比比之前高很多，這也沒什麼不合理的。

話說回來，正如你在問題中所提到的，我能富有，靠的不是在瘋狂的投機熱潮中買進高本益比的股票。我不會改變。只是利率這麼低，我願意以比較高的本益比持有股票。大家都是如此。

所有正確的投資都是價值投資

問：在國內生產總值負成長的趨勢之下，您認為價值投資依然適用嗎？還是被動投資更好一些？

答：這個問題很簡單。在我看來價值投資永不過時。根據我的理解，**無論買什麼股票，價值投資都是付出較低的價格、買進較高的價值。這種投資方式永遠不會過時。**

有些人認為價值投資就是挖掘帳上現金很多、但生意

很差的破爛公司。我覺得這不是價值投資。我認為所有正確的投資都是價值投資，區別在於有些人在好公司當中尋找價值，有些人在爛公司當中尋找價值。但是所有價值投資者都是以較低的價格，買進較高的價值。

有趣的是，在財富管理業，許多管理人覺得自己持有100多檔股票，他們的投資就比那些只持有4、5檔股票的人更專業。這根本就是瘋了。從我的投資經歷來看，我認為找出4、5個好的投資機會比較容易，我有比較高的機率準確判斷這些股票的表現優於市場平均。我認為找到5個好的投資機會比找到100個簡單得多。

我比較願意持有2、3檔我認為我了解、我比別人更有優勢的股票。

問：我們知道，您有一份檢查清單，您總是用這份清單篩選投資機會。請問清單中有哪些項目是您希望自己能早點加進去的？

答：我一直在犯錯，事後回想才發現自己應該做出不同的決定。

犯錯難免，要成為優秀的投資人本來就很難。我現在對自己的要求放鬆了很多。回顧這一生我很知足，別人做得比我好我也不在意了。我用的檢查清單等投資方法是正確的方法，我很慶幸自己很早就發現這些方法，而且這些方法也很

有效。

我建議你們向我學習。在《天路歷程》(*Pilgrim's Progress*) 裡，約翰・班揚 (John Bunyan) 寫道：「我的劍留給能揮舞它的人。」這話說得很對，你揮舞不了我的劍，我沒辦法把它傳給你。

問：請問投資界目前流行的最大謊言是什麼？
答： 如果你想找令人噁心的謊言，那免佣金交易是很好的選擇，表面上免費，實際上是要付出代價的。

問：投資時，您認為應該在企業早期投資，也就是公司剛起步、產業還比較小的時候投資，還是等到公司已經成為明顯的贏家，產業已經成熟時再投資？
答：華倫和我擅長投資成熟產業， 我們不擅長像紅杉資本那樣投資新興公司。

紅杉資本可以說是全世界數一數二的創投，他們特別擅長早期投資。我不想跟紅杉在創投領域競爭，他們贏過我們太多。有些人比較適合做早期投資，有些人比較適合像我們這樣投資。

問：去年，幾乎所有電商、網路以及和網路有關的股票漲幅都超過100％，您說過紅杉資本是最優秀的投資公司之一，

請問數位經濟是否來到引爆點？這次真的不一樣嗎？難道真的不能再用傳統方式來為這些新興公司估值？還是說現在的狀況讓您想到1999年？公司還沒獲利，卻要支付50倍、60倍的股價營收比，購買它們的成長性，這與傳統價值投資強調的安全邊際完全不同。請問您怎麼看待這個現象？

答：總的來說我不會試圖與紅杉資本競爭。我讓李彔幫我管理投資，我們買了比亞迪，這筆投資很像紅杉的風格。比亞迪不是新創公司，只是我們買的時候比亞迪還很小，交易量很少。我們買比亞迪時，比亞迪已經是一家上市公司了，但這筆投資具有一定的創投性質。

除了比亞迪這筆投資之外，我沒有像紅杉那樣投資過。紅杉在創投方面比我強得多，而且我也不知道怎麼像他們那樣投資。

問：護城河和競爭優勢有很多種，展望未來，您認為未來哪些護城河和競爭優勢最重要？哪些競爭優勢可以組成新的護城河？

答：這個問題對我來說太難了。我只能告訴你，過去有很多人們以為不可逾越的護城河，現在卻消失了。想想看以前占據壟斷地位的報業公司，它們的護城河曾經很強大，但報紙已經死光了，幾乎一個都不剩。

舊的護城河不斷消失，新的護城河不斷形成，這就是資

本主義的本質。就像生物進化，新物種不斷產生，舊物種不斷滅亡，這不是我們可以改變的。誰說生活會輕鬆愉快，生活本來就很難。

問：我看了加州理工學院對您的訪談，您能否談一談，投資大師和西洋棋大師之間有什麼異同？另外您看了網飛（Netflix）的新劇《后翼棄兵》（Queen's Gambit）嗎？

答：我看了一、兩集《后翼棄兵》，我覺得西洋棋有趣的一點在於，在某種程度上除非你有天賦，否則是學不好的。就算你有天賦，也必須從小就開始學，累積大量經驗，否則你也不可能精通。這是一個非常有意思的競爭領域。

很多人認為只要頭腦聰明、肯下功夫，就能成為投資大師，在我看來聰明勤奮的人有可能在投資方面做得不錯，能避開一些明顯的陷阱，但不是每個人都能成為投資大師或者西洋棋大師。

我認識一個人，亨利・辛格頓，他沒得過西洋棋冠軍，但是他的棋藝很好，能蒙眼下西洋棋。辛格頓是個天才，像他那樣的天才沒幾個。沒辛格頓那樣的天賦不可能成為西洋棋世界冠軍，也不可能像他一樣在商業上大獲成功。

有些成就，普通人是難以企及的。有些人聘請一堆人來幫他管理投資，讓別人幫他做決策，我覺得還是把決策權集中交給一個人比較好，選一個對的人，就像我選了李彔的基

金一樣。

　　普通人想成為投資大師沒那麼容易。

企業文化，導致好市多與奇異成敗兩樣情

問：請問在投資過程中，分析一個公司的文化有多重要？

答： 很重要。以好市多為例，幾十年前它只是一家小公司，它能發展得這麼快、這麼好，部分原因就在於它的企業文化。好市多培育了一種非常強大的企業文化，包括嚴格控制成本、確保品質、重視效率、重視聲譽等。好市多的企業文化推動它的發展，因此企業文化當然非常重要。

問：原本形象很好的公司也可能迅速跌落谷底，奇異就是一個典型的例子。請問我們該如何監控自己的投資？有可能提前發現公司衰退的跡象嗎？或是根本不可能提前發現情況惡化，根本沒辦法全身而退？

答：我從沒買過奇異的股票，因為我不喜歡奇異的文化， 所以當奇異出事時我一點都不驚訝。現任的奇異執行長賴瑞·卡爾普（Larry Culp）是個能力出眾的人，董事會選他掌管公司非常明智。奇異的董事們選對人了。如果有人能解決奇異的問題，那就是卡爾普。

問：波克夏海瑟威大量賣出富國銀行持股，每日期刊公司卻一股也沒賣。波克夏不看好富國銀行，我們和波克夏的標準不一樣嗎？

答：我不認為我們必須和波克夏步調完全一致，我們有不同的稅務考量。

毫無疑問，富國銀行讓波克夏這樣的長期投資者失望了。富國銀行的管理層已經換人了，原來的管理層不是存心作惡或偷竊，他們的問題在於他們培育一種交叉銷售的文化，間接鼓勵員工向客戶推銷他們不需要的產品。後來問題爆發，有些員工造假，公司的激勵機制存在漏洞，但富國銀行不改變機制，反而追究客戶的責任。很遺憾，他們在決策上出現重大失誤。

難怪華倫對富國銀行不抱希望。我比華倫更寬宏大量一點，我對銀行管理層的要求比他低。

銀行誘惑太大，投資銀行股很難

問：與投資其他股票相比，持有銀行股有什麼好處？銀行股更穩定嗎？

答：不管是什麼股票都會波動，管理得好的話，銀行也是

一門好生意。但曾有一位智者說過：「銀行很多，銀行家很少。」只有極少數銀行高層能擁有巴菲特式的管理心態，從不惹上麻煩，因此管理銀行很難。

　　銀行業高層面對的誘惑太大，他們很容易動手粉飾下一季的獲利，但卻置長遠利益於不顧。有些銀行的高層確實禁不住誘惑。所以說**找到值得投資的銀行不是不可能，但的確很難。**

問：吉恩·阿貝格可以說是20世紀最傑出的銀行家之一。長期以來，他保持極低的貸款損失率，並且取得2%左右的資產報酬率。我認為今天的銀行家應該多向吉恩學習，但關於吉恩我們知道的不多，為什麼在那麼多銀行倒下的時候，吉恩能保持超低的貸款損失率？

答：這個問題很容易回答。吉恩是個非常聰明的人，他住在一個小鎮，他對周圍的人和事都非常熟悉。吉恩具有傑出的判斷力，他特別謹慎，總是極力避免不良貸款和多餘的開支，有他這樣的人管理銀行是不會出問題的。他認識小鎮裡的所有人，這一點也有幫助。

　　我是在奧馬哈長大的，如果我在奧馬哈經營一家銀行，我也能經營得很好。因為當我還是個孩子的時候，我就知道奧馬哈哪些人可靠、哪些人不可靠。吉恩在他的小鎮裡就是如此。另外，吉恩經歷過大蕭條，他接管過一家破產的銀

行，這對他影響很大，讓他對不良貸款非常警戒。他也竭力
削減經營成本。

　　吉恩是老派的銀行家，他的這一套依然管用，但這對其
他人來說可能就沒那麼簡單。如何在伊利諾州一座小鎮避免
信貸損失，吉恩很清楚知道自己該怎麼做。

**問：每日期刊持有美國銀行與美國合眾銀行（U.S. Bank），
請問長遠來看，這些美國銀行業面臨的最大競爭威脅是什
麼？是PayPal、Square或Apple Pay等電子錢包嗎？還是比特
幣或去中心化金融*（Decentralized finance）？**
答：我不知道銀行業未來會如何，也不知道支付系統未來將
如何發展。我只知道兩件事：第一，運作良好的銀行有利社
會文明發展；第二，沒有任何一家央行會放棄對銀行體系和
貨幣發行權的掌控，因此我不認為比特幣將取代現有的交易
媒介**。比特幣波動太大，不適合作為一種交易媒介。比特
幣更像一種人造的黃金替代品。我從來不買黃金，當然也不
買比特幣，建議你們也像我一樣。

---

*　注：是一種建立於區塊鏈上的金融，它不依賴券商、交易所或銀行等金
　　融機構提供的金融工具，而是利用區塊鏈上的智慧型合約進行金融活動。
**　注：交易媒介是在交易中用以避免以物易物系統所造成不便的媒介，現
　　代的交易媒介多為貨幣。

　　提到比特幣，讓我想起英國作家王爾德（Oscar Wilde）評論獵狐行為的一句話。他說那是一群令人無語的人，追逐不宜食用的獵物。

問：請問您對加密貨幣的看法如何？最近特斯拉將比特幣納入資產負債表的資產項目，請問每日期刊公司是否考慮跟進？

答：不。我們不學特斯拉，我們不買比特幣。

問：比特幣突破5萬美元大關，特斯拉的稀釋後企業價值突破1兆美元大關，哪一件事比較瘋狂？您如何評價這兩個價格？

答：曾經有人問過英國文學家山繆·詹森（Samuel Johnson）一個類似的問題，他覺得很難回答，他說：「我無法決定蝨子和跳蚤哪個比較好。」我對這兩個選擇也有同感，我不知道哪個讓我更厭惡。

問：在每日期刊的股票投資組合當中，比亞迪有很大的帳面收益，去年和今年比亞迪漲了很多，現在的股價或許已經遠遠超出內在價值。請問您如何決定一檔股票是該繼續持有，還是賣出一些？

答：這是個好問題。

我們持有比亞迪股票的前五年它一動也不動，去年它漲了5倍多。比亞迪一直在蓄積力量，在中國從燃油車轉換成電動車的過程中，它逐漸嶄露頭角。比亞迪處於非常有利的位置，這讓中國股民興奮不已，因為中國股民當中有許多瘋狂的投機者，於是比亞迪的股價節節攀升。

我們欣賞比亞迪，看好它的潛力，而且我們賣出股票時需要向聯邦政府和加州政府支付巨額的稅款。總之，在找不到值得買進的新股票時，我們會持有原來的股票，所有人都會這麼做。

我在創投界一位最聰明的朋友，他經常用天價買進一大批股票。他總是先賣出一半，這樣一來不管後面如何他都可以很從容。我不會這麼做，但我也不會批評他這種作法有什麼不好。

■ 如果我喜歡一家公司，我會非常忠誠

問：請問電動車製造商的估值是否已經處於泡沫狀態？波克夏和李彔都持有比亞迪，您也對比亞迪讚譽有加。比亞迪目前價格是將近200倍本益比，與特斯拉的1000倍本益比和24倍股價營收比相比還算低。我知道波克夏是長期投資者，很少因為股價過高而賣出好公司，例如可口可樂就是一例。

但是否有可能股價實在太高，已經完全吃掉公司未來的利潤。股價過高時，如何決定是否賣出？能否談談您賣股的思考方式？

答：我很少持有像比亞迪這樣股價漲得這麼高的公司，我邊做邊學，我覺得我還沒有一個系統可言。

我認為如果我們喜歡一家公司、喜歡它的管理層——例如比亞迪，我們會對它非常忠誠，甚至有點過於忠誠。這一點我們不會變。

問：大約兩年前，您認為好市多是唯一值得買進的美股，為什麼？您說亞馬遜應該怕好市多，而不是好市多應該怕亞馬遜，為什麼？您認為貝佐斯是最了不起的企業家之一，現在貝佐斯不必像之前那樣完全聚焦於亞馬遜的日常營運，有更多時間開發新業務，您是否會考慮投資他的新業務？

答：不，不會。我很欣賞貝佐斯，他是最聰明的企業家之一，但是我不會投資他的新業務。我們各有各的領域，我不太清楚貝佐斯的新業務，所以不想參與其中。用投資來解決一些大難題，雖然都是聰明正直的人，但大家常常會尋求截然不同的解決辦法。

我認為好市多有一個特質是亞馬遜沒有的。人們相信好市多能為他們提供巨大的價值，這就是為什麼好市多會對亞馬遜構成一定的威脅。在為消費者提供價值方面，好市多的

聲譽是無人能及的，包括亞馬遜在內。

問：您和華倫特別善於識人，無論是企業家還是合作夥伴，你們都能一眼看透。請問如何辨別一家公司的領導者是否優秀？能不能告訴我們一些識人察人的技巧？

答：如果有一個人是經常喝得酩酊大醉的酒鬼，那我們就會遠離他。每個人都有可以避開危險的捷徑，而我們可能比別人擁有更多這樣的捷徑。這麼多年來，這些捷徑為我們帶來很大的幫助。

波克夏為什麼經營得這麼好？很重要的一個原因在於我們總是和優秀的人共事。每日期刊其實也是如此。一場巨大的變革毀滅報業，每日期刊這家小公司卻活了下來，而且還活得很好。因為我們這裡有優秀的人幫我們度過難關，蓋瑞・薩爾茲曼就是其中之一。蓋瑞，我們一起共事多少年了？

蓋瑞：從 1970 年代初開始。

答：從 1970 年代初開始。我很早就看出蓋瑞有管理能力。一開始蓋瑞幫我和瑞克・蓋林管理我們收購的一個小型基金，後來他去了蒙格與托爾斯律師事務所（Munger Tolles）擔任管理工作。我對蓋瑞的印象非常好。每日期刊的前任執行長去世時，我們需要一位新的管理者，我對瑞克說我們把每日期刊交給蓋瑞管理吧。瑞克吃了一驚，他說：「蓋瑞從沒

接觸過報業啊。」我說：「沒關係，他一定可以。」瑞克同意了。就這樣，我們讓蓋瑞管理每日期刊公司，在他的領導下，每日期刊發展得愈來愈好。

湯姆・墨菲（Tom Murphy）曾說，他的用人之道是完全授權，我們對蓋瑞也是如此。

問：我是主修中國歷史的學生，我的問題有關中國。1860年，中國人均GDP是600美元，1978年鄧小平成為領導核心，中國人均GDP是300美元。今天這個數字已經達到9,500美元。以如此之快的速度帶領8億人脫貧，可以說史無前例。您讚揚中國人勤勞的美德，也非常認同儒家觀念，然而從美中之間不斷惡化的關係我們可以發現，西方世界並不了解中國。我們該怎麼做才能讓世界更了解中國文化？
答：所有人都覺得自己的文化最好、自己的國家最棒，但不可能所有人都是最好的。

你說得對，做為一個大國，中國創造的經濟奇蹟史無前例。很多人認為英國是工業革命的發源地，也是最早主張言論自由的國家，所以包括亞當斯密在內的許多人都認為經濟繁榮必須奠基於言論自由。

中國人已經證明不需要言論自由也可以實現經濟繁榮，他們借鑒亞當斯密的理論，但省去了言論自由，就取得很好的成果。我不知道如果中國全盤照抄英國是否能做得更好，

其實我認為可能遠遠不如現在。要知道當年中國陷入極端貧困的深淵，他們需要非常極端的方法，也就是極權主義的作法，才能從困境中走出來。因此我認為，中國的方式對中國來說可能是正確的。

我們美國人雖然喜歡自己的國家、自己的制度，但不應該自以為是地告訴中國人他們必須像我們一樣。我們的制度適合我們，中國的制度適合中國。

問：您看好中國股票，最近螞蟻金服、阿里巴巴、馬雲陷入風波，請問您是否擔心中國政府的介入？例如中國政府是否可能將比亞迪國有化？

答： 關於比亞迪，你說的情況不太可能發生。至於馬雲，他太自大了，他教訓中國政府，指責政府政策有錯。考量到中國的制度，馬雲不該這麼做。我認為中國政府在管理經濟方面做得很好，他們管理經濟取得的成果比我們好。

誰都喜歡自己的文明。我欣賞中國，不代表我就想去中國生活，我更喜歡美國，但中國取得的成就確實令人敬佩，怎麼能不佩服中國呢？歷史上從來沒有任何一個大國能如此迅速地擺脫貧窮，我在中國看到的一切令我震驚。有些中國工廠裡全是機器人，機器人在車間裡完美地運轉。中國不再像過去那樣，靠廉價勞動力把我們的製鞋公司打趴。中國已經迅速躋身現代國家行列，中國的經營管理也在向世界先進

水準看齊。

找到正確的方法，就這樣去做

問：您一直對新加坡、對李光耀讚賞有加。有一次您說：「你們可以研究一下李光耀的生平和偉業，你們會佩服得五體投地。」您為什麼會關注新加坡和李光耀？您見過李光耀本人嗎？新加坡最值得學習的一點是什麼？

答：李光耀是最偉大的建國者之一，不考慮國家大小的話，李光耀可能是有史以來最傑出的建國者。他接手的是一片瘧疾肆虐的沼澤地，沒有軍隊，什麼都沒有，轉眼之間他就把那裡變成一個繁榮興盛的國家。

他的方法很簡單。李光耀有一句口頭禪，他經常說：**「找到正確的方法，然後依照正確的方法去做。」**這個道理很簡單，誰都懂，但是沒幾個人能付諸實踐。人們做不到像李光耀那樣，不斷摸索什麼方法正確、什麼方法不正確，人們也無法像李光耀那樣能堅持下去。

另外，李光耀也是個非常聰明的人，他有很多高明的想法。他用一生的時間，在一片沼澤地上建立起現代的新加坡，這絕對是個奇蹟。新加坡一黨獨大，但李光耀不是獨裁者，他是有可能會被選民罷免的。但李光耀因為傑出，所以

一直當選。

李光耀對腐敗問題深惡痛絕，在反貪腐方面他做得很徹底。在李光耀手裡沒有解決不了的問題。以新加坡的醫療體系為例，新加坡的人均健保支出只有美國的20％，效果卻比美國的醫療體系好得多。李光耀很務實，他總是能做出正確的選擇。

新加坡政府為每位公民建立醫療儲蓄帳戶，要求每位公民每個月必須從收入中拿出一部分，存入自己的醫療儲蓄帳戶。醫療儲蓄帳戶中的錢專門用於醫療支出，如果最後帳戶裡的錢沒花完，可以留給子女。每個新加坡人都是用自己的錢支付醫療費用，花的是自己的錢，當然不會亂花了。無論遇到什麼問題，李光耀總是能夠認清現實，找出更有效的解決辦法。

在整個人類歷史中，像李光耀這樣的人不多。所以當然，我很敬佩他，我家裡有一個李光耀的半身像，我就是這麼敬佩他。

■ 過度減少貧窮只會適得其反

問：目前美國聯準會維持接近零利率的政策，這使那些擁有金融資產的人受益，加劇美國的貧富差距，特別是受疫情影

響，很多人的生活更加窘迫，我們該如何幫助這些人？

答：總體金融政策的對錯很難判斷，因為沒人知道政府干預的程度多少才對，也沒人知道政府什麼時候該收手。我們不知道如何預測總體經濟。至於有些聲音抱怨說，因為新冠疫情導致有錢人更有錢，我覺得這是無稽之談。沒人想讓有錢人更有錢，我們遇到困境，美國政府所做的一切只是為了挽救整個經濟。我認為美國政府盡了最大努力做出最有效的決策。政府不是有意想讓有錢人更有錢，而是為了挽救整個文明，有錢人變得更有錢只是偶然的結果。

政府的出發點是避免危機，並不是什麼有錢人在搞陰謀。有錢人更有錢是一個意外，下一次說不定就輪到窮人變得更有錢了。事情會循環，社會各階層的財富是流動的，我不認為需要為此過度擔憂。

事實上，如果想要一個國家變得富裕，需要的是自由市場體系。依照亞當斯密的理論，在自由市場經濟制度下，所有人都追求財富。市場經濟制度中存在貧窮，貧窮令人們痛苦，但貧窮也激勵人們擺脫貧窮，進而促進整體社會的經濟成長。換句話說，在某種程度上，這是一個會自我修正的系統，但遺憾的是經濟學的教科書上沒有說明，在一個成長的經濟體中必須存在貧窮，它才能走出貧窮。所以如果你試圖過度減少貧窮，那只會適得其反。

消除貧窮是個難題，大多數人想得太簡單了。如果把最

低薪資提高到每秒鐘10萬美元就能讓世界變得更富裕，我們
當然會這麼做。但提高最低薪資，世界也不可能更富裕。

**問：您最近警告說貨幣發行規模太大，請問您如何看待現代
貨幣理論？**
答：在威瑪共和國，政府大量印鈔，導致了惡性通膨。現代
貨幣理論（Modern Monetary Theory）的出現表明，人們對
威瑪共和國式的通膨災難沒那麼擔心。這就是現代貨幣理
論。從目前的情況來看，也許現代貨幣理論說得對，但我仍
然持懷疑態度。我不知道答案。

**問：美國聯準會似乎在支撐資產價格，您認為這麼做對嗎？
這是否會導致金融泡沫，收入差距拉大？從長期來看會產生
什麼樣的結果？**
答：我不知道未來經濟會如何發展。我們能取得一些成就，
並不是因為我們有能力看透總體經濟。

不少人整天把貧富差距掛在嘴邊，我倒不認為這是什麼
大問題。我認為不平等是讓國家富強、提升窮人生活的政策
所產生的必然結果，因此我不介意有一點不平等。我觀察到
的是，很多富裕家庭很快就會失去權勢和財富，因此我不擔
心一個國家會因為少部分人比其他人更有錢而毀掉。

我認為中國領導人很聰明，在很短的時間裡製造出許

多億萬富翁。中國政府徵收多少遺產稅呢？中國的遺產稅是零。這是中國政府的作法，我覺得他們的作法也許是對的。

問：許多人認為受到疫情影響，貧富差距更懸殊了，應該要採取強而有力的措施解決這個問題，例如徵收財富稅。請問您認同這個觀點嗎？如果不認同，您認為應該如何解決貧富差距問題？

答：任何一個富裕的國家都應該建立一個社會安全網，而且要隨著社會財富增加，逐漸提高社會安全網的保障能力。在我這一生當中，美國一直在提高社會福利，我們的社會福利體系愈來愈完善。如果始終是一黨專政，我們可能無法建立起今天的社會福利體系。

　　換句話說，正是開國元勳為我們建立的分權與選舉制度，為我們帶來正確的政策，希望未來也能如此。只是與過去相比，現在政治中仇恨更多、理性更少，這不是什麼好現象。

問：許多企業和有錢人正在離開加州，為什麼？這個趨勢會如何發展？您能預測一下嗎？

答：就在此時此刻，很多有錢人正在離開加州。無論是哪個州，對有錢人不友善都是非常愚蠢的。有錢人對社會的貢獻利大於弊，而且他們的財富也流失得很快，你不需要擔心他

們。何必非得把有錢人視為眼中釘？華盛頓州正在考慮徵收財富稅，這個作法很荒謬。我預測如果他們真的這麼做的話，很多有錢人會逃離華盛頓州。

問：隨著Zoom等科技產品發展，現在很多人在家辦公，請問這是否會對商業房地產的發展造成影響？

答：房地產一直是個很困難的領域，近幾年某些類型的房地產產業尤其困難。我認為辦公大樓現在景氣不佳，出租用的商業房地產也已經不景氣一段時間了。公寓的狀況還好一點。

我說不出什麼特別有用的東西。我擁有一些公寓，收益還可以，不過必須有好的物業公司幫你管理，但好物業很難找。

問：新冠疫情爆發已經一年了。過去一年，您對經營企業有什麼新感受？有什麼事讓您感到出乎意料？您對現在想創業的人有什麼建議嗎？

答：關於如何創業我沒有什麼好建議，但這次疫情讓我體會到，我們可以減少旅行，多用Zoom開視訊會議。

疫情改變人們的工作與生活方式，我認為疫情結束後，出差和旅行的人會減少，用Zoom開會的人會增加。**我不認為疫情結束後我們會完全回到過去的狀態，世界會大大不**

同。現在人們已經習慣遠端辦公，未來人們可能會三天去公司上班，兩天居家辦公。我已經準備好迎接未來的變化。

問：蒙格先生，您提倡從自己的錯誤中學習。您主張拆除布倫特伍德市（Brentwood）的巴里大樓（Barry Building），也就是達頓書店（Dutton's Books）的舊址，但沒有得到同意。請問您從這件事當中學到了什麼？

答：我學到的是不再做拆除重建的工作了。

年輕時我做了幾個房地產拆除重建的工作，做得很成功。我就像《李伯大夢》（Rip Van Winkle）*裡的主角一樣，再去做類似的工作才發現世界完全變了。我不會再碰任何大型的拆除重建工作了。

問：您抓住汽車電動化的機會，投資比亞迪。與電動車相比，您認為氫能在交通業中的應用前景如何？氫能卡車是否會流行？將來的加油站和卡車服務區是否會愈來愈少？

答：希望卡車服務區不會減少，畢竟波克夏海瑟威旗下有一家子公司是經營卡車服務區的。

當然，我認為各種交通工具的自動化程度會愈來愈高，

---

*　注：19世紀美國小說家華盛頓‧歐文所寫的短篇小說，描述主角誤喝仙酒，一睡20年，醒來後發現人事已非的故事。

這是大勢所趨。至於氫能我不太了解，我覺得建立一整套輸送和銷售氫能的系統很困難。洛杉磯公車用的是天然氣，所有公車都是天然氣驅動的，洛杉磯因此省了不少錢，因為天然氣比汽油便宜很多。

公車以前使用汽油和柴油，現在改成天然氣，未來是不是會改成使用氫能？也不是完全不可能。只是要建立一整套輸送和銷售氫能源的系統，我不知道這難度有多大，也不知道氫能比汽油的危險程度高多少。

很抱歉，你的問題不在我的能力圈範圍之內，我沒辦法幫你。

問：請問石油和天然氣產業是否會像報業一樣消亡？

答：我不這麼認為，我認為石油和天然氣這兩個行業將會長期存在。即使交通業中使用的碳氫化合物大量減少，油氣業仍將長期存在。

碳氫化合物是重要的化工原料，我並不是說油氣業會是好生意，但它不會消失，不會像報紙一樣消亡。

問：您認為全球暖化是否會威脅到人類的生存？人類應該如何解決全球暖化的問題，特別是有許多國家仍然貧窮落後，它們需要廉價的能源。

答：當許多國家仍然貧窮落後，還需要燃燒煤炭來維持生存

問題，全球暖化問題就很難解決。

全球暖化是一個大問題，但樂觀地看，我們還有充足的時間來解決這個問題，到了迫在眉睫的時候，富裕的國家也有能力解決這個問題。100年之後，海平面可能上升20公尺，我們可能必須在海岸線上築起堤防，佛羅里達州這樣的地方會首當其衝。

問題雖大，但不是無法解決。最近比爾·蓋茲寫了一本關於全球暖化的書，他的結論是全球暖化問題可以解決，但要付出巨大的代價。他認為人類應該趕快挺身而出，解決這個問題。

我不想和比爾唱反調，他能站出來解決這樣的難題，實在令人敬佩。我覺得自己不擅長的問題我就不去碰，而我不擅長的問題太多了。

問：您說過，學習商業知識最好的方式就是把大公司幾十年來的財報拿出來研究，您還說如果商學院不用這個方法教學是在害學生。您是否能說明老師或自學者該怎麼按照您所說的方式建構一套課程？例如您會推薦什麼教材？

答：這就是我的想法，哈佛商學院很早就開始這麼做，他們從商業史講起，帶學生回顧修建運河、鐵路的歷史。在商業史中，我們可以感受到產業的起起伏伏，體會到經濟變化帶來的創造性破壞。這種背景知識非常有幫助。如果要我去教

商業的話，我就會像哈佛商學院以前那樣教。

哈佛商學院現在已經不這麼做了，我認為他們是有學術上的顧慮，他們不想借用市場行銷等其他專業的案例，怕別人說他們抄襲。我認為學習商業還是應該先從資本主義的歷史學起，研究資本主義的原理和運作方式，然後再學習商業。

現在的商學院教得不太好。不妨想一下，商業競爭與生物競爭何其相似。學習生物學，我們就會知道個體不斷死亡，族群不斷滅絕，而資本主義幾乎就是如此殘酷。就看我這一生當中，多少公司、多少產業都消失了，有多少公司和產業曾經無限風光，如今卻衰敗或消失。我年輕時誰能想到柯達和通用汽車會破產。很難想像資本主義有如此大的破壞力。以史為鑒可以知興替。

■ 有用的知識我會很快搞懂，然後學以致用

問：2007 年，您在南加大法學院的畢業典禮上發表演説，您大概説了這樣一段話：「文明，只有在懂得發明的方法之後才能進步；個人，只有在學會學習的方法之後才能進步。我很幸運，在法學院學會學習的方法。在我這一生當中，沒有什麼比持續學習更能帶給我最大的助益。」請問您的學習

方法是什麼？

答：**我天生好學，別人告訴我一個新知識，我知道這是有用的知識，我就會很快把它搞懂，然後在生活中學以致用。** 也許你會說大家不都是這麼學的嗎？我可不這麼認為，很多人不會像我這樣學習。學習要講究方法，不會學習方法，你就像個只有一條腿的人和別人比賽踢屁股，你一定會輸。

以蓋瑞為例，如果蓋瑞不知道如何學習新知識，每日期刊帳上哪有這些價值數億元的證券？蓋瑞剛接手每日期刊的時候對報業一無所知，但他知道如何學習。善於學習是個了不起的本事，我認為在某種程度上，學習能力是別人很難教給你的，可以說基本上就是天生的。

問：為什麼有的人沒辦法學習新知識，也沒有能力改變自己？

答：一部分是受文化影響，但主要還是天生的。有些人天生就擅長做出理智的判斷，有些人則是一輩子不斷犯錯，一次又一次地犯錯。

問：2005年，您對您的著名演講《人類誤判心理學》進行修訂，添加很多新內容。現在16年過去了，您有什麼新內容要補充嗎？

答：沒什麼要補充的。雖然有些新案例可以添加，但整體而

言大部分原則是不變的。

心理學知識沒有充分發揮威力，主要是因為缺乏對其他學科知識的整合。心理學教授整天忙著做實驗，證明各種心理傾向，他們不了解其他學科的知識，也沒有動力去掌握這些知識，如果不了解，自然無法將心理學與其他學科整合起來，所以我只好自學了。

當年我發現有必要學習心理學的知識，我不是只有學習各種理論，而是學習這些知識後，把這些知識與其他學科的知識融合起來。這才是正確的學習方法。但有哪間學校的心理系做到這樣的跨學科整合？心理學困在自己的圈子裡，太狹隘了。

■ 不能解決的就接受它

問：我想在自己的能力圈範圍之內活動，但我發現科技發展日新月異，我的能力圈愈來愈小，請您給我一些建議。
答： 新科技出現，你卻完全不懂，你當然處於劣勢。我的建議是：**如果你的劣勢是可以消除的，那就消除它；如果無法消除，就學會帶著這項劣勢生存。** 不這樣的話還能怎麼辦？能解決的就解決，不能解決的就接受它。

問：您是我們這個時代最偉大的思想家之一，我想請教的問題是：面對兩種相反的觀點，我們怎樣才能理智地分析這兩種觀點各自的利弊？

答：我確實可以給你一個建議。

當我遇到這種情況時，我總是會為自己設定一個標準：**我有一個觀點，別人持有相反的觀點，除非我能比別人更有力地反駁自己的觀點，否則我對這個問題沒有發言權。**不斷練習這種思維方式，你總是在尋找反面例證，總是在拷問自己，這是消除無知的好方法。

現在的狀況是，人們總是傾向相信自己好不容易得出的結論，或公開宣稱自己相信的東西。換句話說，當我們滔滔不絕發表言論時，我們只是讓自己更相信自己既有的想法，這對增加智慧毫無益處。

我很明白這個道理，所以只有在股東會上我話才這麼多，其他時候我總是很沉默。

問：您投入很大的精力捐助學校和醫院，請問在未來幾十年裡，這些機構應該如何管理它們的捐贈基金？

答：我在一家慈善機構裡有點影響力，它的董事會裡有很多知名的金融界人士。這家機構的捐贈基金只投資兩項資產，一個是李彔的中國基金，這部分占比很高；另一個是先鋒指數基金。因為只持有這兩項資產，與其他捐贈基金相比我們

的費用更低、報酬更高。這是我建議慈善機構採用的投資方法。不過我們算是特例，大多數慈善基金的作法與我們不同。

財富管理業正面臨危機，大多數基金經理人當然希望能保持現狀，但保持現狀損害的是客戶利益。

問：根據估計，蓋茲基金會（Gates Foundation）已經挽救1億人的生命。巴菲特捐贈蓋茲基金會大筆資金，因此可以說巴菲特拯救幾千萬人。波克夏的經理人是否知道，他們辛勤工作，幫助波克夏取得商業上的成功，進而拯救數千萬人的生命？

答：我想一部分經理人應該知道。但華倫不求慈善的名，他根本不在意自己的捐款是否能得到讚譽。

問：蒙格先生，您捐了很多錢資助物理學的發展，請問您是如何運用物理學知識來解決社會問題和投資問題的？

答：在解決投資問題上，我沒用到多少物理學知識，但是物理學知識有時候很有用。例如有些笨蛋說的話違反基本的物理定律，我一發現這個人根本不懂物理學，我就用不著再聽下去了。

問：富蘭克林說過：「如果能再活一次，完全一模一樣地再

活一遍，我覺得也很好。要是能像書籍再版一樣，可以改正
第一版的一些錯誤，那就更好了。」如果您能重新活一次，
您會希望在生活與投資方面做出哪些改變？

答：富蘭克林是有史以來最聰明的人之一，儘管如此，他一
生當中也犯了許多錯。當然，如果有機會重來一次，富蘭克
林一定會避開這些錯誤。每個人都是如此。但有幾個人能重
活一次呢？一個都沒有。因此我們討論的這個問題是空談、
是假設。

有句古老的德國諺語說得好：「青春走得太快，領悟來
得太慢。」不論你是富蘭克林還是普通人，這句話都是對
的。人沒有不犯錯的，幸好人們總是善於原諒自己，這或許
是件好事。

我活這一生，沒什麼想改變的。我覺得大多數人平平凡
凡過一生，享受多少幸福是命中注定的。讓一個人更富有，
不會讓他更快樂；讓一個人更貧窮，也不會讓他的幸福減少
很多。我認為大多數人一生下來就有個幸福指數，人們一生
當中的幸福程度主要取決於這個幸福指數，而不是一生中的
貧富。

問：蒙格先生，在《窮查理的普通常識》中，您建議我們選
擇優秀伴侶的方法，您說：「要找到優秀的伴侶只有一個辦
法，就是自己得配得上。畢竟，稱得上優秀的伴侶可不是傻

瓜。」您的話很有道理，但能否再進一步具體說明？在之前的訪談中您以李光耀為例，説李光耀在選擇伴侶時看重的是頭腦，而不是臉蛋。您的人生閱歷很豐富，能否再舉一些正面和反面的例子？

答：李光耀就是一個很好的例子。念書時李光耀是全校第二名，有個女生比他大1歲，是全校第一名。後來他娶了這個女生。他們生的兒子也很聰明，現在是新加坡的總理。在擇偶方面有點智慧非常重要。**婚姻是人生的頭等大事，明智地挑選另一半對你的人生大有幫助。**

問：您説要從別人的愚蠢和錯誤中學習，請問每日期刊是否犯過什麼錯誤，值得我們借鑒？

答：蓋瑞，我們犯過的最大錯誤是什麼？

蓋瑞：我們不糾結於錯誤，我們總是著眼於當下的現實，解決好眼前的問題。

答：我想不出什麼錯誤。在進入法院軟體業務時我們收購幾家小公司，出的價錢比較高，但我覺得這應該不會成為錯誤。

我們好像沒犯過什麼大錯。每日期刊現在持有的房地產，所有這些大樓，我們當年買的時候都很便宜，後來一直在升值。我們收購每日期刊公司，付出的價格應該也還可以，不算犯錯。我們收購每日期刊公司花了250萬美元，幾

年後股息就收了250萬美元。我們早就回本了，現在你看到的一切都是利潤。我認為到目前為止我們做得很好。

問：如果有機會重新修訂《窮查理的普通常識》，您會增加或修改什麼內容？

答：我現在沒什麼新的好想法。**在人生這場長跑中，我的思想對我幫助很大。**我想我已經走過這條路，不可能再有什麼了不起的新想法可以創造奇蹟。不過我發現，找原本的思想、原來的方法依然有效。這幾年我忙著建造新的學生宿舍，儘管我年紀大了，但是在這個工作裡我還是可以做出一些創新。我很高興自己還能做一些有用的事。我這把年紀，沒什麼雄心壯志了。

問：您為什麼如此長壽？您長壽、健康、幸福的祕訣是什麼？

答：我想我還活著是因為我運氣好，偶然得到長壽的基因。怎樣才能讓你再出生一次，複製像我這樣的偶然？我不知道。蓋瑞也很長壽，我們都是運氣好。我沒什麼祕訣。我想就算我過的是另一種生活，我還是一樣會很長壽。

問：您是一位智者，請問如何才能有幸福的生活？必須遵守哪些原則？

答：想過得幸福很簡單。想要幸福，第一條原則是降低自己的期望值，這一點很容易做到。總是抱有不切實際的期望，一生都會過得很痛苦。我很擅長降低自己的期望值，這對我幫助很大。

另外，身處逆境時，如果你能忍耐並咬緊牙關撐住，而非只是怨天尤人，這也有幫助。

還有一些做人做事的準則。華倫經常提到羅絲‧布魯根（Rose Blumkin），也就是內布拉斯加家具城的B夫人，她對波克夏文化產生很大的影響。B夫人從500美元白手起家，最後創立一家大企業。她有一句座右銘：**「永遠說實話，不欺騙任何人。」** 生活中許多道理就是這麼簡單，但它們卻能夠指引人生方向。還有李光耀說的，**「第一次就做對」**，這也是非常有用的一條原則。

尋找反面例證，
這是消除無知的好方法。

—

查理‧蒙格

9
能力圈
2022年股東會談話

如何投資，取決於你的能力

編者按

2022年每日期刊股東會於2月17日在位於洛杉磯的公司總部召開,會議由雅虎財經進行線上直播,現場由貝琪·奎克(Becky Quick)負責提問。

今年的焦點話題是阿里巴巴、中國投資、通膨以及流動性泡沫,還有蒙格最厭惡的比特幣,以及資本市場的新寵:元宇宙。

其他問題範圍廣泛,既包括幸福生活的祕訣、敬佩的人物、給想要從事投資的年輕人建議,也包括新冠疫情對工作方式、小企業生存狀況的影響,以及好市多是否已經被高估、烏克蘭局勢等,也有針對網路公司的反托拉斯法案,以及為什麼想要設計無窗宿舍等問題。

股東會問答

貝琪・奎克（以下簡稱貝琪）： 我負責蒐集整理股東的問題。第一個問題是一位匿名股東提出的，他的問題是：「查理卸任後，誰來管理每日期刊公司的投資組合？」

蒙格： 只要我還能管理就還是由我管理，如果我死了或身體不行了，我們會安排別人管理。

貝琪： 第二個問題，「為什麼蓋瑞・薩爾茲曼與彼得・考夫曼不再擔任公司董事？」

蒙格： 蓋瑞和我年事已高，我們必須為未來做一些準備。彼得不想當董事了。就這麼簡單。

貝琪： 這個問題來自莎拉・安德森（Sarah Anderson）。「每日期刊的接班計畫是什麼？薩爾茲曼先生退休後，誰來接替他？」

蒙格： 我們的長期計畫是找人取代蓋瑞和我，因為蓋瑞 83 歲，我也 98 歲了，所以我們確實需要著手制定接班計畫。我們會盡快完成這件事。

貝琪： 來自佛蘭基・林（Frankie Lam）的問題。「我注意到公司使用融資餘額買進海外證券。在向證券交易委員會披露

的文件當中，我看不到公司買進什麼海外證券。做為股東，我是否可以了解一下公司用融資餘額買進什麼海外證券？」

蒙格：無論是在每日期刊還是波克夏，我們按照規定公布監理部門要求我們公布的資訊，因為我們不想讓別人知道我們在買賣什麼。監理部門要求我們公布的我們就公布，否則我們不透露我們的證券買賣活動。這是我們一貫的作法。

貝琪：這是丹尼爾‧凱尼格（Daniel Koenig）的問題。「我是來自奧地利的小散戶，我只有一個問題。最新季報顯示，期刊科技的業務範圍覆蓋美國30個州，但公司官網以及先前的季報和年報顯示，公司的業務範圍覆蓋美國42州。我想知道公司的業務範圍為什麼縮小了？」

蓋瑞：期刊科技的業務覆蓋範圍縮小是因為幾年前我們決定停止支援一套老舊的軟體系統。這套老舊的軟體系統有很多機構使用者，他們的規模有大有小。不出我們所料，許多規模較小的機構沒有選擇使用我們的新系統，也就是我們的e-court系統，其中包括e-systems、e-probation、e-prosecutor和e-public defender。因此我們的業務覆蓋範圍縮小了。

蒙格：其他軟體公司不可能像我們這樣廢除老舊的系統，它們不願意丟掉生意，但我們希望客戶擁有最新、最現代化的軟體系統。

貝琪：這個問題來自柯斯塔梅薩市的吉姆·米歇爾（Jim Mitchell）。「請問在法院軟體業務中，公司的主要競爭對手是哪些公司？各家公司的市占是多少？」

蒙格：泰勒科技公司的市占最大，其他公司的市占比較分散。

貝琪：吉姆·霍爾（Jim Hall）先生的問題。「蒙格先生，我是每日期刊20多年的老股東，感謝公司的管理高層與員工為開拓業務所付出的努力。在公司的年報中，您表示現在的情況看起來，法院軟體業務前景不錯，是否能談一下您的看法？」

蒙格：如今的法院還處於石器時代，律師經常要開車前往法院，為了一個小小的判決浪費很多時間。其實這些事透過Zoom就能完成，法院的檔案也早就該電子化了。

法院自動化商機龐大，而且市場還處於早期階段。市場潛力大，這是好消息，壞消息是我們從事的軟體業務需要參與政府的招標，必須跟政府部門打交道、與官僚主義糾纏，因此這個生意進度緩慢，過程也很辛苦。市場潛力很大，但進度會很緩慢，所以有好的一面，也有壞的一面。

但我們對未來充滿信心，法院等司法和執法機構一定會跟上現代世界腳步，效率愈來愈好。

投資中國，是因為能買到更多價值

貝琪：這個問題來自湯姆・西摩（Tom Seymour）。「今年1月，傑夫・岡德拉奇（Jeff Gundlach）*說：『我目前的看法是中國不適合投資。我從來沒在中國投資過，無論是做多還是放空，因為我對數據有疑慮，我對中美關係有疑慮。在中國的投資風險很大。』每日期刊在中國有大量投資，包括比亞迪、阿里巴巴等，很顯然您的觀點與岡德拉奇截然不同。請問您為什麼是對的？」

蒙格：誰對誰錯只能交給時間檢驗。但中國是一個現代化大國，人口眾多，在過去30年裡迅速躋身現代國家的行列。**我們之所以拿出一部分資金去中國投資，是因為與美國的投資機會相比，中國的投資機會更好，我們能以更便宜的價格買進，獲得更高的公司價值。**去中國投資的不只是我們，美國最優秀的創投公司紅杉資本也投資中國。

我理解岡德拉奇的想法，他對中國有疑慮，不去中國投資也沒什麼不對。每個人有不同觀點，我對俄羅斯的看法跟岡德拉奇對中國的看法一樣，所以我不會去俄羅斯投資。

我不會批評岡德拉奇，我們只是觀點不一樣而已。

---

*　注：雙線資本創辦人，有債券之王的稱號。

貝琪：這個問題由比爾·羅伯茲（Bill Roberts）提問。「查理，從1950年代起您和華倫就推崇集中投資，你們做過的許多投資實現非凡的收益，最了不起的是在你們做過的投資中，沒有一項投資有過嚴重虧損。據我所知，在單一的一筆投資當中，你們遭受的最大虧損從來沒超過整個資產組合的幾個百分點。最近每日期刊大舉買進阿里巴巴等外國股票，甚至動用4,000萬美元融資餘額。您如何確保這些投資不會讓每日期刊的淨資產造成嚴重損失？公司發展軟體業務需要資金，如果股票投資虧損，是否會對公司的軟體業務帶來影響？」

蒙格：只要投資證券就可能出現下跌的風險，不但賺不到錢，還會虧錢。但如果你持有的是貨幣，貨幣貶值就會侵蝕購買力。**權衡取捨，我們選擇避免貨幣貶值的風險，承受有價證券下跌的風險**。而且我們不介意一點點的融資餘額。

貝琪：在我收到的問題當中，關於阿里巴巴的問題最多，所以我再問一個與阿里巴巴有關的問題。維沙爾·帕特爾（Vishal Patel）提問，「身為每日期刊股東，我想知道我們擁有的阿里巴巴股份是什麼性質的？是本地股份，還是可變利益實體？我們擁有的股份是否受到法律保護？」

蒙格：在股票市場中買進的阿里巴巴股份的確有點金融衍生商品的色彩，但是我相信現代文明國家之間能遵守起碼的契

約精神，所以我覺得阿里巴巴的股權結構，風險並不大。

■ 只投資自己安心的領域

貝琪：很多股東對在中國的投資風險非常擔憂，我選擇其中一個比較有代表性的問題，提問者是拉維・梅塔（Ravi Meta）。「從現在的情況來看，中國公司存在一項極大的風險，西方國家非常有可能禁止中國公司在其境內開展業務。我想到很多導火線，例如：第一，安全威脅問題；第二，台海局勢；第三，無法達到西方會計標準；第四，人權問題。潛在風險如此之多，為什麼您和巴菲特這樣的智者還要投資中國？」

蒙格：我們投資中國的公司，原因很簡單，我們能買到更多價值。**我們投資的中國公司價格更便宜，但競爭力更強，**這就是我們投資中國的原因。

貝琪：這個問題來自瓦斯姆（Wassim），他問：「中國公司的財務表現亮眼，但是您不擔心中國的政治情勢嗎？」

蒙格：與過去相比，全球資本對於中國的擔憂明顯加劇，這是我們不願看到的現象。我們希望中國與美國和平相處。中美交好，這有什麼不好？我們應該跟中國做朋友，我們應該

學會與不同政治體制的國家友好相處。

我們覺得自己的政府好，我們已經習慣自己的政治體制，我們崇尚我們的政體賦予我們的個人自由，但是我們的政治體制不適合中國。中國有中國的國情，中國不可能採取我們這樣的政治體制。以中國當年的計劃生育政策為例，這個政策在美國根本不可能實施，但中國別無選擇，必須那麼做。

中國有自己的難題需要解決，我們不應該總是指責中國，我們應該看到中國在某些方面比我們做得更好。中美應該友好，但有些人蓄意激化雙方的矛盾和敵對情緒，這樣的人太瘋狂了。

貝琪：我還要問一個關於阿里巴巴的問題，今天已經問了好幾個阿里巴巴的問題，但這個問題的角度跟前面不太一樣，提問者是約翰·穆尼（John Mooney）。「查理，阿里巴巴是您的前三大持股之一。阿里巴巴對比亞馬遜，亞馬遜的本益比是阿里巴巴的3倍，阿里巴巴比亞馬遜便宜太多了。身為美國投資者，考慮到政治、監管、股權結構等各種風險，請問我們在買進中國公司的股票時折價多少才合適？另外您之前推薦比亞迪，讓波克夏收穫頗豐，但這次巴菲特為什麼沒跟著買進阿里巴巴？」
蒙格：很多理智的投資人都有一個共同點：他們只投資自己

覺得安心的領域。華倫也不例外。**與華倫相比，我對中國比較有好感，但這只是我和華倫之間的一個小差異。**華倫有他覺得不放心的領域，我跟華倫一樣，我也有很多自己覺得不放心的領域，我不會投資這些標的。我想一個老人有權力投資自己想投資的領域。

貝琪：那些領域讓你覺得不安心？

蒙格：有些東西還是不碰為妙。

貝琪：例如，加密貨幣，對嗎？我收到很多關於加密貨幣的問題。

蒙格：就阿里巴巴這家公司來說，阿里巴巴的護城河沒有蘋果和Alphabet[*]那麼深。阿里巴巴雖然是一家規模很大的網路零售商，但是網路的競爭會愈來愈激烈。

貝琪：這位股東的名字是李，他的問題是：「請問您認為烏克蘭危機最終將如何解決？」

蒙格：關於這個問題，我沒有什麼獨特的見解。發生衝突的雙方都掌握核武，衝突最後一定會得到解決，因為替代方案太糟糕，那樣的結果誰都承受不起，所以最後只能透過妥協解決問題。

　　目前的情況就是這樣，國與國之間的衝突基本上沒有擴

---

[*]　注：網路搜尋龍頭Google的母公司。

大，希望未來可以一直這樣下去。我們生活在核武時代，由
於核子武器的存在，過去很長一段時間全世界沒有爆發大規
模戰爭，這是人類之幸。然而也由於核子武器的存在，每當
衝突加劇，人們總會感到非常緊張。在如今這個現代化的時
代，大國之間在邊境衝突不斷，這樣的作法非常不負責任。

■ 允許加密貨幣存在是種錯誤

**貝琪：我收到很多關於加密貨幣的問題，這個問題是卡爾·
莫斯卡特羅（Carl Moscatello）問的。他說：「加密貨幣的
市場規模已經達到 2 兆美元，您現在是否承認您錯過加密貨
幣？」**

蒙格：我確實沒投資加密貨幣，但我很自豪我避開這玩意。
在我看來加密貨幣是像性病一樣的髒東西，我連正眼瞧一下
都不願意。有些人覺得加密貨幣很現代、很先進，但**他們崇
拜的不過是一種在敲詐、綁架、逃稅等方面很有用處的東
西**。人性的嫉妒也推波助瀾，看到別人發明加密貨幣致富，
每個人都想要創造自己的加密貨幣。

　　加密貨幣亂象頻出，我希望政府能立即禁止加密貨幣。
中國禁止加密貨幣，我很欽佩它們的作法。中國是對的，我
們允許加密貨幣存在是錯的。

貝琪：還是一個相關的問題，提問者是邁卡‧米斯克（Micah Misik），他問：「蒙格先生，您多次揭露加密貨幣的危害，美國聯準會準備發行央行數位貨幣，請問您怎麼看？央行數位貨幣是有益還是有害？對市場會造成什麼樣的影響？」

蒙格：美國聯準會發行數位貨幣沒什麼不對的。其實我們已經有數位貨幣了，銀行帳戶就是數位貨幣。各大銀行跟美國聯準會的系統是整合在一起的。美國已經有數位貨幣了。

貝琪：以下有幾個與整體市場相關的問題。湯姆‧西摩有好幾個問題，問得很有水準，這個問題也是他問的。他問說：「兩年前，在每日期刊股東會上，您說您看到很多瘋狂的行為，您認為會有很多麻煩。在過去兩年裡，大概有860個特殊目的收購公司上市，李維安（Rivian）等新股上市後暴漲，我們還看到券商羅賓漢引發的GameStop軋空事件。相信您一定沒有改變兩年前的想法。請問過去一年，您看到什麼新的瘋狂行為？」

蒙格：GameStop軋空事件很瘋狂，比特幣、創投也都很瘋狂，燒錢燒得太厲害了。

在股市裡有人進行正當的長期投資，投資股票賺錢養老；也有人把股市當成賭場，在股市裡頻繁交易。賭徒以股

市為掩護，披著合法的外衣賭博，這會讓市場失控。我們應該禁止股市中的賭博行為。

如果我是獨裁者，我會徵收高昂的短期利得稅，壓縮股市的交易量，讓賭徒沒有容身之地。只有這樣，才能還股市一個清淨，讓股市不再是賭場，而是一個進行合法資本配置的市場。股市不能既是資本配置的市場，又是賭場。

貝琪：具體該怎麼做？

蒙格：必須制定法律，削減股市的流動性。我們有我們想要的住宅、購物中心、汽車，卻沒有一個完美的流動性市場。我們應該減少股市的流動性。

我年輕時，股市流動性不高，成交的股票也很少。我讀哈佛法學院時，股市每天的交易量不到100萬股，現在股市一天的交易量高達幾十億股。我們不需要股市流動性這麼高，股市流動性如此之高只會為國家帶來風險。股市裡的人每個人都喜歡這樣的市場，他們就像是在聚會上喝得酩酊大醉的人，正喝到興頭上，哪會想到什麼後果。

這樣瘋狂的行為不該讓它繼續存在。別忘了，1920年代的瘋狂行為導致大蕭條，大蕭條又促成希特勒上台。這是一個嚴肅的問題，我們應該趕快行動，但這很難，在這片喧囂和混亂中許多人賺了大錢，他們喝得興高采烈，他們是既得利益者。

貝琪：馬克‧拉薩羅（Mark Lazaro）問說：「您之前說過我們可能處在一場嚴重的泡沫之中，您是否能詳細說明？這場泡沫將如何收場？」

蒙格：從過去的經驗來看，各種瘋狂行為將來都會有嚴重的後果，但後果何時發生，有多嚴重，我不知道。

貝琪：密西根州邁克‧布蘭奇（Mike Branch）的問題是：「在當今的市場中，K線圖、技術指標、動能投資以及人工智慧選股大行其道，傳統的葛拉漢式價值投資是否已死？」

蒙格：**價值投資永不過時。以較低的價格買進較高的價值，這是投資的本質。**投資想要成功，買進的價格必須低，買到的價值必須高，這個基本道理永遠不會過時。

很多人根本不知道自己投資的是什麼，他們只知道看股價的漲跌。投機潮不是什麼好事，回想歷史上幾次大規模投機潮，南海泡沫、1920年代的股市泡沫，哪一個有好下場？

瘋狂的投機泡沫存在並不是新鮮事，自從資本主義制度誕生以來，投機潮就始終存在。

濫發貨幣，遲早會把國家搞垮

貝琪：這個問題來自倫納德‧米庫爾斯基（Leonard

Mikulsky），他是德國的一名機械工程師。他說過去一年對他來說充滿挑戰，他開始做一份全職工作，要撫養 4 歲的小寶寶，要完成博士學位，還要支持妻子參加國家考試。但他說他每天都聽您的訪談、演講，您的話對他幫助很大，讓他能保持理智，學會幽默、積極樂觀地面對困難。他想藉此機會感謝您無私地分享智慧。他的問題是，「請問未來幾十年是否可能像 1950 年到 1980 年之間那樣，出現利率大幅上升的情況？」

蒙格：這是一個很好的問題，但這也是一個非常難回答的問題。

如今各國紛紛開啟印鈔機，無論是日本、美國還是歐洲，印鈔的規模前所未有。日本不但買回大量國債，還透過央行買回大量股票。日本印鈔的規模非常誇張，但是日本卻沒有出現嚴重的通膨。

日本是一個高度發展的現代文明國家，儘管政府大量發行貨幣，日本卻沒出現什麼嚴重的後果。日本遭遇 25 年的經濟停滯，民眾的生活水準基本上原地踏步，但日本經濟停滯，在我看來不是日本的總體經濟政策導致的，我認為主要是因為日本遇到強大的競爭對手。中國和韓國崛起，取代日本原來的出口大國地位。

總之，目前的總體經濟讓人捉摸不透，誰也不知道貨幣供給過多會帶來什麼後果。我認為日本發行那麼多貨幣卻

依然保持文明、平靜，這讓人備受鼓舞。但願美國也能像日本一樣平安無事，但我認為日本可能比美國的承受力更強，日本人更能忍耐經濟停滯帶來的痛苦。日本的人口構成以中老年人居多，年輕人較少，而且這個民族有著高度的責任感和強大的文化凝聚力，他們有一種咬緊牙關、迎難而上的精神。我們美國不同，社會中的矛盾衝突太嚴重了。日本是個單一民族國家，美國和日本不一樣，像美國這樣的國家，治理起來當然更困難。

哈佛大學的一位教授專門研究過這個問題。像美國這樣的多民族、多種族國家，治理起來更困難。日本是單一民族國家，民眾有強烈的民族自豪感，他們在困難面前會有更好的表現。

追根究柢，我們還是不知道將來會發生什麼事。我們現在發行的貨幣規模前所未有，我們只知道過去那些濫發貨幣的國家最終都沒什麼好下場。我們比過去更接近麻煩，但也許還能撐一段時間，我希望如此。

貝琪：我也希望美國平安無事。史蒂夫・考斯普（Steve Cospel）問了一個類似的問題，他的問題是：「請問您如何看待目前的通膨環境？現在的情況與1970年代相比有何異同？」

蒙格：1970年代末，保羅・沃克（Paul Volcker）出任美國聯

準會主席，為了遏止通膨，他將最優惠利率提升到20%，公債利率上升到15%，隨後美國經濟遭遇嚴重的衰退。

那次為了遏止通膨，美國經濟衰退一段很長的時間，人們承受許多痛苦，我不希望美國經濟再次出現那樣的衰退。

不過當年的情況比較特殊，沃克的鐵腕手段受到政府力挺。現在回過頭來看，沃克的決斷完全正確。美國現在的政治人物沒有那麼大的魄力，即使現在有像沃克一樣的人掌管聯準會，政府也不可能允許他使用那麼強硬的手段，引發那麼嚴重的經濟衰退。當年的通膨讓我們付出經濟衰退的代價，現在的通膨，誰知道我們要承擔怎樣的後果呢？

未來的後果可能很嚴重，說不定我們到時候會希望遇到沃克式的經濟衰退，而不是我們未來可能面臨的後果，我們面對的麻煩可能比沃克處理的情況更嚴重，更難解決。

貝琪：請問是什麼樣的後果？

蒙格：想想看那些濫發貨幣的拉丁美洲國家下場如何？它們迎來了獨裁者。這就是柏拉圖所說的早期城邦民主制度，每人手裡都有一張選票，但是在某些政客的煽動之下，普通民眾看不清楚黑白，民主制度就會崩壞了。柏拉圖說得很對，古希臘的城邦民主制度確實是這樣衰落的，而拉丁美洲國家的民主制度也一而再、再而三地重蹈覆轍。但願美國不要走到那一步，至少我不想。

貝琪：我也不希望有那一天。查理，再請教您兩個關於通膨的問題。這兩個問題都與通膨有關，但角度略有不同。這個問題來自西蒙·雅各（Simon Jacobs），他說：「**過去兩年，美國實施大規模的貨幣和財政刺激政策，依照傳統經濟學理論，這引發40年來最嚴重的通膨。您認為這種觀點正確嗎？如今美國聯準會著手遏止通膨，請問我們是否會為此付出巨大的經濟代價？**」

蒙格：第一個問題，我同意美國的刺激政策規模前所未有，誰也不知道後果有多嚴重，是會像日本那樣，還是比日本更糟？未來如何我們不得而知。

我們知道我們正面對嚴重的麻煩，但我們也知道之前的擔心有點多慮。按照以前的標準來看，日本發行貨幣的規模絕對是天量，但日本依然還是個高度開發的文明國家。啟動印鈔機的作法太有吸引力了，印鈔機一開，背負的債務輕鬆還完，貨幣的供給量還能增加。對於立法者來說，既能還債，還能有更多錢花，這簡直是天堂。當然，啟動印鈔機有如此強大的吸引力，政府很可能就會過度使用這個經濟政策。

大多數人能力有限，找不到太多好機會

貝琪：這個問題來自亞特蘭大的史蒂文·泰德（Steven

Tedder），他也很擔心通膨問題，他進一步問說：「通膨會有多嚴重？對散戶來說，除了持有優質股票之外，還有什麼方式可以有效抵禦通膨所帶來的不良影響？」

蒙格：有時候你只能從一堆選項中選一個不是那麼差的，這種不得已的情況在生活中也經常出現。

蒙格家族持有波克夏、好市多股票，還透過李彔的基金持有中國股票，另外還有一點每日期刊的股票和一些公寓。這樣資產配置很完美嗎？我不覺得完美。這樣的資產配置還可以嗎？我覺得還可以。

從蒙格家族的資產配置當中你可以明白一個道理：過度分散沒什麼好處。很多人主張分散投資，但我認為能找到4個絕佳的投資機會就很幸運了。金融系教授告訴學生投資要分散，很多基金經理人覺得高度分散才能顯示出他們的專業。但其實追求高出平均水準的投資報酬，找到4個絕佳的機會就夠了。4個好機會就已經足夠了，非要找到20個，那就太得寸進尺了。

大多數人的能力有限，找不到20個好機會。

貝琪：這個問題來自緬因州伍爾維奇的彼得·諾斯（Peter North），他說：「疫情前，美國政府的財政赤字保持在將近20％的水準，如今隨著人口出生率下滑，政府的財政赤字將進一步走高。把目前尚未落實的社會保險和健保資金計算在

內,美國的財政赤字率高達33%。美國背負30兆美元的巨額負債,在利率上升之後,我們需要償還更多的利息。現在利息支出占美國總支出的6%,未來一旦利息倍數成長,問題會更加嚴重。我們該如何讓企業以及政府了解這個問題的嚴重性,及早採取行動?」

蒙格:債務負擔如此沉重,想一想,只要多印些鈔票就能把欠的錢還掉,這麼簡單的解決辦法對政府和聯準會來說有很大的吸引力。但是印鈔票只是權宜之計,這只能暫時解決問題,但卻會帶來長期的危險。

我們都知道當年威瑪共和國瘋狂印鈔票時德國發生什麼事,整個國家垮掉了,希特勒趁機奪取政權。因此超額供給貨幣的風險很大,後果可能很嚴重。我們不希望政客這樣玩火,他們的理論是上一次我們瘋狂印鈔沒發生什麼事,所以我們可以一次又一次加倍印鈔,這會把我們帶到危險的境地,遲早會把國家搞垮。除非你在過程中遵守一定的規則,否則遲早會遇到危險。

我不認為日本會遇到什麼危險,但我不認為我們能像日本一樣善於處理我們的問題。

貝琪:這個問題來自新加坡的納雷許·德賽(Naresh Desai),他問:「波克夏買進動視暴雪(Activision Blizzard)的股票,請問您這檔股票是誰買進的?是華倫,還是陶德·

康布斯、泰德・魏斯勒？波克夏在買進之前是否對微軟即將收購動視暴雪的計畫有所耳聞？」

蒙格：對此我無可奉告，我只能告訴你我非常欣賞動視暴雪的執行長鮑比・蒂克（Bobby Kotick），他是我認識最聰明的商界領袖，我也認為遊戲這個產業將永遠存在。

但我是個老人，我看不慣年輕人沉迷遊戲，整個禮拜面對電視玩40多個小時的遊戲，我不認為這對人類文明會有什麼好處，我不喜歡任何會讓人上癮的東西，一旦上癮，你就會放棄一切，只做這件事，我不喜歡這種會讓人玩物喪志的東西。

貝琪：下一個問題的提問者是穆罕默德・尼亞（Mohammad Nia），他在來信中寫道：「我是蒙格的長期粉絲，請問您如何看待元宇宙？如何看待最近微軟收購動視暴雪？請您分析一下元宇宙有什麼實際價值嗎？還是元宇宙是和比特幣一樣的海市蜃樓？」

蒙格：即使沒有元宇宙，在現有的網路遊戲技術基礎上，動視暴雪等遊戲公司也已經非常龐大。有些遊戲具有社交性，但有些遊戲基本上一無是處。你真的希望有人一整個禮拜40個小時握著機關槍對著電視掃射嗎？我覺得不好。

很多遊戲都是無傷大雅的消遣，只不過用的是電子的形式而已。有益身心的遊戲我不反對，但就像我剛才說的，我

不喜歡有人一整個禮拜有40個小時沉迷於瘋狂掃射。

投資《世界百科全書》讓我很自豪

貝琪：這個問題來自佛羅里達州邁阿密市的韋斯・羅迪（Wes Roddy），他的問題是：「請問在您豐富多彩的投資生涯中，哪筆投資是您最得意的？哪筆投資是最糟糕的？為什麼？」

蒙格：我想說的一筆投資是《世界百科全書》，在波克夏做過的投資當中，這筆投資從沒人提起過。

我是看《世界百科全書》長大的，我小時候推銷員挨家挨戶上門推銷這套百科全書。在編寫《世界百科全書》之前，編輯將英語單字依照難度分級，而且他們在撰寫內容方面非常用心，就算是資質不優的小孩也能毫不費力地讀懂《世界百科全書》。

多年來透過投資這套百科全書，波克夏每年能獲得5,000萬美元的稅前收益。投資《世界百科全書》讓我感到很自豪，畢竟我是讀這套書長大的，而且這筆投資很成功，每年能賺5,000萬美元。

沒想到突然殺出比爾・蓋茲，他在微軟的電腦軟體中免費贈送電子版百科全書，我們的5,000萬美元就這麼沒了。

垷在《世界百科全書》主要銷售給圖書館，每年只能帶來幾百萬美元的收益。

《世界百科全書》還是一套好書，只是它不能再為我們創造豐厚的利潤了。《世界百科全書》的沒落是文明的損失，它曾是我的驕傲，但現在它已經風光不再，也失去賺錢能力。這就是資本主義的創造性破壞。

有些東西是無法取代的，會非常令人懷念。垷在的小孩喜歡看電視，但我覺得《世界百科全書》對他們更有益。我小時候讀《世界百科全書》，學到很多別人不知道的東西。只知道看電視，不讀《世界百科全書》，這不是被祝福，而是被詛咒。雖然看電視也有看電視的好處。

補充一下，我並沒有因為《世界百科全書》沒落而悲傷，我已經學會適應了。

網路領域不需要大規模反壟斷

貝琪：下面這個問題與反壟斷有關。大衛・卡斯（David Kass）問：「最近琳娜・汗（Lina Khan）出任聯邦貿易委員會主席，喬納森・坎特（Jonathan Kanter）出任司法部反壟斷部門負責人，他們都表示將採取強硬的反壟斷措施。請問您認為我們有必要針對大型科技公司採取更嚴厲的反壟斷措

施嗎？」

蒙格：**大型科技公司的強大程度關係到國家競爭力，我不支持削弱美國的網路公司。**我覺得美國擁有強大的公司是好事，其他國家也為自己擁有強大的公司而感到自豪。我覺得規模大沒什麼不好，我不希望外國公司在網路領域占據壟斷地位。我希望美國的大公司能在國際上站穩腳跟，所以我不認為我們需要在網路領域大張旗鼓地進行反壟斷。

貝琪：您是否擔心反壟斷措施會削弱我們的網路公司？

蒙格：顯然，政府會實施更嚴厲的反壟斷措施。但我不擔心這個問題，我覺得政府的反壟斷措施不會產生太大的影響。

貝琪：**這個問題還是大衛·卡斯問的。我選這個問題，因為這個問題也是我想問的。他問說：「目前國會正在考慮立法，限制國會議員持有和交易股票，請問您怎麼看？」**

蒙格：我不覺得國會裡有什麼嚴重的道德問題，也許個別國會議員偶爾有輕微的違規行為，但我不覺得存在什麼大問題。

貝琪：**約翰·范·艾克（John Van Eakow）問了幾個關於能源的問題：「查理，您一直主張美國保留國內的油氣資源，多從國外進口石油和天然氣。請問您現在還這麼認為嗎？最近拜登總統取消拱心石輸油管道（Keystone**

Pipeline）計畫[*]，並且限制在美國土地管理局（Bureau of Land Management）管理的土地上進行探勘活動。請問您如何看待拜登總統對於美國國內石油和天然氣能源的態度？拜登總統的這些措施是否是迫於國內的環保呼聲？從歐洲的情況來看，受風力減弱影響，風力發電大幅減少，我們如何才能獲得穩定的再生能源？我們真的能有足夠的再生能源填補能源缺口嗎？」

蒙格：這是一個很大的問題，不是三言兩語就能說清楚的。毫無疑問，現在我們已經有能力透過太陽能和風力獲得大量的再生能源，新能源也極具效率與競爭力。**我主張保留碳氫化合物能源，反對無序開採。現在的新能源，無論是太陽能還是風力，效率都非常高，所以我支持大力發展新能源。**

　　即使沒有全球暖化問題，我也支持政府的作法，也就是大力發展太陽能和風力。發展再生能源有利於保存石油和天然氣，這是明智的作法。

　　石油還有別的用途，石油是生產化肥的原料，是非常寶貴的資源。我主張盡可能把石油能源留在地下，把大量的石油能源儲存起來。美國的石油能源是我們的寶貴資產，我們的石油就像愛荷華州的土壤一樣珍貴。就像我不贊成把我

---

[*]　注：加拿大與美國的石油輸送系統，其四期工程計畫遭環保人士反對，歐巴馬在任內延遲該計畫，川普上任後打算續推，但2021年1月20日拜登上任首日就取消這項計畫。

們的土壤倒進海裡一樣，我也不贊成耗盡我們的石油。我們
應該好好保護石油這種自然資源，因為石油早晚有用完的一
天。

我的觀點與大多數人不同，但我就是這麼想的。隨著科
技進步，我們可以透過太陽能與風力獲取大量的再生能源，
我對此感到振奮。再生能源有很大的發展潛力，我們應該多
發展再生能源。

至於全球暖化，我始終認為這件事沒有人們想像得那麼
可怕。

貝琪：為什麼？

蒙格：地球溫度200年來上升攝氏1度，我們燃燒大量的煤
炭和石油，地球的溫度才上升1度。我只是懷疑地球暖化是
否會像那些災難製造者說得一樣那麼嚴重。

疫情帶來很多影響，我們應該適應

**貝琪：這個問題也是湯姆．西摩問的，他說：「最近波克夏
宣布股東可以前往現場參加今年的股東會。目前無論是在美
國還是全世界，新冠疫情仍然沒有平息，Omicron變種病毒
傳播力還很強，請問您與華倫如何看待疫情的風險？另外請
問去現場參加波克夏股東會的股東是否需要出示疫苗接種證**

明？」

蒙格：具體的情況我不太了解，現在應該還沒有完全確定。可以的話，我們非常希望股東能到現場參加會議。這是我們目前的想法。

貝琪：剛才的問題還提到新冠疫情以及Omicron變種病毒，請問您如何看待疫情？疫情將如何發展？

蒙格：如果我們運氣好的話，疫情會逐漸消退，變成和感冒差不多的小問題。

美國每年有3萬人死於流感，假設加上Omicron每年死亡數會上升到6萬人。我想我們會習慣這件事。

貝琪：談到新冠疫情，麻州韋斯特伍德的柯察・方塔納亞（Kecha Fortnaya）說：「在疫情的衝擊之下，大公司與小公司的差距愈來愈大，小公司陷入前所未有的生存困境。在疫情期間，某些州禁止商店開門，但家得寶（Home Depot）和Stop & Shop連鎖超市卻可以營業。你認為小公司能有更公平的競爭環境嗎？還是小公司只能一天不如一天，最後完全變成大公司的天下？」

蒙格：我認為小公司將長期存在，想想看，大型購物中心裡有很多小公司，雖然它們現在的生意沒以前那麼好，**但小公司永遠不會在美國消失。**

　　但從某種意義上來說，我們也需要大公司。我們需要蘋果和Google那樣的大公司，這些公司為我們提供良好的服務。以前全國的電話網路都歸AT&T經營，我不覺得有什麼問題，現在蘋果和Google成為我們這個時代的巨無霸，我也不覺得有什麼問題。

　　既有一些大公司，也有許多小公司，這很正常，這就是我們的經濟體系。

投資一定會遇到痛苦

貝琪：您認為小公司能獲得平等的競爭地位嗎？現在羅素2000指數（Russell 2000 Index）*已經從高點下跌15%，尤其最近幾個月跌幅相當大。

蒙格：如果你對我有一些了解，你就會知道預測羅素2000指數和標普指數的短期表現哪個比較好，這種事我是不會做的，我對哪個指數表現更好沒有任何看法，我甚至根本沒想過這種問題。我只思考哪裡有好的投資機會，適合蒙格家族、波克夏或每日期刊買進。**我只想逆流而上，我不想預測**

---

*　注：羅素2000指數是羅素指數系列中的一種，是以羅素3000指數中最小的2000家公司編制而成，主要用來反映美國中小企業概況。

潮水會往哪流。

如果你要長期投資，無論是投資股票還是房地產，一定會遇到痛苦，也一定有賺錢的時候。**你要做的就是無論好壞，都要安然無恙地活下去。**正如吉卜林的詩所說：「對待兩個冒牌貨要一視同仁。[*]」有白天，也有黑夜，這會很困擾你嗎？不會。有時是黑夜，有時是白天，有時繁榮，有時衰退。我始終相信應該盡自己最大努力，堅持到底。

貝琪：這個問題是舊金山的傑佛瑞・馬婁伊（Jeffrey Malloy）問的：「過去一年，很多美國人辭去工作，我們可以在媒體中看到大量類似的報導。請問您如何看待這個趨勢？公司執行長該怎麼做才能留住員工？」
蒙格：這是疫情產生的副作用，很多人習慣一週五天每天都不在辦公室，我想很多人再也不願像過去那樣，天天去公司上班了，特別是在網路業，不想到公司上班的人數比例高得驚人，他們希望能在自己更方便的地點完成工作。

改變已經發生，我們不可能回到過去了。很多公司再也不讓董事當空中飛人，用不著每次董事會都得面對面地圍在同一張桌子開會，一年在現場開兩次董事會就可以了。順便

---

* 注：出自吉卜林詩作〈If〉，If you can meet with Triumph and Disaster, and treat those two impostors just the same。

說一下，疫情之前波克夏就已經這麼做了。波克夏的慣例是董事們每年面對面開兩次會，其他的會議用電話連線的方式召開。對波克夏來說這樣效果很好。開那麼多會，在天上飛來飛去，完全就是浪費。

我剛才說的這些是疫情帶來好的改變，我們的生活因此更簡單、更節約、更有效率。

從另一方面來看，政府發放的福利太優厚了，撒錢撒得有點過頭。飯店招聘服務生根本徵不到人，沒人願意做服務顧客的工作。我覺得政府的刺激政策有些過頭。也許前財政部長桑默斯說得沒錯，我們的經濟刺激政策太過頭了，再收斂一些會更好。

其實仔細想想就能想明白，資本主義之所以能夠有效運作，是因為在資本主義制度下，一個身體健全的年輕人如果不工作會嘗到很多苦頭。我們的制度不允許年輕人好逸惡勞。如果不讓年輕人吃苦，讓他們在家裡舒舒服服待著，不用上班就能賺到錢，這對我們的經濟體系會造成巨大的破壞。我們應該記取這次的教訓，下次再有類似情況時不要再這樣人肆撒錢。

貝琪：他還想請教您，公司的執行長該怎麼做才能留住員工？

蒙格：員工期待的工作方式變了，我身邊的執行長都在積極地適應這種變化。所以我說有些改變已經發生了，我們不可

能回到過去了。舉個例子，有人的工作內容是透過電話和全球的工程師溝通，解決客戶的技術問題，這樣的工作為什麼一定要去辦公室上班呢？另外現在的交通問題愈來愈嚴重，通勤愈來愈困難，居家辦公可以減少通勤時間，這是好事。

貝琪：丹尼・博蘭德（Denny Poland）問了一個關於高層主管薪資的問題：「很多上市公司的高層主管薪資制度不合理，管理階層與股東的利益不一致。請問投資人與董事會該如何改變高層主管薪資制度，才能讓管理階層與股東的利益一致？」

蒙格：其實這就是經濟學家所說的代理問題（Agency Problem）。如果你管理自己的公司，因為那是你的財產，你的效率會很好，如果你幫別人工作，你就不會那麼認真，因為你在乎的是自己、自己的前途、自己的家庭，而不是公司。所以**在資本主義制度下，經營自己的財產效率會非常高，為別人工作，例如像國有企業那樣，效率會很差。這是誰都無法否認的現實。**

　　我發現，在一個文明社會裡，管理者管理的資產有一大部分屬於他自己，資產才能被妥善地管理。有一段時期中國在農業方面採取人民公社制度，效果並不理想，後來中國改為包產到戶制，農戶繳納一小部分收入給國家，其他收入全歸自己所有。採用包產到戶制後，中國第一年糧食產量就提

升60％。正因如此，中國放棄人民公社制度，採取更有效率的新制度。他們透過改變生產關係，大幅地提高生產力。

我非常敬佩中國所做的事，鄧小平必將因身為一位偉大的領袖而永載史冊。為了提高生產力，鄧小平必須放棄自己的意識形態，推動改革開放，經過幾十年的發展，中國才能擺脫貧窮，走向富裕。這是一件非常令人敬佩的事，這是人類歷史上的奇蹟。

鄧小平提出建設具有中國特色的社會主義，簡單說就是在中國共產黨的領導下，保護私有財產，發展市場經濟。不管他的理論叫什麼，他做的是對的。

■ 在人性阻力前，很多事很難做好

貝琪：這個問題來自羅伯（Rob）：「您如何評價蓋瑞·詹斯勒（Gary Gensler）與證監會在保護美國金融系統方面所發揮的作用？」
蒙格：這沒有那麼容易。在現實生活中，人們總是會把自己的謀生方式合理化，但其實大多數人的謀生方式都存在一些不那麼符合道德規範的事，尤其是在金融與財富管理這樣的行業當中，人們在做決定的時候總是把自己的利益擺在第一，而非客戶的利益，人性天生如此。

這代表的是，當你想找個有責任心的基金經理人，把自己的退休金託付給他管理，這非常困難。現在大公司的董事每年都能拿到30萬美元的薪資，獨立董事的待遇很豐厚，他們很想保住這個位置，結果根本不獨立。這不是一個理想的制度，我也想不出什麼好的解決辦法。**在人性的阻力面前，很多事情很難做好。**

年輕時，我由於工作的關係，和電影業有些接觸，那時候我發現在電影業裡，每個人都在牟取私利，損害股東的利益。電影業就是那種文化，這就是人性，人性如此自私，使得一個文明社會很難健康發展。波克夏‧每日期刊很特別，以每日期刊為例，查理‧蒙格98歲，蓋瑞‧薩爾茲曼83歲，公司大大小小所有的事都由蓋瑞全權處理。

這就是波克夏海瑟威的用人之道：完全授權。我們做得怎麼樣呢？美國大大小小的報紙活下來的沒幾家。《華爾街日報》、《紐約時報》會活下來，湯森路透的電子報不會消失，但大多數報業公司早已退出歷史舞台。

但在這樣的環境下，每日期刊帳上擁有龐大的有價證券，還開拓十分具有潛力的軟體業務。在500家報業公司中，能活下來的也就兩、三家而已。這樣一想，每日期刊相當了不起。

我們帶領每日期刊走到今天，但你看我們，我們年紀這麼大，這麼多年來我和蓋瑞沒從每日期刊領過一毛薪水。沒

有董事費，沒有出席費，在公司裡沒有任何支出。蓋瑞很了不起，他一個人做五、六個人的工作，大大小小的事都由他負責。波克夏總部只有大約30名員工，而且他們還不是負責內部審計的。看看波克夏，經營管理得多好。

公司一旦染上官僚習氣，就會效率低下，浪費嚴重，根本無法管理。官僚習氣是一種非常難對付的問題，許多大公司因此衰亡，美國鋼鐵、柯達、西爾斯百貨、聯合百貨公司（Federated Department Stores）都是，但也有一些公司倖存下來。

在某些情況下，有些公司原本的生意無法營運，只能撤出資本，原本的生意沒了，但資金還在。波克夏就是這樣。波克夏從三個爛公司起家，這三家公司都倒閉了，但我們把錢從這三個公司中挪出來。時至今日，波克夏已經成為全美國資產負債表上淨資產最雄厚的公司。

波克夏怎麼就這麼成功？波克夏沒有其他大公司的官僚習氣，我們波克夏總部根本沒幾個人，在巨大的商業帝國頂端只有幾個人負責管理，我們不會染上官僚習氣。波克夏是其他公司學不來的，波克夏的成功是機緣巧合的結果。

從某些方面來看，每日期刊就像是迷你版波克夏。在整個報業走向衰亡的大環境中，洛杉磯的一份小報竟然能活得這麼好，實在不容易。

說到報紙我又想感慨一下，我非常懷念逝去的報紙。過

去各地的報紙各自形成壟斷地位，它們具有強大的護城河，具有長期穩定的賺錢能力。以前新聞報導的是客觀真實，那時候的報紙發揮著監督政府的作用，被稱為「第四權」，意思是說，報紙就像是政府的第四個分支機構一般。報紙擁有如此崇高的地位純屬偶然，但是現在95％的報紙已經不復存在了。

報紙衰亡，取而代之的是什麼呢？是一群因為瘋狂而吸引觀眾的瘋子。人們愛聽瘋話，各地的瘋子吸引和他們一樣瘋狂的人。我很懷念過去的報紙和像華特‧克朗凱特那樣的主播。

傳統媒體衰落是文明的重大損失，這不是任何人的錯，而是資本主義創造性破壞的結果。但報紙的消亡是國家的不幸。在新興媒體中，新聞分成兩派，有的報紙迎合左翼，也有報紙迎合右翼，為了討好各自的觀眾，甚至不惜歪曲事實，這對我們的國家來說不是好事。我不知道這個問題該如何解決，也許我們應該成立第三個政黨。

如今美國的民主黨與共和黨透過選區劃分確立自己的勢力範圍，兩黨都有自己的鐵票倉。兩黨唯一擔心的是在自己的勢力範圍內，自己的議員席位被搶走。因此每隔10年，這些瘋狂的左右兩派極端分子就會採取行動，把中立派從立法機構中趕出去。

這樣一來，在立法機構中，頭腦清醒的中立派根本沒有

生存空間。這樣的政府是有問題的，這樣的現狀背離民主的初衷。現在問題已經發生，而且情況日益惡化，我不知道這麼嚴重的問題該如何解決。

貝琪：我正想請教您該怎麼解決呢？

蒙格：也許成立第三個政黨是一條出路。美國曾經這麼做過，我們因為成立第三個政黨才廢除奴隸制。如今在國會中仍然有一些小規模的團體，也許有40幾個人，其中既有民主黨人，也有共和黨員。我們也許可以成立一個新政黨，這或許是個辦法。

美國現在的政治功能失調，仇恨和對立情緒太激烈，毫無建設性。一個充滿憤怒情緒的立法機構無法正常運作，如今的政治環境完全不存在「信任」兩個字。

我們這一代人則不同。二戰結束後，我們那時候的政治家提出這樣一句口號：「政治止於大洋之濱。*」在巴丹死亡行軍中，日本屠殺很多美軍戰俘，德國的希特勒屠殺猶太人，但是我們卻在戰後幫助德國和日本，與這兩個國家成為朋友，但你能想像我們現在的議員們做這樣的事嗎？

---

* 註：Politics stops at the water's edge，指政黨鬥爭只應在國內發生，不應跨出國界。

成功的大公司常有冗員

**貝琪：邁克・維赫特萊（Michael Wichterle）的問題是：
「查理，關於3G資本和零基預算制度，請問您有什麼看法？
過去5年裡您的想法是否有變？」**

蒙格：一家有錢的公司，受人性侵蝕，很容易染上官僚習氣，多餘的成本、沒完沒了的會議，除了浪費時間之外一點用處也沒有。染上官僚習氣的大公司，很多資金被毫無意義地消耗了，這樣的公司把成本削減30％，公司會變得更精簡、更有效率。也就是說，裁撤冗員，調整架構，對這樣的公司來說是好事。成功的大公司很容易有人員過剩的問題。

　　成功之後人很容易鬆懈下來，這是人性使然。我有個朋友，他在一家公司擔任董事，這家公司的總部設在歐洲。公司特地安排一架協和客機把他從洛杉磯接到德國，之後再送他回洛杉磯，這樣就要花費10萬美元。我的意思是，浪費往往發生在這種地方，一位董事的旅費就要10萬美元，這不是好事。

　　但精簡成本也不能太嚴苛，有些公司的老員工為公司工作多年，表現出色，應該給予他們一些寬容。因此雖然要追求效率，但不能單純地只追求效率而不考慮其他因素。總之對於人員過剩的機構該大刀闊斧地精簡，還是要精簡。

　　亨氏公司的董事會會議桌是花60萬美元買來的，好市

多公司的會議桌才300美元。不同的公司，價值觀也不同。有人員過剩的公司，才有3G資本的用武之地。3G資本收購這些公司，就是要根治它們的官僚習氣。

精簡有可能精簡過頭，但很多大公司確實太鋪張浪費，就像很多有錢的家庭太鋪張浪費一樣。

我們不希望有太嚴重的冗員，但我們也不希望裁撤冗員傷害到員工。要做得恰到好處很不容易。

▉ 微軟、蘋果，50年後依然強大

貝琪：來自加拿大多倫多的保羅‧萊尼（Paul Leani）問說：「我們今天的科技巨頭，例如微軟、蘋果和Alphabet等公司，它們是否也跟三、四十年前的可口可樂一樣，擁有長期的競爭優勢？」

蒙格：要說明過去哪家公司發展得好，這很簡單，因為過去發生的事我們已經知道了，要預測未來會如何就很困難。雖然很難預測，但我覺得50年後，微軟、蘋果、Alphabet應該還是非常強大的公司。我年輕時，如果你問我百貨公司未來會怎樣、報業集團會如何，我也絕對想不到它們會破產。70年、80年、90年之後的事不是那麼容易預測的。

通用汽車把股東的錢虧光了，柯達也把股東的錢虧光

了，誰能預料到這些？每次技術革新，就會有一大堆公司遭到淘汰，這很難提前預知。

　　但以前的電話公司並沒有完全消失，它只是換了一種形式存在。所以有些公司會完全消失，有些公司還是會繼續存在。

貝琪：有一個關於好市多的問題。來自加州的艾米·派特爾（Ami Patel）問道：「您最近談到股票存在泡沫和估值過高的現象，請問好市多的股價是否存在泡沫，是否估值過高？無論是看股價營收比還是看本益比，好市多的股價都創下歷史新高，現在還能投資好市多嗎？」

蒙格：這個問題問得很好。我始終認為，再好的公司，股價也不能沒有上限。**所以即使是像好市多這麼優秀的公司，股價高到一定程度也不能買進了。**但我認為，如果我負責管理一檔主權基金或退休基金，我的眼光可以放在30年、40年、50年之後，我會以現在的價格買進好市多。好市多是一家很強大的公司，我非常欣賞這家公司。

　　我不是說我會在現在這個價格買進好市多，畢竟我習慣以便宜的價格買進。好市多現在的價格很高，但是我從來沒有想過要賣掉好市多的股份。

　　去年耶誕節，我在好市多買了幾件法蘭絨襯衫，一件才7美元左右。襯衫的品質非常好，觸感很柔軟。我還買了幾

件奧維斯（Orvis）的褲子，大概也是7美元一條。我買的褲子腰部有彈性，還防水。好市多擁有強大的採購能力，它為顧客精挑細選商品，讓顧客買得放心，進軍電商領域之後好市多一定能占據一席之地。

我不會在現在的價位買進好市多，但我絕對不會賣掉好市多持股。我相信未來好市多將愈做愈大，它擁有優秀的文化與良好的道德觀，未來一定會成功。真希望美國有更多像好市多這樣的公司，這樣的好公司有利於整個社會發展。

貝琪：這個問題來自麻州科德角的喬恩・考克斯（Jon Cox），他的問題是：「蒙格先生，請問您認為讀大學、獲得大學學位有什麼意義？政府是否應該擴大發放獎學金，提高減免就學貸款的規模？」

蒙格：這也是一個很複雜的問題。現代教育是現代文明的偉大成就之一，美國大學創造非凡的成就，現代文明的科技成就也令人驚嘆。我們能取得如此巨大的成就，我們所提供的免費教育功不可沒，或許我們應該擴大免費教育的範圍。

在我們的學校教育中，有很多老師，他們拿著政府發放的薪水，但是卻誤人子弟。莘莘學子帶著夢想進入校園，卻被不合格的老師耽誤了。這是學校教育的弊端。儘管如此，相信我們仍然會擴大對公共教育的補助。

另一方面，國家建立社會福利制度後，每個人都想從

中獲得更多。從國家那裡拿到貸款的人希望國家能免除他的
債務。每個人都要求國家發更多的錢。富蘭克林早就對此表
示憂慮，他說一個民主國家，當它的公民習慣透過投票獲得
更多福利，這個民主國家就撐不了多久了。200多年前的富
蘭克林不是在危言聳聽。所有人都希望政府發錢，這不是好
事，我們應該自力更生，而不是依賴政府的幫助。

**貝琪：既然談到大學，我再問一個和大學有關的問題，這個
問題與您引起的一場爭議有關。提問者是這麼說的：「在您
設計的宿舍大樓中，為什麼有一部分房間沒有窗戶？請問您
為什麼會做出這樣的決定？」**
蒙格：正常人當然選擇有窗戶的房間，不願意住沒窗戶的房
間。我捨棄部分房間的窗戶是從建築設計的整體考慮，是為
了滿足其他功能。以豪華郵輪為例，由於結構限制，豪華郵
輪裡很多客房沒有窗戶。你無法改變郵輪的形狀，所以只能
捨棄窗戶，郵輪才能正常運轉，畢竟郵輪的設計不能違反流
體力學。

　　同樣的道理，為了保留互動的空間，方便來自不同科系
的師生交流，我們捨棄部分房間的窗戶。部分房間雖然沒有
窗戶，但空氣仍可流通，而且我們設計的人造窗戶可以完美
地模擬陽光照射的效果。

　　這是一個簡單的取捨。在豪華郵輪上，裝有人造窗戶的

客房一週的房費大約是2萬美元。很長一段時間以來，迪士尼的豪華郵輪上一直有兩種客房，有窗戶和沒窗戶，有窗戶的客房價格比較便宜，沒窗戶但安裝人造窗戶的，價格反而更高。沒窗戶的房間不但不差，反而更好。

其實這就是一個簡單的取捨問題。那個批評我的建築設計師是個無知的人，一點也不懂得隨機應變。做建築設計當然要有所取捨。

■ 選擇最好的機會投資

貝琪：這個問題來自邁克・布蘭奇（Mike Branch），他的問題是：「請問被動投資對股票估值有何影響？」

蒙格：影響很大。指數基金的規模愈來愈大，造就出一批新的意見領袖，也就是掌控著指數基金投票權的人。貝萊德集團（BlackRock）的拉里・芬克（Larry Fink）以及先鋒集團的掌舵者，他們的權勢堪比教皇。隨著指數投資興起，大量投票權集中到指數基金手裡，這將產生很大的影響。會產生怎樣的影響我不知道，但我認為不會是什麼好事。我認為未來芬克將會有很龐大的影響力，但我不想讓他們說了算。

貝琪：下面這個問題比較難回答，這個問題來自查爾斯・法

蘭西斯（Charles Francis），他問說：「我想請教一下查理，量化寬鬆結束後，誰來向全球政府發放貸款？隨著聯邦公開市場委員會（FOMC）退出資產購買計畫，縮減資產負債表的規模，政府需要的大量資金從哪裡來？誰來向政府發放貸款？利率是多少？量化寬鬆結束後缺口該怎麼填補？」

蒙格：在中國，地方政府過度依賴土地財政，房地產出現過熱現象。中國政府為此展開調控政策，讓房地產市場降溫，這為它們帶來一些陣痛。在美國，我們擁有強大的經濟實力，我們創造科學技術高度發展的文明。美國強大的經濟和先進的科技是我們的根基。在現代化的工廠裡，到處是機器人在運作，先進的程度讓人無法想像。像這樣的現代化工廠愈來愈多。中國在這方面也很先進，它們也有很多機器人工廠。

機器取代人力是大勢所趨。我不知道將來會發展成什麼樣，但一定會有很多人需要適應新的發展。有些人本來擁有一份穩定的工作，結果被機器人取代，這樣的員工就會受到衝擊。就像當年的柯達公司一樣，本來生存得好好的，突然新技術問世，柯達的產品直接被淘汰。面對突如其來的衝擊，柯達能怎麼辦？除了被淘汰還能怎麼辦？很多人接受不了被淘汰的命運，但我覺得這是一種自然而然的結果。

貝琪：來自休斯頓的法蘭克‧王（Frank Wang）問道：「不

考慮稅收問題，我打算現在空手，全部持有現金，在未來12
個月裡等到出現好機會再進場。您覺得我的想法可行嗎？」

蒙格：退場觀望，期待有好機會時再進場投資，我從未在我
的投資生涯中做過這件事。**我總是在自己能找到的機會當中
選擇最好的機會去投資**。過去如此，現在也不會改變。

　　現在每日期刊沒什麼現金，都投資出去了。波克夏持有
大量現金，但這不是因為波克夏預測市場會跌，想等到下跌
之後再出手，波克夏持有大量現金只是因為找不到值得進場
的好機會。你的問題我不知道該如何回答，我只能告訴你我
們的作法。

貝琪：這個問題是 V.J.V 問的：「2020 年初，股市出現較大
幅的調整，波克夏為什麼沒有趁這個機會買進更多公司？是
因為在收購新公司方面，管理高層態度變得保守了嗎？當
然，幾年前波克夏買進蘋果公司的股票，收穫頗豐，這筆投
資做得非常漂亮。」

蒙格：不是我們變得保守，**我們沒有進行新的收購，是因為
我們找不到價格合適的機會**。就這麼簡單。有些人把價格抬
得太高了，而且很多資金收購不是為了長期持有，而是為了
賺取管理費。私募股權基金熱中於收購，它們追求資產規
模，因為管理的資產規模愈大，它們收取的費用愈多。

　　當然，花別人的錢買東西當然容易得多。我們用的是自

己的錢，我們像管理自己的錢一樣管理股東的資金。就拿每日期刊來說，次貸危機爆發後出現喪失抵押品贖回權熱潮，我們透過發布公告業務賺了3,000萬美元。正是因為當時我們手裡有這3,000萬美元，我們才抓住絕佳的投資機會。另外因為每日期刊財力雄厚，這讓我們發展軟體業務時更容易獲得政府部門信任。我們不缺錢，政府部門信任我們，我們也確實值得信任。

我知道有些股東覺得未來看起來既複雜又困難，你們憂心忡忡。我想送你們一句話，這句話是哈佛法學院一位老教授告訴我的，他說：「查理，有什麼問題告訴我，我會讓你更困惑。」我覺得這位老教授是在啟發我、激勵我，我現在也用同樣的話啟發和激勵你們。**你們擔心、疑慮是對的，這證明你們在思考。**你們思考的問題也是對的，例如通膨、國家的前途和命運。

▇ 投資風格，取決於能力

貝琪：這個問題是麥可・豐塔納（Michael Fontana）問的，他說：「我有一位鄰居，是一位很優秀的年輕人，今年22歲，他曾在特斯拉和奇異實習過，現在是普渡大學（Purdue University）學生，對高科技領域十分在行。我在油田工作

37 年，有豐富的工作經驗，我經常跟這位年輕人一起討論投資。這個年輕人的投資風格很激進，他關注的是人工智慧和成長股，我想勸他更穩一點，以追求穩定的股息收入為主。請問蒙格先生有什麼建議？」

蒙格：投資風格因人而異，沒有一種投資風格適合所有人。 有些人有天賦，他們能看懂難以評價的東西，有能力做高難度的投資。有些人能力沒那麼好，選擇謹慎行事，這樣也非常明智。一定要清楚自己的能力，如果是把錢交給別人管理的話，也要清楚你的基金經理人能力好不好。**你怎麼投資，在很大程度上取決於你的能力水準。**

如果你覺得投資很難，甚至不知道該怎麼做，我想告訴你你是對的，和我們這代人相比，現在的年輕人想要出人頭地，想要致富，必須比我們那時候付出更多的努力。

在洛杉磯這樣的大城市裡，想要買一套像樣點的房子得花多少錢？而且我想未來所得稅可能還會愈來愈高。投資不可能像以前那麼容易了。我人生這98年是分散投資股票的黃金年代，只要持有分散的投資組合，指數變化時適度調整，例如加入蘋果和Alphabet等公司的股票，就能有很好的投資報酬率。

在過去幾十年裡，每年能實現10％、11％左右的報酬率，即使扣除通膨的影響，也能實現8％、9％的報酬率，這樣的報酬率已經非常高了。在世界歷史上，沒有任何一代人

能取得這麼高的投資報酬率。現在從大學畢業的年輕人，他們將來未必能像我們這代人一樣，擁有那麼好的投資機會，他們做投資不可能像我們那時候那麼容易了。

愈富裕愈不幸福的現代矛盾

貝琪：這個問題是史蒂夫（Steve）問的，他的問題是：「關於目前的經濟與股市，您最擔心的是什麼？您最樂觀的是什麼？」

蒙格： 在我們的文明社會中，科學技術達到前所未有的程度，這是最讓人感到樂觀的。有趣的是，現代文明中的偉大成就，大部分是在過去100年裡產生的，在1922年之前的100年裡也實現許多成就。

　　不過在之前的幾千年裡，人類社會基本上一成不變，生活環境非常惡劣，壽命很短，生活很單調，沒有印刷機、沒有空調、沒有現代醫藥。

　　在1922年之前的100年裡，人們發明蒸汽機、輪船、鐵路，改善農業技術，改進排水管道。接下來的100年我們擁有電力、現代醫藥、汽車、飛機、唱片、電影、冷氣，這是多幸運的事。我們的祖先生活很苦，想要三個孩子的話必須生六個，因為有三個孩子會夭折。眼看自己一半的子女

死去，那是多大的痛苦啊。在過去200年裡，特別是在過去100年裡，人類文明取得飛躍式的發展。

在現代文明社會裡，人們的基本需求完全能得到滿足，在美國，窮人現在主要的問題是肥胖。過去人們的問題是吃不飽，現在人們的問題是太胖了。時代真的變了。

令人想不到的是，人們的生活水準大幅提升，生活更自由，人與人之間更平等，但與過去生活很苦的時候相比，人們反而更不幸福了。其實原因很簡單，**驅動世界發展的不是貪婪，而是嫉妒。**

現在所有人的生活都比過去好了很多倍，但他們認為這是理所當然的。他們想的是別人擁有的比自己更多，自己卻沒有，這不公平。難怪上帝會教導摩西不可貪戀他人的妻子、牛驢以及一切。在古代的猶太人之間就已經存在嫉妒了，由此可見嫉妒是人的天性。

對我這年紀的人來說，我們經歷過大蕭條，那時候生活非常辛苦，但我小時候天黑了還可以在奧馬哈的街頭閒逛，現在我們的日子好過了，但天色一暗，我在洛杉磯的街頭散步會擔心治安問題。對此我無能為力。生活水準提高6倍，但很多人覺得非常不幸福，甚至覺得自己受到不公平的待遇，因為總是有別人比自己得到的更多。

我很早就找到克制嫉妒的方法，我不嫉妒別人，我不在乎別人擁有什麼，但很多人的嫉妒心非常重，更可惡的是有

些政客利用人們的嫉妒心理來推動自己的政治生涯。有些電視節目更專門火上加油，激化社會矛盾。

我喜歡不善妒的人，而不是那些試圖從嫉妒中獲得好處的人。炫富有什麼好？戴著勞力士手錶，除了被搶匪盯上還有什麼好處？我建議年輕人別砸錢消費，不要有炫富的心態。不過雖然欲望的滿足無法帶來幸福，但人們對欲望的追求，確實推動著文明的發展和進步。

人們的欲望愈多，失落感也愈強。哈佛大學的史蒂芬·平克是非常有智慧的學者，他告訴我們，人們各方面的生活水準比過去好了許多，但是人們卻覺得社會愈來愈不公平了。**生活愈來愈好，人們的幸福感卻愈來愈低。現實就是這麼矛盾。**

貝琪：這個問題來自威斯康辛州霍巴特的傑瑞·米勒（Jerry Miller），他想請您回顧一下您與華倫在這一生之中親密無間的合作。他說：「請問您和華倫經歷過最困難的事是什麼？最美好的回憶又是什麼？你們兩人就像親兄弟一樣，你們這對好搭檔堪稱美國的國寶。願上帝始終保佑你們。」
蒙格：我們都是快要見上帝的人了，誰知道人死之後會怎樣？

華倫和我，在我們倆的合作過程中取得很多成績，也得到很多快樂。在我們的合作過程中，最讓我們感到欣慰的是

我們能與很多優秀的人合作，在每日期刊這個小公司裡，我和蓋瑞共事，這一切都令人感到愉快。你說呢，蓋瑞？

蓋瑞：是啊，與您一起共事，我很榮幸。

蒙格：能與優秀的人一起合作，我很榮幸。我們不像其他公司，我們沒有官僚習氣，我們沒被困難打倒，我們抓住機會，我們很幸運。

我們靠的就是那些老生常談的美德，蓋瑞和我，我們沒什麼祕訣，**我們只是做好每一天的工作，盡可能理智地面對種種困難。只要把這些最基本的東西做到，你就能成功。**

上天眷顧，華倫和我的運氣非常好，從我們的成功經驗當中你們可以學到一些東西。例如世界上有很多老闆好像神經病一樣，在這樣的老闆底下做事簡直是受罪。華倫和我沒碰上這樣的麻煩，這是我們的福氣。

貝琪：查理，這個問題是庫馬爾（Kumar）問的：「我覺得您很幸福、很知足，請問您的幸福從何而來？您有什麼幸福的祕訣嗎？」

蒙格：別人問我怎樣才能幸福，我總是回答說，降低你的期望值，也就是讓你的期望更符合現實。

在生活中，如果你總是有許多不切實際的預期，就好像籠中鳥一般，明明飛不出去，卻還是不斷地用翅膀拍打籠子，最後只能撞得頭破血流。這太愚蠢了。你的期望要符合

現實，坦然接受生活中的苦與甜。這個世界不缺好人。多與好人來往，把不好的人拒之門外。

貝琪：最後一個問題來自麥特・麥卡利斯特（Matt McAllister）。首先，他想向您表達感謝，感謝您無私地分享您的智慧。他的問題是：「請告訴我們您最敬重的五個人是誰？我們也想向他們學習。」

蒙格：在和我同一時代的人裡，新加坡的李光耀可說是最偉大的領導人之一。我想正是李光耀啟發中國的鄧小平，讓鄧小平借鑑李光耀治理新加坡的經驗解決中國問題。

我見證過很多了不起的事，例如二戰後，美國實施馬歇爾計畫*，為人類做了一件好事。不過我也看到很多我不想看到的行為，例如美國兩黨之間尖銳的仇恨，還有隨著國家愈來愈富裕，社會福利體系的覆蓋能力應該逐步提升，我們這麼富裕的國家應該建立一套完善的社會福利體系。

你們知道社會福利體系這個概念最早是誰提出來的嗎？是德國的俾斯麥（Otto Bismarck）。俾斯麥人稱鐵血宰相，他的權力比德國皇帝還大。社會福利體系是俾斯麥想出來的。

---

* 　注：即歐洲復興計畫，是二戰後美國對西歐各國進行經濟援助、協助重建的計畫，對歐洲國家的發展和世界政治產生深遠影響。

　　沒人記得俾斯麥的這項功績，但他確實為資本主義民主制度做出重大貢獻。世界就是這麼複雜，有些事很難說清楚。俾斯麥是社會福利制度的創造者，也是我心目中的英雄。

貝琪：查理，感謝你花時間解答大家的問題。蓋瑞，也謝謝你。還要感謝所有提問的股東，感謝大家參加每日期刊股東會。

蒙格：不是我們想成為什麼大師，讓全世界的人聽我們講話。以前我們認識所有的股東，我們覺得他們一年才來一次，我們至少應該站在這裡回答他們的問題。然後股東們就開始問我五花八門的問題，我們就年復一年耐心解答。既然大家願意聽，我們就一直回答下去。

　　華倫和我不想成為大師，我曾經為此感到困惑，因為我平常很少講這麼多話。但現在我已經習慣了，希望你們也習慣了。

在能找到的機會中，
選擇最好的去投資。

—

查理・蒙格

國家圖書館出版品預行編目(CIP)資料

蒙格之道：關於投資、閱讀、工作與幸福的普通
常識/查理.蒙格(Charles T. Munger)作 ; RanRan
譯. -- 第一版. -- 臺北市 : 遠見天下文化出版股份
有限公司, 2023.08

　面 ;　　公分. -- (財經企管 ; BCB809)

ISBN 978-626-355-357-6(精裝)

1.CST: 學術思想 2.CST: 投資理論

　563.52　　　　　　　　　　112012662

財經企管 BCB809

蒙格之道：關於投資、閱讀、工作與幸福的普通常識

作者——查理・蒙格 Charles T. Munger
譯者—— RanRan

總編輯——吳佩穎
財經館副總監——蘇鵬元
責任編輯——黃雅蘭
內頁設計—— Yo Chen
封面設計——張議文

出版者——遠見天下文化出版股份有限公司
創辦人——高希均、王力行
遠見・天下文化 事業群榮譽董事長——高希均
遠見・天下文化 事業群董事長——王力行
天下文化社長——林天來
國際事務開發部兼版權中心總監——潘欣
法律顧問——理律法律事務所陳長文律師
著作權顧問——魏啟翔律師
社址——台北市 104 松江路 93 巷 1 號
讀者服務專線—— 02-2662-0012 ｜傳真 02-2662-0007；02-2662-0009
電子郵件信箱—— cwpc@cwgv.com.tw
直接郵撥帳號—— 1326703-6 號 遠見天下文化出版股份有限公司

電腦排版—— Yo Chen
製版廠——東豪印刷事業有限公司
印刷廠——祥峰造像股份有限公司
裝訂廠——精益裝訂股份有限公司
登記證——局版台業字第 2517 號
總經銷——大和書報圖書股份有限公司 電話／ 02-8990-2588
出版日期—— 2023 年 8 月 31 日第一版第 1 次印行
　　　　　　2023 年 12 月 20 日第一版第 6 次印行

原著作品：芒格之道
作者：Charles Thomas Munger
本書經著作權人同意由 Munger Academia 授權出版。

定價—— 600 元
ISBN —— 978-626-355-357-6 ｜ EISBN —— 9786263553613（EPUB）；9786263553606（PDF）
書號—— BCB809
天下文化官網—— bookzone.cwgv.com.tw